Rayanos y Dominicanyorks:
la dominicanidad del siglo XXI

RAMÓN ANTONIO VICTORIANO-MARTÍNEZ

ISBN: 1-930744-60-9
© Serie *Nuevo Siglo*, 2014
INSTITUTO INTERNACIONAL DE
LITERATURA IBEROAMERICANA
Universidad de Pittsburgh
1312 Cathedral of Learning
Pittsburgh, PA 15260
(412) 624-5246 • (412) 624-0829 FAX
iili@pitt.edu • www.iilionline.org

Colaboraron en la preparación de este libro:

Composición y diseño gráfico: Erika Arredondo
Corrector: María Auxiliadora Balladres

Índice

Agradecimientos 7

Introducción: Lo rayano como concepto 11

Capítulo 1   37

Representaciones del rayano en la literatura dominicana 39

Capítulo 2   69

Galleras, contrapunteo, lágrimas y rupturas: lo rayano como alternativa 71

Capítulo 3   105

1937, República Dominicana y Haití: representaciones y testimonios 107

Capítulo 4   143

"Aquí también los pantis se tienden en el baño": género y transgresión en la obra de Josefina Báez 145

Capítulo 5 — 189

"How very un-Dominican of him" (and her): género y nación en *La breve y maravillosa de Óscar Wao* 191

Conclusión — 229

Obras citadas — 237

*A Luis O. Brea Franco y Carlos Dore Cabral,
que constituyen mi horizonte intelectual*

Agradecimientos

Un libro surge, a veces, de comentarios fortuitos. Éste empezó en una presentación de un ensayo en uno de los coloquios que los estudiantes de postgrado sostenemos en el Departamento de español y portugués de la Universidad de Toronto. Ese día los comentarios y sugerencias de los profesores y colegas asistentes cambiaron un proyecto inicial e iniciaron un camino que condujo al texto que hoy tienen en sus manos. Allí forjé amistades y vínculos afectivos de esos que duran toda una vida. No puedo dejar de agradecer a mis profesores, especialmente a Víctor Rivas, Eva-Lynn Jagoe, Rosa Sarabia y Stephen Rupp. Debo agradecer a Fernando Valerio-Holguín (Colorado State University) por una lectura crítica e incisiva de la tesis que dio origen a este libro. Sus recomendaciones aún siguen guiando mis reflexiones acerca de los temas aquí tratados. Una mención especial merece Néstor E. Rodríguez, amigo y mentor, que supervisó de principio a fin este proyecto y que siempre estuvo a mano para el consejo oportuno y la risa necesaria. Gracias a Clelia Rodríguez, Natalia Cousté, Agnes Bijos, Isabel Cascante y Martha Batiz por las noches (y los días). Violeta Lorenzo Feliciano ha sido una constante en mi vida académica norteamericana y a ella le debo compañía en los largos días de la escuela de postgrado, lecturas y muchas discusiones que hicieron más placentero el tiempo dedicado a la escritura.

Debo agradecer a Sarah Aponte, Nelson Santana, Idilio Gracia Peña y a todo el personal del CUNY Dominican Studies Institute at The City College of New York por haber hecho bastante fructífero mi viaje de investigación en el 2009. Dicho viaje fue financiado gracias al generoso aporte de la Beca de Investigación Buchanan del Departamento de español y portugués de la Universidad de Toronto. En la ciudad de

Nueva York, Harold Martínez, sirvió no solo de guía en Washington Heights sino también de caja de resonancia para algunas de las ideas que aquí se exponen.

En la República Dominicana, David Álvarez Martín, Decano de Humanidades de la Pontificia Universidad Católica Madre y Maestra, abrió sus puertas para permitirme exponer mi visión sobre *Dominicanish* a estudiantes y profesores de esa prestigiosa universidad dominicana en septiembre de 2009. También la profesora Alissa Trotz del Programa de Estudios Caribeños de la Universidad de Toronto me permitió discutir y explorar algunos de los temas desarrollados aquí a lo largo de varios cursos. Debo agradecer la contribución decisiva de Marion Werner para que el Departmento de Geografía, el Taller de Investigación Transamericano y el Departmento de Estudios Transnacionales de la State University of New York at Buffalo (SUNY-Buffalo) auspiciaran una conferencia dirigida a estudiantes de postgrado. Dicha conferencia basada, en partes del capítulo 5, tuvo lugar el 29 de noviembre de 2012.

Fragmentos de este estudio han aparecido en diferentes revistas académicas: "'Y hasta la muerte compartida': La frontera en la poesía de Manuel Rueda" y 'Aquí también los pantis se tienden en el baño': Dominicanidad y género en Dominicanish de Josefina Báez" fueron publicados en la Revista Global Nos. 31 (noviembre/diciembre 2009) y 43 (enero 2012) respectivamente. "'Los variados matices del testimonio: El Masacre se pasa a pie de Freddy Prestol Castillo" fue publicado en La Habana Elegante en su número 52 (otoño-invierno 2012). Gracias a ambas publicaciones por permitir la reproducción de dichos artículos.

A Ana T. Pérez-Leroux, Bill Forrest, Michel Fiallo-Pérez y Paul Forrest, que han sido un constante refugio en Toronto: ¡Gracias!

El proceso de escritura es solitario; Teresa Lobalsamo ha hecho escribir este libro algo más placentero y llevadero. Tere, grazie dal profondo del mio cuore.

En la República Dominicana y Estados Unidos un núcleo importante de amigos han sido una tabla de salvación con su constancia: Tony

Almont, Esther Hernández, Mónica Aedo, Ariskelmys Brea, Eucarys Bernier, ustedes saben que se les quiere.

Finalmente, aunque no por ello menos importante, a Samuel y Julia Victoriano que iluminan mi existencia con su risa y su voz; a mi madre, Altagracia y mi hermano, Andrés, que siempre me recuerdan que no importa lo lejos que uno esté, el amor alcanza.

Introducción: Lo rayano como concepto

La frontera que separa la República Dominicana y Haití es conocida en el español dominicano como "la raya". De ahí se deriva el vocablo "rayano", el cual designa a aquel individuo que habita en la línea o raya fronteriza. Partiendo de la frontera como marcador físico y simbólico, mi investigación abordará una serie de textos dominicanos y haitianos con diversas particularidades: uno es un texto ampliamente reconocido como parte del canon dominicano: *El Masacre se pasa a pie* (1973) de Freddy Prestol Castillo. Las otras dos son obras producidas en Estados Unidos: *Dominicanish* (2000) de Josefina Báez y *La breve y maravillosa de Óscar Wao* (2007, 2008) de Junot Díaz. El cuarto es un texto de la diáspora haitiana, también proveniente de los Estados Unidos, *Cosecha de huesos* (1998, 1999) de Edwidge Danticat. Este corpus es el marco a partir del cual teorizo el tropo del rayano para intentar un acercamiento a la realidad sociocultural de la República Dominicana en el siglo XXI. A través de una mirada oblicua al canon dominicano, lo rayano surge como la metáfora idónea para explicar la identidad del dominicano en la actualidad: una identidad atravesada por las tensiones resultantes de la interacción entre Haití, República Dominicana y Estados Unidos de América.

Los estudios fronterizos han adquirido gran importancia en los últimos años pero se han concentrado, en la academia norteamericana, casi exclusivamente en la frontera Estados Unidos-México. Si bien no es el primero en abocarse a la frontera sur de los Estados Unidos, el libro de Gloria Anzaldúa, *Borderlands: the new mestiza=La frontera* (1987 [2007]) es quizás el texto más importante de los inicios de la llamada "teoría de la frontera". Anzaldúa presenta una perspectiva chicana y feminista de la región fronteriza méxico-estadounidense, en una mezcla de autobiografía, etnografía, análisis histórico y manifiesto político. A partir de ello, Anzaldúa propone como resultado el surgimiento de una "nueva mestiza" que representará la nueva conciencia del suroeste de los Estados Unidos y del norte de México. En el prefacio a la primera edición Anzaldúa sostiene: "Soy una mujer de la frontera. Crecí entre dos culturas […] he estado cabalgando esa frontera *tejano*-mexicana y otras más toda mi vida. No es un territorio cómodo para vivir, este lugar de contradicciones" (Anzaldúa s.n., cursivas en el original).[1] Para Anzaldúa la frontera entre México y Estados Unidos es "*una herida abierta* donde el tercer mundo choca con el primero y sangra" (25, cursivas y español en el original). La imagen de la herida no abarca solamente el espacio físico de la frontera, sino también a los habitantes de la misma, quienes aparecen en el imaginario de Anzaldúa como seres escindidos, *nepantla* en el lenguaje azteca, ni una cosa ni otra. El libro ha sido objeto de innúmeras críticas y alabanzas las cuales sería muy prolijo enumerar aquí. Entre los planteamientos que se han esgrimido en contra de *Borderlands* se destaca el apego de la autora a un supuesto elemento místico inherente a las culturas indígenas hasta el punto del estereotipo (Michaelsen y Johnson) y su elisión del elemento puramente político y de clase en su desarrollo de la teoría de la consciencia de la nueva mestiza (Puri). Por otro lado, el libro ha sido alabado principalmente por su contribución a lo que la autora domínico-americana Julia Álvarez describe como "[…] la evolución de una nueva conciencia latina basada en tolerar las contradicciones que hemos heredado" (Anzaldúa s.n.).

Para efecto de este análisis, me detendré sólo en algunas posiciones de la autora que tienen que ver específicamente con la hipótesis que planteo en este estudio.[2] La principal y más importante diferencia entre lo rayano y la postura planteada por Anzaldúa es que mi análisis de lo rayano no

---

[1] Todas las traducciones, a menos que se indique lo contrario en la bibliografía, son mías.
[2] Para más detalles sobre estos puntos véase la introducción y el sexto capítulo de *Border Theory: The Limits of Cultural Politics* (Michaelsen y Johnson, 1997), así como el capítulo 1 de *The Caribbean Postcolonial* (Puri, 2004). Para ejemplos de las alabanzas, véanse los ensayos introductorios a la tercera edición de *Borderlands* (2007).

soslaya el elemento representado por el Estado-nación, por el contrario, está firmemente anclado, en la pertenencia o no a un determinado Estado o Estados nacionales (Haití, República Dominicana y Estados Unidos). Tal y como señala Puri, Anzaldúa pasa por alto el hecho de que ella es una ciudadana de los Estados Unidos:

> La afirmación de Anzaldúa que 'ser mexicano es un estado del alma, no es un estado mental, no es un asunto de ciudadanía' (62, *84*), que privilegia un México místico frente al México político; sobrepasa la herida racional/nacional que es la frontera méxico-estadounidense (3, *25*) pero impide hacer la pregunta de cuándo y en qué situaciones el tener la ciudadanía estadounidense coloca a uno en una relación de privilegio con respecto a los trabajadores indocumentados en Estados Unidos o los trabajadores migrantes en México, aun cuando uno esté sujeto a opresión dentro de los Estados Unidos debido a su clase, género, raza u orientación sexual. (24)

El señalamiento de Puri es muy pertinente ya que, como se verá más adelante, domínico-haitianos y rayanos son discriminados de manera diferente a los dominicanyorks[3] en la República Dominicana. En el caso de los dominicanyorks, el poseer la ciudadanía estadounidense hace que, especialmente las mujeres, sean objeto de deseo por parte de los dominicanos de la isla que desean emigrar.[4] Pero más importante aún para mi análisis es la definición que la propia Anzaldúa ofrece de los habitantes de la frontera, justo antes de la apelación mística citada por Puri:

> Entre nosotros no decimos *nosotros los americanos o nosotros los españoles o nosotros los hispanos*. Decimos *nosotros los mexicanos* (cuando decimos *mexicanos* no queremos decir ciudadanos de México; no nos referimos a una identidad nacional sino a una identidad racial). Distinguimos entre *mexicanos del otro lado*

---

[3] El término "dominicanyork" se viene a aplicando a los dominicanos residentes en Estados Unidos, específicamente en la ciudad de Nueva York, desde principios de los años 70 cuando se empezó a usar para definir a los jugadores de baloncesto que iban de los Estados Unidos a participar en el campeonato del Distrito Nacional. Muchos de estos jugadores representaron a la República Dominicana en competiciones internacionales lo que alcanzó su punto culminante con la medalla de oro obtenida por el país en Centrobasket 1977.

[4] Josefina Báez en una de las entradas de su blog "El Ni'e" titulada: "Gustando en Erre De" apunta: "But you will not believe lo que yo gusté en/Erre De/Well, not me, me, me/But me my USA passport/Me my many gifts/Me paganini."

y *mexicanos de este lado*. En lo profundo de nuestros corazones creemos que ser mexicano no tiene nada que ver con el país en que uno vive. (84, cursivas y español en el original)

Al apelar a una "raza" mexicana Anzaldúa se acerca peligrosamente a fundir etnia y raza tal y como hacen, en el contexto dominicano, escritores como Joaquín Balaguer, Manuel Arturo Peña Batlle y Manuel Núñez para intentar diferenciar a haitianos y dominicanos a fin de excluir a los primeros (o a sus descendientes) de la participación en la nación dominicana. Por otro lado, el uso del gentilicio divorciado de la geografía es lo que permite a Anzaldúa colocarse de manera firme en el terreno de lo indefinido y contradictorio (estar *nepantla*): "Porque yo, una *mestiza*/ continuamente salgo de una cultura/y entro en otra,/porque estoy en todas las culturas al mismo tiempo [...]" (100). Es significativo que este capítulo: "La conciencia de la mestiza," se inicie con una paráfrasis de la famosa frase de José Vasconcelos: *"Por la mujer de mi raza hablará el espíritu"* (100, cursivas y español en el original). Al igual que el ensayista mexicano, Anzaldúa va a proponer el surgimiento de un nuevo tipo de sujeto humano producto del mestizaje y la mezcla de razas, idiomas, culturas, sexos y nacionalidades, pero a diferencia de aquél, en el proyecto de Anzaldúa, tal y como señala Puri, no hay una toma de posición política explícita: "La nueva mestiza se las arregla al desarrollar una tolerancia hacia las contradicciones, tolerancia hacia la ambigüedad. Aprende a ser india en la cultura mexicana, a ser mexicana desde un punto de vista anglosajón. Aprende a balancear culturas (101). Más adelante en su exposición de la conciencia mestiza, la autora chicana afirma: "Como *mestiza* no tengo país[...]" (25), y es aquí donde mi postura de lo rayano diverge de la postura de Anzaldúa, porque si bien la autora chicana afirma ser una especie de apátrida mística, en realidad ella sí tenía país y pasaporte (Estados Unidos) y pudo acceder a educación formal. Por el contrario, el rayano específicamente (y el dominicanyork en menor medida) sí se ve afectado por la ausencia de documentación en el país en el cual reside. Para la República Dominicana los hijos de inmigrantes haitianos, aun cuando tengan treinta años residiendo en el país y nunca hayan salido de él, no son dominicanos, son haitianos.⁵ No obstante esta gran diferencia, entre la mestiza retratada por Anzaldúa y los rayanos dominicanos sí hay una experiencia común: la de ser deportados de su país de origen por no tener papeles a mano y no poder hablar correctamente el idioma nativo. Anzaldúa narra cómo Pedro, uno de sus compañeros en el campo, debido a que corrió cuando la patrulla del Departamento de Migración de los Estados Unidos (*la migra*) lo detuvo y "No pudo hablar inglés, no pudo decirles que era americano de quinta generación [...]", fue deportado por avión a Guadalajara: "*se lo llevaron sin un centavo al pobre. Se vino andando desde Guadalajara*" (26, cursivas y español en el original). En la frontera domínico-haitiana en 1937 esta confusión, este estado de 'nepantilismo', para usar el término de Anzaldúa, resultó ser mortal.

En este sentido, la frontera entre República Dominicana y Haití me parece un territorio fértil para ensayar un nuevo tipo de acercamiento. Si bien hay diferencias económicas entre Haití y República Dominicana, éstas no son tan radicales como las que existen entre Estados Unidos y México; pero al igual que allí, en La Española el intercambio comercial es vital. Históricamente, Estados Unidos se ha sido visto como el país agresor respecto a México, mientras que en el caso de La Española, República Dominicana alcanzó su independencia al separarse de Haití y luego tuvo que repeler invasiones sucesivas provenientes del lado oeste de la isla (1844-1856) a fin de preservarse como entidad política. Esto ha servido como caldo de cultivo para los prejuicios que contra los haitianos y sus descendientes existen en República Dominicana. En ambas fronteras el cruce de inmigrantes indocumentados, en una sola dirección

---

⁵ Para una descripción sucinta de la situación de los dominicanos de origen haitiano véase el reportaje de María Esperanza Sánchez para BBC Mundo: "Una población sin patria en la República Dominicana". La sentencia TC/0168/13 del Tribunal Constitucional dominicano ha "desnacionalizado" de facto miles de dominicanos de origen extranjero al ratificar que los hijos de extranjeros "ilegales" no son dominicanos pero hizo esto violando el principio de no retroactividad de las leyes al ordenar la revisión y "depuración" de los libros de registro desde 1929 hasta 2013. Lo más importante para mi estudio es que dicha sentencia redefine la nacionalidad dominicana al sostener que "entraña la existencia de un conjunto de rasgos históricos, lingüísticos, raciales y geopolíticos, entre otros…".

(de sur a norte en el caso de USA y México, del oeste hacia el este en el caso de República Dominicana y Haití), es enfrentado con una retórica agresiva frente a los que cruzan la raya. Tal y como señalé anteriormente, a diferencia de la mayoría de los méxico-americanos en Estados Unidos, los domínico-haitianos en República Dominicana, producto de decisiones judiciales del más alto nivel, carecen de documentación civil y, por tanto, de representación política.

En el caso dominicano, debido a la peculiaridad que exhibe La Española: una isla ocupada por dos naciones independientes, la frontera ha sido, durante mucho tiempo, el lugar a partir del cual se ha construido una visión de lo que es o no es un dominicano. Debido a las características de los procesos de urbanización de la República Dominicana, la frontera es vista desde las ciudades como un sitio apartado y lejano. Sin embargo, a pesar de esta apreciación, la realidad fronteriza, como un punto de contacto donde se traspasan de un lado a otro, costumbres y personas, bienes y servicios, discursos y actitudes, se impone en textos como *El Masacre se pasa a pie* o se señala explícitamente como es el caso de *Cosecha de huesos*. Si observamos cada país como una superficie autónoma, el punto donde se tocan se convierte, para hacer uso de la analogía utilizada por Paul Virilio en un contexto diferente, en una membrana osmótica (385) a través de la cual se dan esos intercambios, sin que por ello la membrana desaparezca.

Para el pensamiento nacionalista tradicional la frontera es siempre una raya divisoria discursivamente impenetrable. Esta ideología adquirió mayor consistencia académica y se manifestó en políticas públicas durante la Era de Trujillo (1930-1961). Producto de la política seguida a partir de la matanza de haitianos y domínico-haitianos de octubre de 1937, el gobierno de Trujillo realizó una labor de adoctrinamiento ideológico, que sentó las bases de lo que Ernesto Sagás ha denominado antihaitianismo, mediante una combinación de: "[…] la mentalidad racista de la España colonial, teorías raciales del siglo diecinueve y el neoracismo cultural del siglo veinte […]" (ix). El antihaitianismo se hace presente no sólo en el análisis historiográfico, sino también en las manifestaciones de la cultura durante el período trujillista y su legado ha sobrevivido, en gran parte, hasta el siglo veintiuno.

¿Cómo logró el trujillato conformar la noción moderna de la nacionalidad dominicana definida como básicamente "no-haitiana"? La respuesta puede encontrarse haciendo uso del concepto de "nacionalismo oficial" de Benedict Anderson, quien lo utiliza para referirse a la construcción del nacionalismo por parte de las clases altas europeas en el siglo XIX, pero que considero útil para definir con acierto las políticas públicas seguidas por el trujillato en su definición de la dominicanidad. Según Anderson, las anclas de las políticas públicas de este nacionalismo fueron: "[…] la educación primaria obligatoria, controlada por el estado, la propaganda estatal, la reescritura oficial de la historia, el militarismo –algo más teatral que real– y la afirmación constante de la identidad dinástica y nacional" (101). Todos estos elementos están presentes en las políticas públicas de Trujillo en lo referente a la relación con Haití. La asistencia a la escuela era obligatoria y rigurosamente controlada; los libros de texto utilizados para la enseñanza de la Historia Dominicana reafirmaban la ideología de catolicismo, hispanismo y blancura sobre la que se apoya el discurso del antihaitianismo. Además, el estado dominicano tenía a la población bajo un constante bombardeo ideológico en el cual se afirmaba no solamente la lealtad a la dominicanidad, sino también a la persona de Trujillo como encarnación de ésta.

El ejemplo paradigmático de la visión trujillista de la dominicanidad y de la frontera lo constituyen las obras de Peña Batlle y Balaguer. Peña Batlle es considerado como el principal teórico de la cuestión fronteriza dominicana, siendo su obra fundamental en este campo *Historia de la cuestión fronteriza domínico-haitiana* (1946), y reeditada, en edición facsimilar, por la Sociedad Dominicana de Bibliófilos (1988, 2012). Esta obra es exaltada por una de las más importantes instituciones culturales de la República Dominicana de la siguiente manera: "[…] escrita por uno de los más destacados intelectuales dominicanos de este siglo y muy importante para conocer el proceso histórico de las relaciones domínico-haitianas" (v). Ciertamente, el libro de Peña Batlle es imprescindible para cualquiera que le interese la historia de la cuestión fronteriza domínico-haitiana: contiene abundante material (cartas, documentos oficiales y memorandos extraídos de archivos como los de la Secretaría de Estado de Relaciones Exteriores de la República Dominicana, el Archivo de Indias y la Cancillería Haitiana, entre muchos otros) detalladamente analizado y está apegado a una estricta cronología. Para fines de mi análisis, lo importante es la caracterización retórica que de la frontera y los haitianos hace Peña Batlle.

El libro inicia con un largo epígrafe de Marcelino Menéndez Pelayo en el cual se describe a "Santo Domingo" (República Dominicana) como habitado por:

> [...] un puñado de *gentes de sangre española*, que olvidados o poco menos, por la metrópoli [...] *entregados a la rapacidad de piratas, de filibusteros y de negros*: vendidos y traspasados por la diplomacia como un hato de bestias [...] han resistido a todas las pruebas, han seguido hablando en castellano [...] (xi, énfasis mío)[6]

Desde antes de entrar a analizar la relación entre Haití y República Dominicana Peña Batlle identifica a los dominicanos como "un pueblo español" y radicalmente diferente a "los negros" quienes constituyen una amenaza a la par con piratas y filibusteros. Para ello se apoya en la autoridad de Menéndez Pelayo, uno de los más importantes representantes del pensamiento conservador español de principios del siglo XX y defensor acérrimo de lo castizo en la cultura española. El crítico puertorriqueño Arcadio Díaz Quiñones en su libro *Sobre los principios: los intelectuales caribeños y la tradición* dedica el primer capítulo a analizar la obra de Menéndez Pelayo. Allí Díaz Quiñones apunta que Menéndez Pelayo "[...] se propuso renovar la preeminencia de España como centro legitimador de las elites nacionalistas 'hispano-americanas'" y que, además, "[...] contribuyó a consolidar un hispanismo que dejó su impronta en quienes lo llevaron a la práctica como política estatal en España y en los países latinoamericanos" (68). Tal y como veremos más adelante cada uno de estos propósitos se verificó en la obra de Peña Batlle y de sus

---

[6] La cita de Menéndez Pelayo está tomada del tomo I, pág. 312 de *Historia de la poesía hispanoamericana* (1911).

seguidores. La frase "vendidos y traspasados por la diplomacia como un hato de bestias" va a ser recurrente en la narrativa de la relación entre España y República Dominicana a todo lo largo del siglo XX y todavía hoy es utilizada por seguidores del discurso nacionalista tradicional en la República Dominicana. El mito de la colonia abandonada por la "Madre Patria" tuvo especial importancia en la conformación de la narración de la nación, especialmente en el siglo XIX.[7]

Una vez situada la posición que ocupará la República Dominicana frente a Haití dentro de su narrativa, Peña Batlle traza la historia de la frontera, no sin antes señalar que: "[p]ara los dominicanos, la frontera, considerada no como expresión geográfica, sino como un estado social, es elemento integrante de la nacionalidad y envuelve en sí problemas sustanciales de los cuales depende en enorme proporción el porvenir de la República" (xv-xvi). Peña Batlle señala como inicio de lo que denomina en su Introducción la "dualidad política y social de la isla de Santo Domingo" (xvi) la despoblación de la parte noroeste de La Española efectuada durante los años 1605-06 bajo el mando del gobernador Antonio de Osorio (las llamadas "Devastaciones de Osorio"). Es ahí, en el abandono por parte de España de una porción considerable del territorio de la isla, donde Peña Batlle, y con él la historiografía tradicional dominicana, establece el origen de lo que sería más tarde Haití, en marcado contraste con la historiografía haitiana que parte de 1492.[8] Esta visión de Peña Batlle se manifiesta explícitamente en la siguiente cita, en la cual se refiere a Haití: "Esa es una sociedad sin historia propiamente dicha, sin antecedentes tradicionales, sin punto de partida y sin raíces espirituales.

---

[7] Para un excelente análisis de esta retórica de abandono y nostalgia, véase *Modernity disavowed: Haiti and the cultures of slavery in the age of revolution* (2004) de Sibylle Fischer, especialmente las páginas 185-190, donde la autora analiza el poema "Ruinas" de Salomé Ureña de Henríquez.

[8] Como ejemplos de esta cronología en la historiografía haitiana véase: *The History of Haiti* de Steeve Coupeau; *Written in Blood: The story of the Haitian People 1492-1995* (2005) de Robert Debs Heinl y Nancy Gordon Heinl; *La República de Haití y la República Dominicana: Diversos aspectos de un problema histórico, geográfico y etnológico* (1953) de Jean Price-Mars; *Manual de Historia de Haití* (1979) de J. C. Dorsainvil y *La nación haitiana* (1984) de Dantes Bellegarde.

La historia de Haití como nación se inicia con la rebelión de los esclavos y no tiene ningún punto de apoyo en el pasado" (citado por San Miguel, 86, énfasis mío).[9]

Mediante una estrategia retórica que presenta el origen del estado haitiano como resultado de la desidia española y la usurpación de tierras por parte de los franceses, Peña Batlle logra enmarcar a los dominicanos como perennes víctimas. Al referirse a la debilidad española para enfrentar el contrabando que se hacía en la parte norte de la isla, Peña Batlle apunta: "[l]as proporciones y las consecuencias del sistema fueron incalculables: nosotros, los dominicanos, somos una de sus víctimas" (9).[10]

Existen otros dos aspectos que se repiten en la producción de Peña Batlle, así como en la obra y actuaciones de su contemporáneo más famoso, Joaquín Balaguer, éstos son: las emigraciones de las familias españolas como causa de la decadencia dominicana y la amenaza que Haití representa para la población; Balaguer llevaría esto al extremo de un racismo biológico que proclamaría una supuesta inferioridad de la población dominicana producto del contacto con el elemento africano (haitiano). En cuanto al primero de estos elementos, al momento de escribir la *Historia de la cuestión fronteriza domínico-haitiana*, Peña Batlle afirma: "[…] sin Ossorio [sic] es muy probable que nosotros fuéramos hoy un país de naturaleza muy distinta ya que, cuando menos, seríamos dueños de la totalidad de la isla y *nuestra población sería de tipo muy superior al actual*" (46, énfasis mío). Las emigraciones de las familias españolas es otro de los constantes lamentos del discurso historiográfico y sociológico tradicional de la República Dominicana. Según los analistas que expresan su desaliento ante estas migraciones, al irse de la isla las familias blancas también se llevaron consigo "la civilización". Peña Batlle se une a este coro de la siguiente manera:

---

[9] El libro de Pedro L. San Miguel, *La isla imaginada: historia, identidad y utopía en La Española* (1997) constituye un sesudo análisis de la historiografía dominicana.

[10] San Miguel describe esto como la narrativa de "la patria asediada" característica de Peña Batlle y Balaguer (45-49).

[...] una gran parte de los habitantes de La Yaguana prefirió emigrar a Cuba y establecerse en la población de Bayamo [...] y a juzgar por los nombres de algunos de ellos que corren insertos en los documentos publicados por Tejera, *parece que era población principal y selecta la que se pasó a Cuba*. En este movimiento es necesario fijar el comienzo de *la funesta corriente de emigración* que caracteriza nuestra historia colonial y que tan estrechamente ha influído [sic] en la formación del pueblo dominicano. (47, énfasis mío)

En cuanto al segundo elemento, la amenaza haitiana, ninguna afirmación es más elocuente que la pronunciada por Peña Batlle en su famoso discurso de Elías Piña el 16 de noviembre de 1942, y recogido en *El sentido de una política*: "El haitiano que nos molesta y nos pone sobreaviso es el que forma la última expresión social de allende la frontera. Ese tipo es francamente indeseable. De raza netamente africana, no puede representar para nosotros, incentivo étnico ninguno" (13).[11] Este discurso fue pronunciado para celebrar "el plan oficial de dominicanización de la frontera" puesto en ejecución luego del genocidio de octubre de 1937. Este "plan de dominicanización" incluía la construcción de escuelas, la instalación de "colonias" en las cuales se esperaba que se asentaran colonos blancos y la construcción de iglesias y templos para impulsar la religión católica.

Junto a Peña Batlle, el principal ideólogo de la Era de Trujillo fue Balaguer. A diferencia de Peña Batlle quien se unió tarde al gobierno trujillista, Balaguer estuvo desde el principio al servicio de la dictadura, llegando a ocupar la Presidencia de la República en 1960.[12] Balaguer continuaría una exitosa carrera política luego de la muerte de Trujillo. Fue presidente durante los períodos 1966-78 y 1986-96, el primero de

---

[11] La asimilación de Haití con África no ha quedado en el pasado. En *Written in Blood* Heinl y Heinl apuntan: "Los únicos vínculos de Haití con su hemisferio son la latitud y la longitud. Debemos pensar en Haití más bien como un fragmento del África negra, un fragmento desprendido del continente madre que atravesó el Atlántico a la deriva y se ancló en las Antillas" (2).

[12] Peña Batlle ingresa al régimen de Trujillo en 1941 mientras que Balaguer fue de los redactores del manifiesto por el cual se anunció el golpe de estado de Trujillo contra el Presidente Horacio Vásquez (1860-1936) en 1930.

los cuales se caracterizó por una gran represión contra la izquierda.[13] Un año después de publicado el libro de Peña Batlle, Balaguer daba a la luz *La realidad dominicana: semblanza de un país y un régimen* (1947); esta obra sería reeditada en 1983 con ligeras modificaciones, y bajo el título *La isla al revés: Haití y el destino dominicano*; es a esta última a la cual haré referencia en lo sucesivo.

Balaguer sigue obstinadamente la tesis de la "patria asediada". En el primer párrafo de *La isla al revés* señala: "La independencia política de Haití nació obviamente unida a un ideal imperialista: la unión de las dos partes de la isla bajo la bandera haitiana" (11). Es decir, el nacimiento de la República de Haití no es símbolo de la liberación de los esclavos, sino de un propósito de conquista sobre "la parte del Este" que tenía como meta principal "[...] minar las bases hispánicas en que desde el principio se asentó la cultura dominicana" (14). Mientras Peña Batlle privilegia el devenir histórico en su narración trágica de la República Dominicana, Balaguer se apoya en un racismo biológico para establecer una supuesta diferencia radical entre República Dominicana y Haití. Al no poder sostener su tesis imperialista en la situación imperante en 1983, procede a afirmar que ya no es la política, sino la biología, lo que amenaza a República Dominicana: "Haití ha dejado de constituir para Santo Domingo un peligro por razones de orden político. Pero el imperialismo haitiano continúa siendo una amenaza para nuestro país, en mayor grado que antes, por razones de carácter biológico" (*Isla* 35).[14] En la narrativa

---

[13] Para un análisis a fondo de la política dominicana durante los años posteriores a la caída de la dictadura trujillista véase *The Struggle for Democratic Politics in the Dominican Republic* (1998) de Jonathan Hartlyn.

[14] Esta visión es plasmada por Roberto Marcallé Abreu en *Contrariedades y tribulaciones en la mezquina y desdichada existencia del señor Manfredo Pemberton*. "El doctor Robles pensó con amargura que el dejar hacer y el dejar pasar habían ahondado hasta un punto el problema, que mucha gente creía desesperanzada que la presencia de *la peste negra del oeste* ya no podía controlarse" (en cursivas en el original); más adelante, el mismo personaje sostiene: "[...] es necesario implementar, desde ya, medidas encaminadas a liquidar *este virus* que perturba el espíritu de la patria y que amenaza de forma grave nuestra existencia [...] Usted sabe lo que la gente *sana* de este país espera de nosotros" (49, énfasis mío). Cabe destacar que dicha novela está dedicada a Manuel Núñez,

racista de Balaguer, el negro, que se asimila única y exclusivamente con Haití, es al mismo tiempo, superior físicamente e intelectual y moralmente inferior. Esto lleva a afirmaciones de una violencia inaudita, pero que no por ello son extrañas al discurso nacionalista tradicional. En algunos pasajes, el autor se refiere al "aumento vegetativo de la raza africana" (*Isla* 35) para indicar la amenaza principal contra la población dominicana.[15] Para Balaguer la población haitiana es totalmente incompatible con la dominicana a un nivel somático.

Como contraparte ideológica del aspecto material de la llamada "dominicanización de la frontera" se elaboró un discurso justificativo del genocidio de 1937 del cual Balaguer fue parte principal.[16] Esta justificación ideológica se apoyaba, igual que en el caso de Peña Batlle, en la defensa de lo hispánico como nódulo principal de la identidad dominicana y de la diferencia frente a Haití. Balaguer lleva este discurso hasta el extremo de comparar la política trujillista en la frontera con la expulsión de moros y judíos de España:[17]

Rafael Ramírez Ferreira y Pelegrín Castillo: "Porque su espada es la palabra". Núñez y Castillo son dos de los más fervorosos opositores a la presencia haitiana en República Dominicana, desde sus respectivas posiciones en la Academia Dominicana de la Lengua y la Cámara de Diputados.

[15] Prestol hace la misma comparación entre los vegetales y el crecimiento de la población haitiana en la frontera en *El Masacre se pasa a pie*.

[16] Michaelsen y Johnson reconocen la existencia de dos tipos principales de fronteras: la dura, que es la frontera física con muros, militares, vigilancia y mojones que marcan un territorio; y la blanda, que se refiere a la producida por los discursos nacionalistas que proclaman una supuesta esencia cultural única para la nación (1); ambos tipos son complementarios, se refuerzan uno a otro y actúan sobre los individuos de forma combinada. Por tanto, las acciones que se efectúan en la frontera dura se ven reflejadas en los discursos y textos que aluden a la frontera blanda y, al mismo tiempo, estos últimos sirven de justificación a las primeras.

[17] Esta comparación es curiosa y rica en posibilidades de análisis, pero excede los límites de esta investigación. Las relaciones entre musulmanes y cristianos en la frontera iban mucho más allá del antagonismo puro y simple y la limpieza de sangre. Un buen ejemplo de la representación literaria de esa "vida de frontera" en la España medieval sería *El abencerraje* (2002) donde las relaciones entre "moros y cristianos" aparecen como multidimensionales, aunque en el caso particular de esta obra, bajo un manto de benevolencia y caballerosidad. Se podría trazar un paralelo entre la figura

> Esa obra, equivale, pues, a fijar definitivamente la constitución histórica de la República y puede compararse, guardadas desde luego las distancias, con la que realizó Isabel la Católica para extirpar de España la morisma y para *depurar la raza* con el auxilio del Santo Oficio y con el memorable Edicto de 1492. (*Isla* 77, énfasis mío)

Entre los principales individuos que eran vistos con sospecha y muchas veces frontalmente atacados por esa política de "dominicanización" estuvieron los rayanos, a los que Balaguer describe del siguiente modo: "[...] el tipo denominado 'rayano', sujeto de una nacionalidad dudosa que vive al margen de las dos fronteras y se expresa con la misma naturalidad en español y en el dialecto haitiano, participando en igual grado de ambas nacionalidades [...]" (*Isla* 90).

Es importante señalar que el rayano contrasta de manera radical con las narrativas nacionales de ambos lados de la frontera. Un ejemplo de ello lo constituye el comentario crítico del historiador haitiano Jean Price-Mars al enfrentarse con la documentación diplomática que siguió a la masacre de 1937. Price-Mars se pregunta sobre los supuestos merodeadores que robaban ganado dominicano para trasladarlo a Haití mencionados en una carta del presidente haitiano Lescot como instigadores de la barbarie cometida por los dominicanos:

> Pero, ¿*se trataba de auténticos haitianos?* ¿Quién los había identificado? ¿No formaban parte, más bien, de la *categoría equívoca de gentes nacidas en la frontera*, que invocaban una u otra nacionalidad, según las circunstancias, y cuya facilidad para servirse del idioma local tanto como del español, les permitía moverse en las espesuras de las selvas limítrofes con la facilidad de quienes conocen sus menores secretos? (790, énfasis mío)

Como se deduce de esta afirmación tajante del más importante historiador haitiano del siglo XX, los habitantes de la frontera no eran considerados como parte de la nación haitiana. Debo anotar aquí que si bien en el español dominicano existe la palabra "rayano" para designar al habitante de la frontera, no es así en el kreyol haitiano. En efecto, no

---

del "haitiano compadecido" según la clasificación de Marcio Veloz Maggiolo en "Tipología del tema haitiano en la literatura dominicana" en *Sobre cultura dominicana... y otras culturas* (1977), y el moro Abindarráez en *El abencerraje*.

hay una palabra específica para los habitantes de la frontera que son simplemente haitianos, aunque curiosamente hoy en día los dominicanos son llamados "Panyòl" (español), y la misma palabra se aplica a los haitianos de origen dominicano, del mismo modo que a los haitianos de la diáspora se les denomina "Bwouklinn" (Brooklyn) o simplemente "djaspo," lo que indica una voluntad de diferenciación. En kreyol la frontera es designada "fontyè" o "bò fontyè". A principios del siglo XX las prostitutas dominicanas que trabajaban en Haití eran llamadas "fi fontyè". Sin embargo, al describir la frontera los haitianos usan el término "kole" (pegado): Ayiti kole Sendonmeng (Haití está pegado a Santo Domingo).[18] Tal y como hemos visto, ambas historiografías intentan distanciarse del sujeto fronterizo poniendo como normativos a los habitantes de la ciudad capital (Santo Domingo o Puerto Príncipe) o los de algunas comarcas campesinas representativas, tal y como lo hace Balaguer con Baní en *La isla al revés*.

En un pasaje de este último libro Balaguer abriga la esperanza que Santo Domingo "mejorará gradualmente sus caracteres antropológicos y volverá a recuperar la pureza de sus rasgos originarios" esto sería así debido a "[...] que la causa que ha dado origen a ese proceso de descomposición racial había sido bárbara pero radicalmente extirpada" (98). Asimismo, en una nota al pie de página, el autor actualiza su posición respecto al genocidio de 1937. Vale la pena reproducirla íntegramente, especialmente por lo que demuestra respecto al pensamiento balaguerista en cuanto a Haití y la República Dominicana:

> El genocidio de 1937, hecho bárbaro asimilable a la guerra desatada contra los judíos en la alemania [sic] hitleriana, ha sido neutralizado, desde este punto de vista, por la política inaugurada después del mes de agosto de 1978, por la administración del Presidente Antonio Guzmán, que dejó prácticamente descubiertas las fronteras, dando lugar a un aumento de la vieja corriente inmigratoria ilegal hacia la parte del Este. En los últimos años (1978-1982) se calcula en varios millares los inmigrantes del país vecino que se han establecido ilegalmente en la República Dominicana. Esa política parece

---

[18] Agradezco la valiosa información sobre estos términos del kreyol al Prof. Gage Averill de la Universidad de British Columbia.

> obedecer al deseo, por parte de los nuevos dirigentes del país, de borrar la mancha, con que internacionalmente cubrió el nombre del país, la sangre de miles de inocentes bárbaramente vertida en 1937 por la gendarmería de Trujillo. Al olfato de cualquier estadista genuino y al de cualquier dominicano con buen sentido común, no podían escapar las graves consecuencias que tendría necesariamente para el país una política de apertura total de las fronteras que separan a Haití de la República Dominicana. (98, n40)

Esta nota es importante por varias razones. Por un lado, Balaguer, uno de los personajes principales en la defensa internacional esgrimida por el régimen de Trujillo en relación al genocidio de 1937 (Prestol Castillo formaría parte del frente interno de la misma operación), admite 46 años después del hecho, el parentesco entre el Holocausto judío y El Corte, y, más aún, la intervención del ejército dominicano en el asunto, lo que lo eleva a crimen de Estado. Por otro lado, al mismo tiempo que admite este vínculo y condena la acción con epítetos como "hecho bárbaro" Balaguer la enmarca dentro de la defensa de la "patria asediada" y le reprocha al gobierno de turno, en 1983, el no haber continuado con la política de exclusión que dio origen a la matanza.[19]

Como demuestra el caso de la publicación de *La isla al revés*, la visión trujillista de la identidad dominicana representada por Peña Batlle y Balaguer no desapareció con el ajusticiamiento del tirano en 1961. Pero a partir de ese momento, y con las libertades públicas recién adquiridas, surgieron autores que empezaron a enfrentar el discurso encarnado por Balaguer. Podríamos mencionar como obras importantes en el campo de la historia: *Los negros, los mulatos y la nación dominicana* (1969) de Franklin

---

[19] Al momento de publicar *La isla al revés*, Balaguer había perdido las elecciones presidenciales de 1982 a manos de Salvador Jorge Blanco, el candidato del Partido Revolucionario Dominicano (PRD), siendo ésta la segunda derrota consecutiva que Balaguer sufría a manos del PRD. En 1990 y 1994, Balaguer utilizaría la retórica del antihaitianismo para impedir el ascenso al poder de José Francisco Peña Gómez, el líder indiscutible de las masas perredeístas, y de ascendencia haitiana. Cabe destacar que el candidato perredeísta derrotado por Balaguer en las elecciones de 1986, Jacobo Majluta Azar, no fue atacado por ser descendiente directo de inmigrantes libaneses. Para un análisis del antihaitianismo como ideología y estrategia electoral, véase *Race and Politics in the Dominican Republic* (2000) de Ernesto Sagás.

Franco, *Raza e historia en Santo Domingo* (1974) de Hugo Tolentino Dipp y en el de la sociología: *Braceros haitianos en la República Dominicana* (1986) de Franc Báez Evertsz. Pero también se publicarían obras que seguían el pensamiento xenófobo y antihaitiano de Balaguer y Peña Batlle: *Proceso histórico domínico-haitiano: una advertencia a la juventud dominicana* (1980), de Carlos Cornielle, y *Santo Domingo frente al destino* (1989), de Luis Julián Pérez, son dos ejemplos paradigmáticos.[20]

A partir de la publicación del libro de Manuel Núñez, *El ocaso de la nación dominicana* (1990, 2001), este nacionalismo y su representante principal, Peña Batlle, han resurgido con gran fuerza.[21] Núñez hace una síntesis de ese pensamiento conservador antihaitiano y le añade un nuevo elemento: el rechazo a la diáspora dominicana radicada en Estados Unidos y a enclaves completos de la República Dominicana, que como Samaná, acusan una elevada población negra proveniente de los Estados Unidos continentales y de las islas del Caribe anglófono como consecuencia del *boom* azucarero de principios del siglo XX. El libro en cuestión fue objeto de duras críticas provenientes de intelectuales dominicanos e internacionales como Odalís G. Pérez, Néstor E. Rodríguez y Mario Vargas Llosa.[22]

---

[20] La obra de Luis Julián Pérez, siguiendo a los nacionalistas dominicanos de principios del siglo XX como Américo Lugo, presenta tanto a Haití como a Estados Unidos como amenazas a la nación dominicana: Haití como amenaza racial y biológica, Estados Unidos como amenaza económica y política.

[21] La versión del 2001 fue objeto de polémica al recibir el "Premio Nacional Feria del Libro Eduardo León Jimenes" en el año 2002. Núñez fue también el receptor del "Premio Nacional de Ensayo Sociopolítico" otorgado por la Secretaría de Estado de Cultura de la República Dominicana en el año 2008 por el libro *Peña Batlle en la Era de Trujillo* (2007) del cual me ocuparé más adelante. Por tanto, debemos asumir que la visión trujillista de la dominicanidad resumida en este capítulo sigue teniendo vigencia y poder en los círculos culturales y literarios, debido a que su renovador y continuador principal ha sido el ensayista más premiado por las más altas instancias gubernamentales del país durante la primera década del siglo XXI.

[22] En el apéndice de la versión del año 2002, Núñez reproduce un artículo de Vargas Llosa donde el escritor peruano critica duramente las ideas nacionalistas del dominicano. Pérez en su libro *La ideología rota: el derrumbe del pensamiento pseudonacionalista dominicano* presenta una crítica a la obra de Núñez. Irónicamente, tanto Pérez como Núñez han sido elevados a la categoría de Miembros de Número de la Academia Dominicana de

Peña Batlle, Balaguer y Núñez representan el discurso tradicional en lo que se refiere a Haití, la presencia de los haitianos en República Dominicana y la realidad de los domínico-haitianos. Cronológicamente, la obra de estos tres escritores abarca casi todo del siglo XX y la primera década del XXI, y como ya hemos visto, ha gozado de difusión amplia y premios oficiales.

En *Peña Batlle en la Era de Trujillo,* Núñez repite sin cesar las ideas del sujeto de su biografía intelectual respecto a lo que entiende debe ser y es la identidad dominicana: "Somos una nación entroncada en la América hispana" (36). Esta afirmación, o variantes de la misma, se va a repetir a lo largo de las 896 páginas del texto, pero en ningún momento se aportan pruebas de ese entronque como no sea el hecho de que la lengua de la mayoría de los dominicanos es el español, así como tampoco se analizan las instituciones políticas, el régimen jurídico, la situación económica o los productos culturales que se consumen en República Dominicana, los cuales nos vinculan más a la América anglosajona (Estados Unidos y Canadá) que a la hispana.

La tesis central del libro se puede reducir a los siguientes supuestos: lo indígena es sustrato y lo africano biología, sólo lo hispano es cultura. Para darse cuenta de ello, véase la siguiente afirmación de Núñez:

> En el pensamiento de Peña Batlle, por contraste [al pensamiento de Hostos], ningún país hispanoamericano fue colonia en ningún momento. Porque, sencillamente, lo hispánico es un elemento constitutivo de nuestra propia nacionalidad. Las raíces de lo dominicano son hispanoamericanas. En tal sentido, sin negar el plasma de otras culturas que han formado el orbe nacional, del sustrato indígena y de la profusa biológica [sic] africana, no puede creerse que el retorno a lo dominicano, la vuelta al eje central de su vida podía consistir en una deshispanización. (*Peña Batlle* 87)

El antihaitianismo de Núñez lo lleva a desconocer los aportes jurídicos que dejó la ocupación haitiana de 1822: "La haitianización, a ojos vistas, no era sinónimo ni de progreso moral, ni de evolución

---

la Lengua. Algunas de las críticas de Rodríguez a la obra de Núñez están expuestas más adelante.

científica ni de prosperidad material ni significaba una concepción del derecho que superara las propias creaciones dominicanas" (*Peña Batlle* 88). Núñez pasa por alto, convenientemente, que la legislación implantada por los haitianos está vigente al momento en que él publica su libro, en los códigos Penal y Civil, sin contar con las miles de sentencias emitidas por la Suprema Corte de Justicia a lo largo de 150 años.[23] Contradictoriamente, en otra parte de su obra, Núñez cita al propio Peña Batlle cuando éste se lamentaba, en 1951, de que los dominicanos seguían siendo "una colonia del pensamiento jurídico de los haitianos de Boyer" y que no habían sido capaces de "recuperar la independencia de nuestro pensamiento jurídico" (*Peña Batlle* 179). Al mismo Peña Batlle le resultaba difícil invocar un pensamiento jurídico dominicano autóctono, como no fuere un retorno al Derecho español anterior a 1822.

Al intentar actualizar el pensamiento de Peña Batlle, Núñez incurre en serios dislates, como, por ejemplo, éste que surge de la siguiente cita: "El territorio del Estado dominicano y el territorio de la nación coinciden. La cohesión de ambos, no se halla en la raza ni en la religión ni en las ideas políticas sino en la lengua, en el pasado común y en el combate por la independencia" (*Peña Batlle* 269). Que en la primera década del siglo XXI, con aproximadamente un doce por ciento de la población total de la República Dominicana residiendo fuera del territorio nacional y contribuyendo con aportes masivos en divisas a la economía isleña, un ensayista premiado por las más altas instancias culturales del país emita semejante opinión me permite afirmar que un sector muy importante de la sociedad dominicana tiene una visión de lo que es ser dominicano que se encuentra firmemente anclada en teorías y visiones desfasadas. Esta teoría de la identidad que mira solamente hacia el pasado como fuente

---

[23] Esto es lo contrario de la tesis que Fischer expone en *Modernity Disavowed*. Para Fischer, Haití introdujo la modernidad a la República Dominicana: laicismo, abolición de la esclavitud, reforma agraria, etc. Siguiendo muy de cerca las ideas expuestas por Franklin Franco en *Los negros, los mulatos y la nación dominicana* (1975) afirma: "Los ocupantes haitianos estaban muy conscientes de su papel como modernizadores de las provincias del este [...] lejos de representar el invasor bárbaro, Haití ocupaba el lugar de "la autoridad", "la ley" y "la modernización" (151-152).

de inspiración se hace explícita en el uso que de la imagen de Numancia hace el autor dominicano: "La hispanidad no es una nostalgia por la época colonial, sino la evocación de nuestra propia formación histórica [...] Nos hemos constituido como una Numancia resistiendo las estocadas de la desnacionalización y aferrados a la tradición y al sentido inicial de nuestra vida" (*Peña Batlle* 550). La resistencia numantina es un tropo tradicional en la literatura española que evoca la resistencia de los habitantes de una pequeña ciudad contra las fuerzas del imperio romano, en esta resistencia, autores como Cervantes, vieron el germen del pueblo español. Al comparar a República Dominicana con Numancia, Núñez realmente no mide el alcance de esta imagen tan conocida. Al trasladar del espacio militar al espacio cultural la categoría de asedio, Núñez logra, de manera inadvertida, un propósito contrario a lo que busca con su tesis, expuesta en dos libros y aproximadamente 1600 páginas: presenta a los haitianos como un adversario culturalmente superior que sólo espera el suicidio de los dominicanos. Este es el último paso en el seguimiento lógico de la visión de "la patria asediada". Pero una identidad no es una ciudad bajo asedio; a diferencia de la segunda, la primera sólo puede sobrevivir y prosperar mediante la apertura. Al cobijar la identidad dominicana bajo la metáfora numantina, Núñez evoca imágenes de suicidio colectivo, quema de riquezas y canibalismo como método de resistencia contra unos supuestos agresores haitianos que serían superiores en fuerzas.

En realidad, como ya apunté, la nación dominicana, entendida de manera amplia e inclusiva en el siglo XXI, se extiende, más allá de la isla compartida, a Estados Unidos, Canadá y Europa principalmente, pero también a otras islas del Caribe y se manifiesta en inglés, francés, y, dentro del territorio nacional, en kreyol con acento dominicano. Más aún, el Estado ha reconocido la importancia de la nación dominicana extrainsular a través de la aprobación de la doble nacionalidad en la reforma constitucional de 1994, y el sector privado se ha volcado a atraer a esos dominicanos residentes en el extranjero con ofertas inmobiliarias y bancarias. Además, Núñez pasa por alto el importante aporte económico de la diáspora a la vida nacional, y sobre todo, a la política partidista dominicana.

Al acercarse al genocidio de 1937, uno de los puntos neurálgicos de su defensa de Peña Batlle, apoyándose en el dato cierto de lo tardío del ingreso de aquél a la tiranía trujillista, Núñez llega al extremo de culpar a las víctimas:

> Segundo, en las declaraciones juradas de las víctimas, se muestra que estaban sobre aviso, pues se habían lanzado bandos; se había promulgado una Ley que obligaba a las repatriaciones de indocumentados y cientos de repatriados haitianos se habían vuelto a instalar en el territorio dominicano. Otra prueba del carácter selectivo de los linchamientos fue que los trabajadores haitianos de los ingenios azucareros no fueron tocados. *Tercero, la idea, según la cual la matanza obedeció a las ambiciones de blanquear la raza, aun cuando pueda apoyarse en las opiniones del entonces Secretario de Estado de Justicia, Julio Ortega Frier. O, en los impuestos que las leyes imponían a la inmigraciones espontánea* [sic] *de personas no caucásicas, no tiene sustentación a la luz de los acontecimientos.* Se permitió que los ingenios continuasen importando población haitiana, aun después de la matanza. (*Peña Batlle* 616, énfasis mío)

Núñez admite que existen pruebas de una ideología negrofóbica dentro de los más altos niveles del trujillismo, pero nos sugiere que debemos pasarlas por alto porque se siguió importando mano de obra que por lo barata que resultaba podría decirse que era prácticamente esclava. Más adelante, al enumerar su listado de causas de la matanza, sostiene: "Primero, las discordias generadas por el cuatrerismo haitiano [...] Segundo, el proceso de desnacionalización de la frontera dominicana [...]" (*Peña Batlle* 618). Para Núñez, la matanza de 1937 ha sido "convertida en propaganda antidominicana" (*Peña Batlle* 636).

Como ejemplos señeros de esta supuesta propaganda antidominicana, luego de mencionar a los sospechosos habituales (los jesuitas y las organizaciones no gubernamentales que defienden a los migrantes haitianos), Núñez se embarca en una serie de ataques personales contra Néstor E. Rodríguez y Silvio Torres-Saillant sin analizar seriamente las obras producidas por estos intelectuales. Respecto a *La isla y su envés* de Rodríguez, el volumen que lidia específicamente con el nacionalismo dominicano y su manifestación en las obras de Peña Batlle, Balaguer y Núñez, este último se limita a anunciar en una nota a pie de página su intención de "responder a las imputaciones calumniosas de Rodríguez"

(*Peña Batlle* 824). Desde el principio de esta sección de su libro se evidencia que Núñez no se ha tomado el tiempo de leer a Rodríguez: "El objetivo de Néstor E. Rodríguez es desacreditar el nacionalismo presentándolo enmarañado con el trujillismo" (824). Cabría preguntarse por qué es un descrédito mezclarse con un trujillismo que Núñez ha defendido a lo largo de 800 páginas; además, el análisis de Rodríguez parte de *Enriquillo* de Galván para trazar una genealogía del pensamiento nacionalista tradicional dominicano y sus manifestaciones en la ficción y en el ensayo cultural. Núñez erróneamente cree que la metáfora "la ciudad trujillista" está inspirada en Derrida (*Peña Batlle* 827) cuando el propio Rodríguez hace explícita su deuda con el crítico Ángel Rama y su conocido concepto de la "ciudad letrada" (Rodríguez, *La isla* xi). En cuanto a Torres-Saillant, su libro *El retorno de las yolas* es definido por Núñez como "arquetipo del terrorismo intelectual" (*Peña Batlle* 828). Así, en ocho páginas de denuestos y ataques *ad hominen*, Núñez despacha la labor intelectual de dos de los críticos más incisivos del nacionalismo dominicano tradicional. En efecto, tanto Rodríguez como Torres-Saillant han expuesto las fisuras en la armazón retórica del discurso nacionalista dominicano. En *El retorno de las yolas: Ensayos sobre diáspora, democracia y dominicanidad* (1999) Torres-Saillant, crítico dominicano radicado en los Estados Unidos y que, además, se define como dominicanyork (*Retorno* 17), recoge una serie de ensayos y artículos de crítica cultural que lidian con la visión que se tiene en la isla sobre los emigrantes dominicanos a Estados Unidos. En el ensayo que da título al libro, Torres-Saillant analiza la construcción sociológica del dominicanyork quien: "Funge como chivo expiatorio para una clase media inferiorizada por siete décadas de desenfrenada violencia y soborno estatal, una clase media que anda en busca desesperada de alguien con respecto a quien sentirse superior" (*Retorno* 20). El crítico dominicanyork es consciente del valor del elemento autobiográfico para describir una realidad sociológica compleja y que está en constante cambio: "Como muchos otros compatriotas, he descubierto una dominicanidad desterritorializada y transnacional. La afiliación étnico-nacional que me hace dominicano no depende del calor de la geografía quisqueyana ni de la bendición del Estado dominicano" (*Retorno* 24). Esto es lo que hace a Torres-Saillant y a quienes representa, imposibles de aceptar por parte de Núñez y su teoría de la dominicanidad. Más que enfrentarse a Núñez, a quien trata con respeto, Torres-Saillant demuestra la profundidad del calado del pensamiento de Peña Batlle y Balaguer, y cómo se utilizan los recursos retóricos del antihaitianismo para aplicárselos también al dominicanyork; en el ensayo titulado "Cuestión haitiana y supervivencia moral" vincula la lucha en ambos frentes: "La agresión contra los haitianos en la República Dominicana, al atentar contra esa credibilidad, nos desarma en nuestra lucha en el exterior. No cabe duda que agredir a la comunidad haitiana dentro del país es colaborar con los que nos agreden fuera de él" (*Retorno* 146). Un tanto prematuramente, Torres-Saillant proclamó "Adiós a Peña Batlle" al analizar la obra de este último. En esta sección de su libro desmonta la principal defensa que esgrimen tanto Núñez como otros que han reivindicado la figura del pensador trujillista, esta defensa se puede resumir en dos postulados: Peña Batlle fue una víctima del trujillismo y "un hombre de su tiempo".[24] La segunda razón es la que intenta librarlo de la acusación de racista; Torres-Saillant se encarga de destruir ese argumento:

> Es decir Peña Batlle se aferró obstinadamente a un discurso negrofóbico occidental cuando ya Occidente estaba pagando un muy alto precio por esa ideología y procuraba alejarse de ella a toda costa. El funcionario trujillista blandía una enseñanza caduca, una aberración explicable sólo por la necesidad de satisfacer las urgencias ideológicas del régimen al que servía como vulgar escriba. (*Retorno* 81)

Por su parte, en *La isla y su envés*, Rodríguez desmonta la ideología nacionalista señalándola como perteneciente a una tradición de xenofobia, racismo y exclusión dirigida especialmente hacia los haitianos y los dominicanos de color. Para Rodríguez el lugar predominante en esa ideología lo tiene Balaguer, a quien el crítico domínico-puertorriqueño le asigna el lugar de "[…] fulcro en el cual se concentra un modelo dominante de lo nacional" (*Envés* 3). Al trazar la genealogía de lo que denomina, siguiendo a Etienne Balibar, "etnicidad ficticia" Rodríguez señala cómo el elemento africano ha sido constantemente eliminado desde *Enriquillo*

---

[24] Otro ejemplo de esta defensa de Peña Batlle lo constituye el libro de Danilo P. Clime, *Manuel Arturo Peña Batlle o en búsqueda de la Hispanoamérica posible* (2006).

hasta *El ocaso de la nación dominicana*. Uno de los aportes principales de Rodríguez es su demostración, apelando al concepto de intrahistoria de Miguel de Unamuno, de la identificación que hace Peña Batlle de la Era de Trujillo como "[...] el momento en que la dominicanidad vuelve a definirse en su verdadera esencia hispánica [...]" (*Envés* 19).

Al referirse a Núñez, Rodríguez desnuda la estrategia asumida por aquél en *El ocaso*: "La estrategia de Núñez consiste en modificar ligeramente el basamento del archivo de la nación dominicana agregando nuevos elementos al entramado que sostiene su supremacía" (*Envés* 34). Estos nuevos elementos son: los haitianos indocumentados y los dominicanos radicados en Estados Unidos, los dominicanyorks. Rodríguez sostiene que al asumir esta postura Núñez da un nuevo barniz cultural al viejo entramado biológico a través del cual Balaguer había presentado su antihaitianismo, así en *El ocaso* el autor intenta evadir las posibles acusaciones de xenofobia y racismo que se han dirigido contra su obra.

Frente a la visión monolítica de la producción cultural tradicional dominicana ejemplificada en las obras de Peña Batlle, Balaguer y Núñez surge, en la realidad de la frontera, el rayano, el habitante de la raya. Y en las últimas cuatro décadas, se agrega a éste, el dominicanyork. Ambos elementos, junto con Haití, presentan un reto a la concepción de la dominicanidad sostenida por el nacionalismo tradicional. Como se puede apreciar por las citas anteriores de Price-Mars y Balaguer en lo referente a los rayanos, éstos son vistos como pertenecientes al terreno de lo nacionalmente equívoco, dudoso e indefinido. Etimológicamente la palabra "rayano" según el Diccionario de la Real Academia Española, es un adjetivo que consta de tres acepciones: "1. Que confina o linda con algo; 2. Que está en la raya que divide dos territorios; y 3. Cercano, con semejanza que se aproxima a igualdad" ("Rayano"). Así lo rayano es al mismo tiempo lo que divide y lo que une, casi iguala, dos entidades que se reputan diferentes o incompatibles. De este modo, lo rayano, como parte consustancial de una teoría domínico-haitiana de la frontera, pone en tela de juicio la concepción sostenida por los autores mencionados anteriormente según la cual hay "un" Haití o "una" República Dominicana auténticos y de los cuales están excluidos los habitantes de la región fronteriza o del exterior del país.[25]

Lo rayano desafía la visión de la nación como "natural"; los textos analizados en esta investigación apuntan a espacios en los cuales no hay una homogeneidad de la nación tal y como la proponen Price-Mars o Bellegarde (Haití) y Peña Batlle, Balaguer y Núñez (República Dominicana); sino que presentan una nación en formación, en movimiento, que cruza fronteras no solamente físicas, marítimas o terrestres, sino también de género, clase y lengua.[26] En la producción literaria y cultural de la República Dominicana el tema del rayano ha sido tratado por algunos de los más importantes autores del siglo XX. En el siguiente capítulo me concentraré en dos visiones de la frontera y sus habitantes que podrían verse como contrapuestas: la de Manuel Rueda en *La criatura terrestre (1945-1960)* (1963) y la de Freddy Prestol Castillo en *Paisajes y meditaciones de una frontera* (1943). Esta discusión servirá para enmarcar mi análisis del concepto "rayano" como tropo fundamental en el debate sobre la identidad dominicana de hoy.

---

[25] Al menos en República Dominicana esta visión respecto a la diáspora sigue teniendo vigencia. Ha habido, sin embargo, esfuerzos oficiales, en ambos países, de integrarla a la nación isleña. En Haití existe el Ministerio de Haitianos Residentes en el Extranjero y en la República Dominicana se ha propuesto varias veces la creación de una Secretaría de Estado de los Dominicanos Ausentes. Tanto Haití como República Dominicana reciben una considerable parte de su Producto Nacional Bruto en forma de remesas enviadas por los residentes fuera de la isla, especialmente los residentes en Estados Unidos, Canadá y Europa.

[26] Respecto a la concepción de la nación como "natural," véase la Introducción de *Border Matters: remapping American cultural studies* (1997) de José David Saldívar: "[*Border Matters*] se enfrenta a este estatus estable, naturalizado y hegemónico de lo nacional al mirar a la asumida equivalencia que solemos hacer entre lo nacional y lo cultural" (14).

Capítulo 1

Representaciones del rayano en la literatura dominicana

En *La criatura terrestre (1945-1960)*, una antología publicada en 1963, Manuel Rueda recoge su libro titulado *Cantos de la Frontera*, en el cual el nativo de Montecristi vuelca su visión de la región fronteriza. El primer poema del libro, titulado "Canto de regreso a la tierra prometida", remite a la obra fundamental de Aimé Césaire, *Cahier d'un retour au pays natal* ([1939], 1960). Como en Césaire, aquí también la voz poética es adánica, declaratoria de un origen, pero a diferencia del poema del martiniqueño, en el texto de Rueda la voz no clama por un regreso a África, sino a un tiempo anterior a la división de la isla en dos mitades aparentemente irreconciliables. El poema parte del presente histórico y subraya el destino común de las dos naciones unidas por la realidad geográfica, pero separadas por la Historia:

> Medias montañas,
> medios ríos,
> y hasta la muerte
> compartida.
> El mediodía parte
> de lado a lado al hombre
> y le parte el descanso,
> parte la sombra en dos
> y duplica el ardor (27)
> [...]
> El viajero cantaba,
> mas óyelo cuán mudo
> queda a la vera del desastre (27)
>
> [...]

El destino ecológico común estaría en contraposición a las realidades políticas. Al entrar en el tratamiento de los habitantes de la isla, la Historia aparece como violencia que se ejerce sobre los humanos, quienes se encuentran imposibilitados de narrarla; el mismo tipo de violencia se ejercerá sobre la naturaleza. En una referencia a lo tenue de la línea que separa a ambos países, la voz poética se refiere al río que marca la frontera norte, el Artibonito, como "río de luto / en el que dos brazadas no caben" (28). Pero si la Historia divide a las naciones que comparten La Española, la voz poética será el elemento unificador:

> Oye al pobre poeta,
> un corazón entero,
> –tan entero–
> cantar en medio
> de las heridas
> sin comprender la marca de la tierra,
> sin probar su fruto dividido. (28)

Esta voz poética sólo puede cantar, no hay una síntesis histórica por la que se pueda regresar a la tierra prometida. Al analizar este mismo poema Héctor Incháustegui Cabral, nota el elemento adánico presente en el mismo, para señalar que:

> Adán está del otro lado del pasado, pero no en la prehistoria [...] Está en la protohistoria, región que sólo pueden visitar, y eso de tarde en tarde, los poetas [...] El pasado lo inventaron los hombres después que descubrieron el tiempo, y la frontera, el drama de la frontera, sí que tiene pasado y por tanto historia. (220)

A partir de ahí, Incháustegui Cabral se lanza en una sostenida defensa de la obra de Peña Batlle, de quien afirma "[...] no sólo compuso ese pasado [en todo lo que se refiere a Haití y a la frontera con Haití] [...] actuó también sobre su presente" (222). Ese "actuar sobre el presente dominicano" de Peña Batlle implica, para Incháustegui Cabral, el asumir la defensa de lo que ve como las bases sobre las cuales debía afianzarse la nacionalidad dominicana: el catolicismo, el matrimonio indisoluble y el fortalecimiento del idioma español (222). Pero Incháustegui Cabral matiza su juicio laudatorio sobre Peña Batlle afirmando que al defender una autarquía cultural, este último, "exageró un poco" (224). El libro de

Incháustegui Cabral fue publicado originalmente en 1969 y es uno de los referentes fundamentales al momento de establecer un acercamiento crítico al canon dominicano. El hecho de que se apoye en la obra de Peña Batlle para leer la producción de Manuel Rueda en *Cantos de la frontera* demuestra, una vez más, el profundo alcance de las ideas hispanistas y antihaitianas del historiador dominicano.

"Canto de regreso a la tierra prometida" concluye retornando al tema de la división de un ser que en principio se ve como único y que acusa el trauma de la partición. La muerte es el elemento catalizador de la Historia e impide el retorno a la tierra prometida. La voz poética queda, luego de su intento unificador, anulada por la Historia. Vale la pena reproducir íntegramente el final del poema:

> Medias montañas,
> medios ríos,
> la media muerte atravesada como un sol seco en la garganta.
> Trata de dormir ahora,
> de entregar
> el único párpado a tu sueño inconcluso.
> trata de dormir.
> Tratemos de dormir
> hasta que nos despierten
> leñadores robustos,
> hombres de pala y canto
> que hagan variar el curso
> de nuestra pesarosa
> isla amada,
> de nuestro desquiciado planeta.
> Así cantando,
> así,
> a mitad del camino de regreso
> sin encontrar la patria prometida. (30)

Si en el poema anterior la preocupación es histórica, en "La canción del rayano" será lo divino lo que ocupará el centro de atención de la voz poética. En otra muestra de la influencia romántica en esta etapa de la producción de Rueda, el poema abre con una evocación del Génesis y el origen: "La tierra era pequeña y no tenía otro oficio que el de / recorrerla, / que el de tumbarme a voluntad hasta que de los terrones parduscos me brotaran los hijos" (31). El rayano recorre la tierra originaria para desde allí plantar su huella y con su mirada crear el paisaje de la línea fronteriza: "Mi tierra llena de bestias petrificadas al caer el sol / y de blancas, lentas garzas, que planeaban sobre ellas, / ingrávidas como el humo o la ventisca" (31).[27] La referencia a las garzas es una evocación viva del paisaje de la llamada Línea Fronteriza, de donde es oriundo Rueda. Pero las referencias bíblicas no sólo se quedan en el Génesis y el origen, sino que también remiten a los profetas como Daniel:

> Pero vino el final y no lo supe.
> Pero vino el final y yo dormido, hartazgo y contentura.
> Y fue así. Yo dormido. Y alguien trazando sobre mí esa línea,
> diciendo, "tú serás dividido para siempre".
> Un brazo aquí, y el otro allá. A mí, al ambidextro,
> que hacía arrodillar a un toro mientras acariciaba a una
> criatura. (32)[28]

La división no es el principio de la Historia, sino el final de ésta, la visión apocalíptica del profeta Daniel se traslada a La Española y una vez dividido, el rayano, evocando a Caín, se pregunta: "Y el corazón ¿en dónde? ¿Y dónde la cabeza bramadora/que reconoce a sus hijos por la marca de la frente?" (32). La expulsión marca el origen del enfrentamiento entre las naciones que comparten la isla. Aquí la voz poética se hace partícipe de la "visión trágica" de la historia dominicana. Al exclamar: "Ahora estoy desterrado del Edén, sobre la roca dura / atento a mis entrañas, / *roto mi corazón en dos pedazos de odio y abandono*" (32, énfasis mío) muestra la imposibilidad de reunión o de conciliación. Al concluir su canción, el rayano no encuentra paz ni sosiego, el conflicto se ve como permanente: "[...] mas estoy en este campo donde las piedras / se voltean una a una, / sin prisa y sin alardes, / perdida toda esperanza de resurrección" (33).

---

[27] Esta recreación del paisaje a partir de la mirada del sujeto que lo contempla remite a *Campos de Castilla* (1912) del poeta español Antonio Machado, una de las grandes influencias de Manuel Rueda.

[28] Daniel 5:28: "Tu reino ha sido dividido y entregado a los medos y a los persas".

Continuando con la retórica de desunión de lo que una vez estuvo unido, en "Cantos de la frontera", poema que da título al libro, la frontera física se describe como fin de la nación y, a la vez, barrera: "Allí donde el Artibonito corre distribuyendo la hojarasca / hay una línea / un fin / una barrera de piedra oscura y clara / que infinitos soldados recorren y no cesan de guardar" (36). La frontera se propone como el lugar en el cual la muerte se presenta en forma de imposibilidad de comunicación entre ambos lados: "Al pájaro que cante de este lado / uno del lado opuesto tal vez respondería. / Pero esta es la frontera / y hasta los pájaros se abstienen de conspirar, / mezclando sus endechas" (36); pero esta supuesta incomunicación no impide que el poeta busque con ambivalencia al habitante del otro lado de la raya: "(¿En dónde estás, hermano, mi enemigo de tánto [sic] tiempo / y sangre? / ¿Con qué dolor te quedas, pensándome, a lo lejos?)" (37).

En este poema, la voz poética hace explícita la historia que abarca a las dos naciones y al narrar las guerras del siglo XIX se hace eco del discurso nacionalista que presenta a los haitianos como "invasores bárbaros y africanos":

> De pronto vi las hoscas huestes que descendían, aullando
> y arrasando.
> Vi la muerte brilladora en la punta de las lanzas.
> *Vi mi tierra manchada y te vi sobre ella,*
> desafiador,
> la brazada soberbia sobre el cañaveral que enmudece
> *y la ronda de hogueras donde al anochecer bailabas*
> *invocando a tus dioses sanguinarios,*
> hombre que me miraste un día de calor y agobiante crepúsculo
> allí donde el Artibonito, dividido,
> da a cada orilla su mitad de alivio y hojarasca.
> Y yo supe que nunca habría esperanza para ti o para
> nosotros,
> hermano que quedaste una noche, a lo lejos,
> olvidado y dormido junto al agua. (38, énfasis mío)

Al terminar, el poeta mira hacia el presente y apunta al fin de las guerras del siglo anterior y al inicio de una política de desconfianza mutua y de maniobras diplomáticas vacías. Pero estos discursos sólo se quedan al nivel de la alta política: "Era domingo y después de oír los himnos y discursos, / después de batir palmas, los señores presidentes se abrazaron" (38). Estos versos aluden explícitamente a las visitas entre ambos países de Trujillo y Vincent durante los años 1935 y 1936. Según reporta el historiador Richard Lee Turits durante la visita hecha en mayo de este último año a Puerto Príncipe, Trujillo besó la bandera haitiana y proclamó que por sus venas corría "sangre africana" y la avenida principal de la ciudad fue bautizada "Avenue President Trujillo" (*Foundations* 160). Estos gestos retóricos no implican armonía ni conciliación. La voz poética se lamenta de la soledad histórica que aísla a los habitantes de uno y otro lado del Artibonito, y concluye su canto situando la región fronteriza como un espacio de división:

> Luego los dignos visitantes, sin traspasar las líneas,
> retiráronse al ritmo de músicas contrarias,
> –reverencias y mudas arrogancias–.
> Y volvimos a dar nuestros alertas,
> a quedar con el ojo soñoliento sobre los matorrales encrespados.
> Y volvimos a comer nuestra pobre ración, solos, lentamente
> allí donde el Artibonito corre distribuyendo la hojarasca. (38)

La naturaleza de la región también es testigo de esa soledad, dos poemas colocados consecutivamente aluden a esto: "La garza sola" y "Donde el verde dice su palabra". En "La garza sola" se afirma el conocimiento del paisaje por parte de la voz poética: "Yo conozco esa garza. Esa garza me mira, / atentamente fina, como si demostrase / que ella también me reconoce" (42). En el imaginario dominicano la garza es el pájaro representativo de la Línea Noroeste y está presente en las fotografías, pinturas y anuncios comerciales que aluden a la región; a través de la mirada la voz poética establece una igualdad entre sí y el paisaje y sus habitantes: "Sin embargo, nos queda esa mirada/rápida y asombrosa como un resto / de lenguaje, *en la súbita amistad*/ de nuestra tarde" (42, énfasis mío). En el poema "Donde el verde dice su palabra" el árbol es quien expresa a través de su follaje y su sombra los anhelos de la voz poética:

> ¿Dónde estarán los hombres a esta hora?
> Aquí, bajo mi copa, desearía ver al pueblo solazándose.
> Desearía ser yo todo la señal,

un signo verde para el este y el oeste,
una canción que no pudiera ya dejar de oírse
a través de las líneas y de las hendiduras de la tierra,
una canción y un signo para el blanco y el negro y el tostado,
para los amarillos y los rojos,
porque en cada ramilla cargada habrá un pájaro de aquí
—oui, sí—
un pájaro afirmando su canción,
coronándose con aire de los cuatro lados,
garganta fiel al centro de su tiempo. (44)

El árbol anhela ser el elemento que contenga ambos lados: este y oeste; ambas lenguas: español y francés. Una vez más, la naturaleza actúa como la posibilidad que contendría la realización del anhelo político-cultural de la voz poética. El espacio de lo posible no sólo es el poema sino el paisaje; allí donde los discursos políticos y la violencia han instalado una raya infranqueable el poeta instala la naturaleza con sus árboles y animales como catalizadores de la unidad posible.

La poesía de Rueda, profundo conocedor de la región fronteriza y sus habitantes, ofrece una visión ambivalente del rayano: si bien ve al rayano como cercano y propio, al mismo tiempo reproduce los principales temas del discurso nacionalista dominicano. La misma actitud se verá también en Prestol Castillo,[29] pero a diferencia de este último, Rueda a lo largo de toda su obra mantuvo siempre una postura crítica de los modos tradicionales de entender la cultura dominicana. Su posición respecto a los rayanos sólo puede entenderse como prueba del arraigo profundo que tiene el discurso hegemónico nacionalista en la República Dominicana. Este arraigo es producto principalmente de una tradición de enseñanza de la historia que pone un énfasis desmedido en el discurso de la "patria asediada" y la confrontación permanente entre Haití y República Dominicana. A lo largo de la historia dominicana tanto los llamados liberales como los conservadores han compartido una misma visión de la nación como opuesta a Haití tanto por la geografía como por la cultura. Tal y como apunta Néstor E. Rodríguez:

---

[29] Véase el capítulo 3, en el cual analizo más a fondo la ambivalencia de Prestol Castillo con respecto a los haitianos.

> [...] los intelectuales de la transición han incurrido en una mala lectura de la misma [se refiere a la identidad cultural], una lectura que ha llevado incluso a los pensadores "progresistas" a discutir la dominicanidad desde el punto de vista del saber monológico de la ciudad trujillista. (*Envés* 62)

Por su parte, Prestol Castillo en *El Masacre se pasa a pie* y en *Paisajes y meditaciones de una frontera* (1943), ofrece una visión opuesta, en muchos sentidos, a la de Rueda. Prestol como representante de la clase media alta ve la frontera domínico-haitiana como distante e inhóspita y sus habitantes como extraños al cuerpo de la nación. La importancia de *Paisajes* radica en que, a diferencia de *El Masacre*, sí fue publicado durante la dictadura de Trujillo, y contiene todos los elementos de la justificación teórica del genocidio de 1937: robo de ganado por parte de los haitianos, invasión pacífica, y la incompatibilidad cultural y biológica entre haitianos y dominicanos. Al mismo tiempo, Prestol intenta hacer una especie de análisis etnográfico del rayano o "catiso".[30]

Paisajes y meditaciones es, por tanto, el reverso de *El Masacre*. Escrito al mismo tiempo que aquél presenta igualmente una estructura de viñetas cortas. *Paisajes* no hace mención explícita de la matanza y por tanto no presenta a los haitianos como víctimas de los dominicanos, sino como sus victimarios usando como arma una supuesta "avalancha demográfica" (15).

La fecha de publicación de *Paisajes* coincide con la gran ofensiva nacional e internacional por parte de la dictadura trujillista para defenderse de las acusaciones de genocidio. Balaguer en esos mismos años escribía cartas, artículos y libros en el exterior justificando la posición del régimen y Peña Batlle pronunciaba conferencias y discursos en los cuales defendía el antihaitianismo, al tiempo que, debemos asumir, escribía su obra principal sobre la cuestión fronteriza, cuyo primer tomo se publicó en 1946.

---

[30] Prestol apunta que estos habitantes se denominaban "catisos" en el norte y "rayanos" en el sur de la línea fronteriza. En este capítulo mantendré la denominación "catisos" y la peculiar ortografía y acentuación de Prestol, no solo para ser fiel a su producción intelectual, sino para no crear confusión en cuanto a las fuentes.

Según Prestol, su intención en *Paisajes* era hacer: "[…] la crónica de un viaje por caminos de la frontera, uno de esos cuadros con sol, llanos y negros de aquel pedazo de nuestra tierra frente a Haití […]". El autor abandonó este propósito porque "[…] no he querido escribir páginas de literatura, sino de observación" (9). Prestol se coloca así en el lugar del etnógrafo que viaja a una cultura "primitiva" y "desconocida". El efecto que produce la narración de Prestol, debido a su retórica, es parecido a lo que Johannes Fabian denomina "coevalness". Sin un equivalente preciso en español, "coevalness" se podría traducir como "coetaneidad". En el análisis de Fabian, al ser coetáneo con el pasado en el cual se supone que se encuentra la cultura que estudia, el etnógrafo crea, de manera retórica, una distancia que da a su estudio el aspecto científico y neutral necesario. Al mismo tiempo esta supuesta distancia temporal opera como un marcador de "superioridad": el etnógrafo viaja del futuro hacia el pasado, llevando consigo, en cierto modo, la "civilización" a la "barbarie" (31-35).

Habiéndose presentado como un etnógrafo de la frontera, Prestol describe de este modo su objeto de estudio: "[…] la psicología del propietario rústico que tenía peones de Haití, y *los horizontes obscuros de los catisos o rayanos, híbridos sin patria*" (9, énfasis mío). La frontera no es solamente el lugar donde residen "negros", sino también individuos que no pertenecen realmente a la nación como los "catisos" o "rayanos". Si anteriormente la retórica de Prestol había presentado la frontera como una región de "sol, llanos y negros", ahora añade otro elemento más a esta descripción: los propietarios rústicos y los "híbridos sin patria" (9). En la frontera dominicana habitan tres tipos: los dominicanos (rústicos y blancos), los haitianos (negros, primitivos y africanos) y los "catisos" o "rayanos" que ocupan un lugar intermedio aunque, como veremos, son siempre "haitianos". Este contraste entre los "blancos" dominicanos y los "negros" haitianos se reafirma al referirse a la población de Santiago de la Cruz: "[…] donde todavía hay *viejos que parecen escapados de un cuadro flamenco –blancos y serenos–* cuyas labranzas terminan en la misma linde de Haití, de donde vienen en las noches *las negras langostas de los ladrones* que roban becerros y las yucas […]" (11, énfasis mío). La pertenencia a la nación se establece cromáticamente. Los "blancos" dominicanos son dueños de aquello que los "negros" haitianos intentan robar.

A diferencia de la manera en la que narra los sucesos en *El Masacre* donde no aparecen marcadores temporales específicos, en *Paisajes*, Prestol sí da la fecha de sus viajes por la frontera: 1938 (14). Para retratar la realidad de la frontera domínico-haitiana en 1936-37, Prestol acude a José Martí y cita del *Diario de viaje* un relato sobre la impresión del cubano respecto a Montecristi en 1895 (la cita de Martí en cursiva):

> En el Diario de viaje del gran americano, hallamos estas palabras de actualidad hasta ayer: *'En el contrabandista se ve al valiente, que se arriesga; al astuto que engaña al poderoso; al rebelde, en quien los demás se ven y admiran. El contrabando viene a ser amado y defendido COMO LA VERDADERA JUSTICIA. Pasa un haitiano que va a Dajabón a vender su café: un dominicano se le cruza, que viene a Haití a vender su tabaco de mascar, su afamado andullo: 'Saludo'. 'Saludo'.* Hasta Trujillo aquel ámbito geográfico no se había incorporado a la patria. (14)

Esta cita es importante por dos razones. Primero porque los marcadores temporales (hasta ayer, hasta Trujillo) que Prestol le añade indican, de manera oblicua, la monstruosidad del genocidio de octubre de 1937 y la intención subyacente en el ordenamiento de la masacre; y, segundo, porque la cita de Martí atestigua cómo al final del siglo XIX existía ese mundo que Turits declara como destruido por el genocidio de 1937: un mundo de convivencia, comercio de dos vías e interculturalidad (*World* 589).

En su redacción, Prestol a veces es traicionado por la discrepancia existente entre el discurso que propone, y con el cual llega preparado desde la capital, y la realidad cotidiana de la región fronteriza: "Habían [sic] en Haití el mismo sol y un mestizo semejante, en cuanto abúlico, pero no había tierra disponible ni comida" (*Paisajes* 15). Aquí resuenan los ecos de la poesía de Rueda, en el sentido de que paisaje y habitantes se presentan unidos. Luego de apuntar la razón principal para el éxodo haitiano hacia el este (el hambre) y de destacar los diferentes modos de satisfacerla, Prestol analiza la realidad socioeconómica y resalta de paso los resultados de la política de dominicanización fronteriza:

Tal fue la realidad. Más complicada por cuanto el habitante fronterizo, si fue terrateniente, vio con ojos gratos al haitiano, en su calidad de peón barato; y si era de la clase pobre, apenas le interesó el problema, huérfano de un factor representativo y político, que inculcara en aquellas lejanías la noción de nacionalidad. En 1938 Trujillo afrontó esa realidad dramática: el resultado fue la provincia Libertador. (16)

Haciendo una referencia oblicua a la matanza de 1937, Prestol soslaya cualquier referencia a los sucesos contemporáneos: "La historia moderna es bastante conocida, pues ella consta hasta en declaraciones oficiales haitianas" (17) y prefiere explayarse sobre la aldea de Santiago de la Cruz como el último reducto "blanco" y "español" que resiste desde los tiempos de los bucaneros los intentos por robar el ganado: "Una estampa con sol manchego con hidalgos, secos como la tierra de la Frontera. *He ahí una esquina blanca en el mapa negro de la lejana provincia Libertador*" (18, énfasis mío). El río Masacre asume un papel importante en la narración de Prestol; no sólo se pasa a pie (16), sino que aparece ayudando a los cuatreros: "Robada aquella carne con peligro de sus vidas, la han de defender contra la acción del sol, que la descompone rápidamente. El Masacre está allí, silencioso, cómplice [...]" (*Paisajes* 19). La imagen del río cómplice se repetirá varias veces en *El Masacre se pasa a pie* pero con signo diferente:[31]

> Moraime Luis dejó la virginidad en la arena del río, buscando la libertad. También dejó la vida [...] Desde ese instante no vale la pena preguntar por una negra más. *El río ayuda a ocultar el crimen*. Se lleva el cuerpo. ¿A dónde? A cualquier parte, hasta que lleguen los cerdos montaraces y los perros vagabundos! (42, énfasis mío)

Para mi investigación la parte más importante de *Paisajes* es la titulada "Estampa del 'catiso'; el híbrido internacional". Prestol define al habitante oriundo de la frontera domínico-haitiana de la siguiente manera: "El 'catiso' es el híbrido internacional, por cuyas venas corren las dos sangres de la isla, fruto del lecho común del dominicano y de la haitiana, o a la

---

[31] La misma imagen del río como testigo cómplice se puede encontrar en *El Jarama* (1956) de Rafael Sánchez Ferlosio, pero en el contexto de la guerra civil española.

inversa" (21). Los habitantes de la frontera tienen dos nombres según Prestol: "'Rayanos' en el Sur. 'Catisos' en el Norte" (21).

Prestol duda que la palabra "catiso" provenga de "castizo": "No podía aceptar que fuera una corruptela del término *castizo*, porque entonces correspondería a una idea contraria, es decir, a la idea de casto, cosa nativa, auténtica, autóctona; en tanto que el 'catiso' –como elemento social y demográfico–, es ajeno a nuestra realidad auténtica" (*Paisajes* 14). El autor se revela aquí como un producto neto del sistema educativo dominicano que ve lo español, lo castizo, como lo más puro, como la esencia de la dominicanidad. Pero es más probable que la palabra "catiso" o "catizo" sí provenga de "castizo" que era el nombre que se le daba durante la colonia al individuo producto de la mezcla de mestizo y español. Esta terminología tiene más sentido etimológico que la que propone Prestol luego de haber afirmado sus dudas respecto al posible origen ibérico de la palabra.[32] En su intento por encontrar un origen del término, Prestol menciona al Dr. Luis Heriberto Valdez Pimentel como fuente de su teoría de que la palabra en cuestión proviene de "catijo" que supuestamente en arahuaco significaba "mezclado". Al intentar dejar de lado el posible origen ibérico de la palabra para darle un improbable origen taíno, Prestol, sin darse cuenta, cae en lo que llamo la trampa de la autenticidad, esto es en su afán de afirmar lo extraño del elemento híbrido de la frontera, Prestol llega al extremo de asignarle al nombre que los denomina un origen taíno. Esto haría de los "catisos" unos auténticos "indios"; irónicamente el elemento que se rechaza por africano y negro tiene una denominación taína, y si tomamos en cuenta que la última resistencia taína contra los españoles, la rebelión de Enriquillo, tuvo lugar en lo que es hoy la región fronteriza, más fuerza adquiriría un posible reclamo de los habitantes de la región como los auténticos "indohispanos".

---

[32] Uso el término ibérico para incluir también a los portugueses porque "castiço" era también el nombre que le daban los portugueses a los niños de padres blancos nacidos en Asia, y se usaba además de modo peyorativo. Agradezco al Prof. Josiah Blackmore de la universidad Harvard por su explicación sobre el significado y uso de "castiço" en los textos renacentistas portugueses.

Al entrar en la valoración de los habitantes de la frontera domínico-haitiana, Prestol sostiene que el "catiso" como elemento humano "espiritualmente no ha evolucionado; y se halla emplazado en el psiquismo [sic] del negro [...] En efecto, el catiso piensa en Haití. Vive como en Haití. Su mística está en Haití" (*Paisajes* 22). Estos habitantes del territorio dominicano son vistos como pertenecientes a otra nación, compartiendo elementos sicológicos que se consideran transmitidos por vía biológica. Aquí el análisis de las "razas" de Prestol Castillo se empata con el racismo biológico que Balaguer exhibiría cuatro años más tarde en *La realidad dominicana*. Prestol ofrece dos razones, que a su parecer, explicarían la supuesta "naturaleza" del "catiso": una biológica y otra histórica. La biológica es que el "catiso" es producto de la mezcla de "sangres": "la de Haití, en su mayor grado de *autenticidad* negra; y la nuestra, que llega al través de un negro relativamente evolucionado, o al través de un mulato, que ya carga una cantidad de sangre de blanco" (*Paisajes* 22, énfasis mío). La razón histórica es más simple: "aquella tierra la habitó siempre Haití" (23). Pero Prestol va más lejos en su valoración biológica del "catiso" y salta al aspecto jurídico, para el autor dominicano, si el "catiso":

> [...] fecunda a la negra haitiana, ya nuestra aportación psiquista [sic] estará borrada totalmente, y este espécimen se hallará exclusivamente incorporado a Haití, como objeto demográfico y como sujeto psíquico. Por esto, he pensado, que el catiso es un hombre que no tiene medidas civiles, sino medidas zoológicas. (*Paisajes* 23)

Si la cultura se percibe como amenazada por la sexualidad, entonces la mezcla biológica implica la pérdida de la cultura "auténtica" del dominicano. Mediante esta construcción retórica los habitantes de la frontera y los haitianos son reducidos a elementos puramente biológicos.[33] Al señalar que el "catiso" carece de "medidas civiles", Prestol rechaza que se le pueda considerar como parte de la dominicanidad que, en el texto, aparece como el lugar de la legalidad y lo jurídicamente estable. Prestol percibe la frontera "con esa desazón que se experimenta cuando

---

[33] En el capítulo 3, cuando analice más detenidamente *El Masacre se pasa a pie*, se hará más explícita la visión biológica de Prestol Castillo respecto a la población haitiana.

se pisa tierra extraña" (25), lo que se corresponde plenamente con la concepción de la frontera como un lugar sin leyes fijas y con valores invertidos respecto a la ciudad capital; en *El Masacre* Prestol apunta: "En la frontera hay una rara medida de los valores humanos. Una res vale más que un preso y un haitiano vale menos que un mango" (93).

Al describir la frontera en 1937 Prestol apunta que en la provincia Restauración "[...] sólo eran dominicanos el Alcalde Pedáneo y tres vecinos. Los demás eran haitianos y 'catisos'" (25). Esta población era producto de la "penetración pacífica" (25), pero una vez más vemos cómo el discurso de Prestol genera su propia contradicción: "Los haitianos eran tan viejos como los mangos y los aguacateros, sembrados ha tiempo, cuando vinieron los haitianos abuelos, de Jacmel" (25). Los habitantes de esa región si bien son identificados como "haitianos" han residido allí por, al menos, tres generaciones y solamente la retórica proveniente de la capital los excluye de la Nación. Su condición de híbridos no deseados los despoja de posibles derechos adquiridos por posesión ininterrumpida.

A pesar de su carácter eminentemente justificativo, *Paisajes* ofrece, de manera oblicua, algunas referencias a las consecuencias inmediatas de la matanza: "Pregunté a un señor dominicano cuál era la causa de no haber agricultura en Dajabón, y me dijo que *por la ausencia de haitianos, que habían retornado a su patria*" (*Paisajes* 27, énfasis mío). Para la historia oficial, de la cual *Paisajes* es parte, los haitianos habitantes de la frontera no fueron eliminados, sino que "retornaron a su patria". Pero Prestol no se queda allí, sino que repite la justificación principal del régimen trujillista: "[...] la expansión de Haití amenazó tragarnos el espíritu ancestral de aquellas zonas, como nos tragaba la tierra dominicana. Todo esto lo vio Trujillo en 1937" (28). Tierra y espíritu están unidos para representar una esencia de la dominicanidad amenazada por la presencia de Haití.

Prestol es también consciente de la manera en la cual se han desarrollado las relaciones domínico-haitianas en el pasado; al referirse al momento en que escribe sostiene que hay una diferencia entre el "último Haití" y "la caravana de los descamisados, peones, pastores, agricultores y cargueros del Oeste, que ahora vuelven sin *el traje militar y sin el pensamiento político del otro Haití*, en que bajo la llama de la libertad hubo esclavos transformados en duques y reyes" (*Paisajes* 33, énfasis mío).[34] En la retórica de Prestol el Haití modernizador y liberador de esclavos ha sido reemplazado por las masas hambrientas, aquellas que en el discurso de Peña Batlle anteriormente citado no podían ofrecer "incentivo étnico ninguno".[35] Más adelante afirmará que "[p]sicológicamente quedó igual *nuestro negro* después de su libertad o mejor dicho, después de la *libertad civil que le trajo Haití*" (43, énfasis mío). Al tiempo que reconoce la impronta de progreso y libertad que Haití llevó a la población negra dominicana, Prestol insiste en uno de los tropos principales de la teoría nacionalista tradicional: la diferencia radical entre los negros dominicanos y los negros haitianos:

> Nuestro negro –*similar al haitiano en la morfología*– ha diferido totalmente del vecino en su ruta de evolución espiritual. *El nuestro fue, espiritualmente, un español.* Es decir, un africano que termina siendo absorbido por el *modo* español. Negros de *puerta adentro*, les ha llamado Juan Fco. Sánchez, escritor dominicano. Y sólo hubo en Haití lo que llamaremos negros de *puerta afuera*, porque, comúnmente, el negro allí estuvo emplazado en el barrancón, en la sementera o en la caballeriza. (*Paisajes* 43, énfasis mío)

La división entre negros de "puerta adentro" y negros de "puerta afuera" es una división clásica en la historia de la esclavitud occidental. En Estados Unidos esta división se denomina con los términos *house negro* para referirse a los que Prestol define como de "puerta adentro" y *field negro* para los de "puerta afuera". Pero mientras en el discurso estadounidense esos términos son utilizados por la comunidad negra para describir al negro dócil (*house negro*) a diferencia del negro rebelde (*field negro*), en el discurso tradicional dominicano se utiliza la división para recalcar la diferencia "espiritual" que existe entre las poblaciones de Haití y República Dominicana, y una supuesta benevolencia de la esclavitud

---

[34] Ver nota 23.
[35] Véase la cita de Peña Batlle en la página 21.

dominicana.³⁶ Prestol hace explícito este último reclamo al referirse al liberto dominicano cuando afirma, apoyándose en el historiador José Gabriel García, que éste "se aferra al señor, al cual no abandona, y al cual sigue como apéndice espiritual" (*Paisajes* 43).³⁷ La falacia de la esclavitud benevolente es desmentida totalmente si se revisa la historia de la independencia dominicana donde los negros y mulatos pusieron como condición primera para apoyar la declaración de independencia el reconocimiento de la abolición de la esclavitud impuesta por los haitianos (Franco 167).

Al tratarse de una incursión dentro de la propia cultura y territorio, Prestol cae en lo que Renato Rosaldo describe como la situación poscultural de las sociedades que reciben inmigrantes, en las cuales los discursos tradicionales al concentrarse solamente en las supuestas diferencias que separan a nativos y extranjeros no hacen más que hacer visibles culturalmente a los últimos y dar una apariencia de "naturalidad" a los primeros (*Culture* 202). Aunque se refiere a la sociedad estadounidense específicamente, el análisis de Rosaldo podría trasladarse al caso dominicano. Visto desde esa óptica, lo rayano sería "lo cultural" (tanto los haitianos como los domínico-haitianos y dominicanyorks son vistos como "culturales") mientras que "lo dominicano" sería "lo poscultural" (lo normal y por ello invisible al ojo propio), y dentro de esta clasificación se incluirían los cocolos (población negra proveniente principalmente del Caribe anglófono), los chinos y los árabes, que ya se han convertido en "dominicanos normales" generalmente mediante la movilidad social hacia arriba.³⁸

---

[36] Para una explicación sucinta y contundente de la diferencia entre el *house negro* y el *field negro* véase el discurso de Malcolm X titulado "Message to the Grass Roots" en *American Identities: An Introductory Textbook*, 119-125.

[37] Prestol se extiende en este tópico a lo largo de varias páginas (*Paisajes* 42-50) para concluir que "el negro de Haití es el africano más auténtico en las Antillas, vale decir, es el tipo negro menos evolucionado" (50).

[38] "Los inmigrantes y los individuales con movilidad social ascendente aparecen como culturalmente invisibles debido a que no son lo que una vez fueron y todavía no son en lo que podrían convertirse [...] Visto desde la perspectiva de la sociedad dominante, el proceso de inmigración despoja a los individuos de sus culturas

No se puede pasar por alto que solamente los domínico-haitianos han estado excluidos de las posibilidades de ascenso social. En la República Dominicana más allá de los nichos tradicionales de las tiendas al por mayor y al detalle (árabes), los restaurantes (chinos) y los puestos de dirección de los ingenios azucareros (cocolos); los descendientes de estas tres migraciones han ido avanzando socialmente. Algunos han ocupado altas posiciones gubernamentales como los cocolos Carlos Dore Cabral, uno de los principales asesores del expresidente Leonel Fernández, y Rubén Silié, quien llegó a ser embajador dominicano en Haití. Otros ocupan lugares cimeros en los círculos intelectuales, como es el caso de los historiadores descendientes de chinos Mu Kien Sang y José Chez Checo. En política los descendientes de árabes han escalado los principales rangos, así el caso de Jacobo Majluta Azar, vicepresidente y presidente de la república durante 43 días luego del suicidio del Presidente Antonio Guzmán Fernández en 1982, y Elías Wessin y Wessin, promotor principal del golpe de Estado contra Juan Bosch, luego dirigente político importante y quien, una vez reintegrado por Balaguer, terminó su carrera militar como Secretario de Estado de las Fuerzas Armadas. En la primera década del siglo XXI, con la presencia de un político que hizo fortuna en Estados Unidos y que aún ejerce su profesión de odontólogo en ese país: Alejandro Leonel Williams Cordero, ex-senador por San Pedro de Macorís, puede hablarse de un paso tímido en la integración de pleno derecho de la diáspora dominicana en Estados Unidos al espacio político dominicano.[39]

---

anteriores, permitiéndoles así convertirse en ciudadanos americanos, transparentes, como usted y como yo, "gente sin cultura". Muchas veces llamado aculturación (aunque deculturación sería un término más adecuado), este proceso produce ciudadanos post-culturales" (*Culture* 209).

[39] Véase el capítulo 3 de *Dominican Migrations: Transnational Perspectives*. "From Ausentes to Dual Nationals: The Incorporation of Transmigrants into Dominican Politics," en el cual Ernesto Sagás hace un exhaustivo análisis de la relación política y las tensiones existentes entre la diáspora y la isla. Aun cuando podría decirse que tanto Williams Cordero como el expresidente Fernández son dominicanyorks, ninguno de los dos se define de este modo. Con los ejemplos de *Dominicanish* y *La breve y maravillosa de Óscar Wao* (capítulos 4 y 5 de este estudio respectivamente) entraré en más detalles sobre la representación de esa identidad híbrida.

Si Prestol Castillo, Balaguer, y Price-Mars excluyen al elemento rayano de la narrativa de la Nación, mi investigación, por el contrario, lo coloca en el centro de una nueva manera de concebir no solamente la identidad, sino también el propio espacio nacional. Al darle prioridad a lo rayano me concentro en el canon dominicano por entender, junto con Samuel Martínez, que "muy pocos en Haití, ya sean miembros de la elite o de la clase trabajadora, perciben a su país envuelto en una lucha por la supremacía con la República Dominicana o con cualquier otra nación" (83). Para los haitianos, según Martínez, Estados Unidos, Canadá o Europa figuran de manera prominente en el imaginario urbano de Haití, no así la República Dominicana. Haciendo uso de un estudio de la investigadora Sabine Manigat que revela que la República Dominicana no figura en el horizonte migratorio de esos haitianos de Puerto Príncipe, Martínez concluye que: "[…] la obsesión dominicana con Haití es una pasión no correspondida: los haitianos no consideran a los dominicanos con nada parecido al modo en el cual los dominicanos se fijan en los haitianos" (83).[40] Esto explica por qué la producción cultural de la República Dominicana del siglo XX tanto en lo ensayístico como en lo literario presenta esta fijación con el tema haitiano casi siempre viéndolo como problema o amenaza, pero otras veces con compasión.[41] El discurso que Candelario denomina como "indo-hispano" y que hasta el momento permea las relaciones y nomenclatura raciales en la República Dominicana tiene una larga trayectoria que podría decirse empieza con el hecho

---

[40] Para más información sobre las percepciones de la población de Puerto Príncipe respecto a la migración véase "Haiti: the popular sectors and the crisis in Port-au-Prince" de Sabine Manigat en *The Urban Caribbean: Transition to the New Global Economy* (1997).

[41] Para una introducción al tema de la presencia de lo haitiano en la literatura dominicana, véase el ya mencionado ensayo "Tipología del tema haitiano en la República Dominicana" de Veloz Maggiolo. Como muestra exhaustiva de la importancia que se le concede en República Dominicana al tema haitiano; véase *Bibliografía haitiana en la República Dominicana* (1994) de Orlando Inoa, que recoge, hasta el momento de su publicación, 796 documentos dedicados a trabajar el tema haitiano, esos documentos van desde decretos presidenciales hasta monografías, novelas, cuentos y poemas.

histórico de la separación dominicana de Haití en 1844.[42] Esta situación política explica la necesidad de la República Dominicana de establecer una diferencia con respecto a Haití. Ahora bien, como apunta Candelario, este discurso de la diferencia radical entre Haití y la República Dominicana fue alimentado también por las crónicas de los viajeros norteamericanos y europeos. Estos viajeros en sus informes desde y sobre La Española señalaban a Haití como una "república negra", salvaje y primitiva y a República Dominicana como un país "casi blanco" (Candelario 49-51). Al dar prioridad a una serie de supuestas diferencias somáticas basadas en el color de la piel, estos viajeros crearon la ilusión de que ambas naciones que comparten La Española son entidades eminentemente irreconciliables.

Un caso diferente se puede apreciar cuando analizamos a la República Dominicana *vis à vis* los Estados Unidos, pues si bien a la República Dominicana y Haití las separa una raya, entre Estados Unidos y República Dominicana se extiende el mar y una larga historia de dominación política y económica por parte del país del norte. La relación entre los Estados Unidos de América y la República Dominicana está marcada por dependencia económica, opresión militar y política en lo referente a República Dominicana, e importancia estratégica y geopolítica en lo que se refiere a Estados Unidos. Prácticamente desde sus inicios el estado dominicano ha buscado la protección del gobierno de los Estados Unidos; esta posición llegó a su culminación en el año 1871, cuando el Senado de los Estados Unidos rechazó por escasos diez votos el proyecto de anexión de la República Dominicana a la Unión Americana impulsado

---

[42] Sobre las crónicas de viaje y su importancia en la formación del discurso racial dominicano, véase el capítulo 1 de *Black Behind the Ears: Dominican Racial Identity from Museums to Beauty Shops* (2007). Candelario presenta fuertes y creíbles evidencias que sostienen su afirmación sobre la retroalimentación recibida por los dominicanos a partir de los recuentos de viaje hechos por extranjeros. Una de las principales manifestaciones de esta asimilación por parte de la clase intelectual dominicana es la traducción y publicación por parte de la Sociedad Dominicana de Bibliófilos de las principales obras citadas por Candelario y que, como ella demuestra, son portadoras de una ideología racista y negrofóbica.

por el presidente dominicano Buenaventura Báez.[43] Durante el siglo XX, la República Dominicana fue ocupada dos veces por las fuerzas armadas de los Estados Unidos: de 1916 a 1924, dejando como resultado la dictadura de Trujillo; y en 1965, con el propósito de evitar la reinstalación en el poder de Juan Bosch, derrocado en 1963, y para evitar "una segunda Cuba" debido a la supuesta influencia comunista en los mandos de la insurrección armada. En 1965 la consecuencia principal de la invasión estadounidense fue el gobierno de Balaguer quien, una vez en el poder, procedió a la eliminación física de los elementos izquierdistas de la sociedad al tiempo que desencadenó un éxodo de dominicanos hacia Estados Unidos. Este movimiento migratorio alcanzaría su cúspide durante los años 80 y 90, y resultaría en la creación de una vigorosa comunidad específicamente en la ciudad de Nueva York.

Pero la frontera que separa a Estados Unidos de República Dominicana no es sólo marítima, sino también económica. La gran disparidad económica existente entre ambos países hace que la migración fluya de la isla hacia el continente en casi un 90%. De este modo, los dominicanos, respecto a Estados Unidos, están colocados en la misma posición que los haitianos respecto a República Dominicana: inmigrantes pobres en busca de mejoría social, económica y educacional. Pero a diferencia de los haitianos en República Dominicana, los dominicanos en Estados Unidos han contado con la protección jurídica de la sociedad receptora y han podido prosperar económicamente y hasta conseguir poder político en las áreas en las cuales son mayoría étnica.

Sin embargo, las semejanzas entre migrantes dominicanos hacia Estados Unidos y migrantes haitianos hacia la República Dominicana son mucho mayores que las diferencias. El sociólogo puertorriqueño Jorge Duany ha hecho una comparación entre ambas nacionalidades en su artículo "Racializing Ethnicity in the Spanish-Speaking Caribbean: A

---

[43] Véase *Naboth's Vineyard: The Dominican Republic, 1844-1924*. La obra de Sumner Welles fue traducida al español en 1966 con el título *La viña de Naboth* y reeditada en 2006 por el Banco de Reservas de la República Dominicana y la Sociedad Dominicana de Bibliófilos.

Comparison of Haitians in the Dominican Republic and Dominicans in Puerto Rico". Duany sostiene que, al igual que los haitianos en República Dominicana, los dominicanos en Puerto Rico ocupan un lugar bajo en la estratificación económica debido a su "racialización" como negros. Esta dinámica, según Duany, "[...] dificulta su plena incorporación socioeconómica y exterioriza el prejuicio racial y la discriminación hacia el Otro extranjero" (232). Al ser identificados con el elemento étnico-racial negro tanto los haitianos en República Dominicana como los dominicanos en Puerto Rico son excluidos del discurso de la nación. Esta realidad económica, en lo que se refiere a los dominicanos se complica un tanto cuando intentamos trasladar el análisis al ámbito cultural de los Estados Unidos donde a pesar del bajo estrato económico, con *De cómo las muchachas García perdieron el acento* (1991, 2011) de Julia Álvarez, *Negocios* (1996) y *La breve y maravillosa de Óscar Wao* de Junot Díaz, entre otros libros, los dominicanos han entrado de lleno en la cultura americana como elementos asimilados a ésta. La concesión del Premio Pulitzer 2008 a Díaz es la prueba principal de la americanización de la historia dominicana en los Estados Unidos. Pero esta realidad cultural no es óbice para que los dominicanos sean constantemente discriminados en la vida diaria ni para que los reportajes periodísticos, tanto en el continente como en Estados Unidos, sigan ofreciendo noticias sobre dominicanos traficantes de drogas, las constantes deportaciones de criminales o yolas que naufragan en el Canal de la Mona. Incluso los propios dominicanos de la diáspora son conscientes de la equivalencia establecida por Duany, un refrán diaspórico dominicano dice: "nosotros somos los haitianos de aquí".

En suma, con el tropo del rayano pretendo dar una visión más inclusiva de la dominicanidad. En esta visión lo hispánico es solamente uno de los múltiples elementos que conforman la identidad cultural dominicana.[44] Considero válido usar el concepto de rayano para aplicárselo

---

[44] Las migraciones recibidas por la República Dominicana a lo largo de su historia en lo general se han asimilado a la gran narrativa nacional de hispanismo y catolicismo, pero ya empiezan a surgir voces que privilegian otros puntos de vista: *Los cocolos en la sociedad dominicana* (2005) y *Azúcar, árabes, cocolos y haitianos* (1999) ambos de Orlando

a la diáspora dominicana no sólo por el elemento transnacional implícito en el término, sino por las diferentes fronteras que son atravesadas por dicha diáspora para lograr establecerse firmemente dentro de la sociedad norteamericana (y otras), toda vez que busca ganarse un espacio diferente dentro del imaginario cultural de la isla. Esta lucha ha sido siempre ardua. Las imágenes predominantes de los miembros de la diáspora en los medios de información de la República Dominicana son principalmente negativas: traficantes de drogas, criminales (deportados o no), asociales, y escandalosos.[45] Este retrato ha motivado políticas públicas (como la creación dentro del estamento de la Policía Nacional de un departamento especializado para lidiar con los deportados), educacionales (algunos colegios privados simplemente no admiten niños o adolescentes que provengan del sistema de educación pública de la ciudad de Nueva York) y, lo más importante para mi análisis, una producción intelectual empecinada en perpetuar estas imágenes y excluir a la diáspora de la narrativa de la nación. Aquí debemos volver a Núñez, quien ha articulado el más reciente ataque contra esa parte de la población dominicana.

En *El ocaso de la nación dominicana,* Núñez arremete frontalmente contra la comunidad dominicana establecida en los Estados Unidos:

> Nuevos valores surgen, entre ellos, el uso generalizado del *spanglish*, monserga ínter lingüística del emigrante dominicano en Estados Unidos. Importa usos y hábitos norteamericanos como impronta de civilización y de progreso. Aumenta, con arrogante sentimiento de superioridad, las expectativas de consumo y las necesidades de los dominicanos. Destruye con notable éxito los proyectos de vida en Santo Domingo de grandes porciones de la población. (459-60)

En la concepción de Núñez, los peligros para la estabilidad de la identidad dominicana provienen de dos frentes: Haití y Estados Unidos.

Inoa y la novela *Tiempo muerto* (2000) de Avelino Stanley tratan sobre la migración de las Antillas Menores. *De dónde vengo: Ensayos de una autobiografía existencial* (2007) de la historiadora Adriana Mu Kien Sang detalla los aportes de la comunidad china a la vida dominicana.

[45] Para un análisis detallado de esta realidad, véanse los apartados "El otro criminalizado" y "Los ausentes como amenaza cultural" en *El retorno de las yolas* (42-52).

Estos países son vistos como "invasores" que van minando una esencia dominicana que se reputa siempre como hispánica.[46] Hay que remachar que, a pesar de la retórica de Peña Batlle, Balaguer y Núñez, entre otros, el elemento bicultural, que en la frontera se denomina rayano, ha estado presente desde siempre en el tejido nacional y ahora se manifiesta también en lo que respecta a la diáspora. Este tipo, "híbrido sin patria" en la narrativa de Prestol Castillo, o elemento del anexionismo según Núñez (*Ocaso* 544), es la clave para entender la identidad dominicana en el siglo XXI. Un elemento híbrido, a caballo entre dos o más naciones, lo rayano participa generalmente de modo desigual de dos comunidades políticas y culturales, de dos lenguas habladas o escritas y de múltiples manifestaciones de la realidad sociocultural del género humano.

Al utilizar el concepto de lo rayano como método de análisis pretendo también extender el uso a otras clasificaciones que van más allá de las surgidas de las fronteras que separan a República Dominicana de Haití y Estados Unidos, principalmente a asuntos de género y clase social. Lo rayano abre un espacio en el cual se pueden analizar los nuevos paradigmas de la cultura que están determinados por las tensiones existentes entre categorías binarias como: dominicano/haitiano; dominicano/domínico-americano; masculino/femenino; dentro/fuera. Según Giorgio Agamben los paradigmas tienen como principal función el hacer inteligibles determinados contextos históricos (*Signatura* 11). En este sentido, un paradigma, "[...] implica un movimiento que va de la singularidad a la singularidad y que, sin salir de ésta, transforma cada caso singular en *ejemplar* de una regla general que nunca puede formularse *a priori*" (*Signatura* 29, cursivas en el original). Si bien el filósofo italiano coloca el paradigma más cercano a la alegoría que a la metáfora, considero útil su acercamiento para enmarcar lo rayano como un instrumento de análisis con el cual enfrentarse con la producción cultural dominicana de hoy. De las seis tesis referentes al paradigma establecidas por Agamben, dos me parecen extremadamente pertinentes, la primera y la tercera: 1) "El

---

[46] Para una exposición sucinta de la visión de Núñez respecto a la lengua española y su relación con la identidad dominicana véase su discurso de ingreso a la Academia Dominicana de la Lengua: *La lengua española: compañera de la nación dominicana* (2005).

paradigma es una forma de conocimiento ni inductiva ni deductiva, sino analógica, que se mueve de la singularidad a la singularidad" y 3) "El caso paradigmático deviene tal suspendiendo y, a la vez, exponiendo su pertenencia al conjunto, de modo que ya no es posible separar en él ejemplaridad y singularidad" (*Signatura* 40). Tal y como demuestro aquí, cada una de las obras que presento representa una singularidad: La masacre de 1937 vista desde el lado dominicano (*El Masacre*) y desde el lado haitiano *(Cosecha)*, la experiencia de la diáspora en los Estados Unidos desde el punto de vista de una emigrante de primera generación, negra y proletaria (*Dominicanish*) y desde el punto de vista de emigrantes de primera y segunda generación que atraviesan diferentes espacios urbanos y rurales (*Óscar Wao*). Pero estas singularidades pueden ser presentadas como ejemplos de la manera en la cual se establece una nueva manera de ser dominicano(a) fuera de los límites del estado-nación y cómo se lidia con las consecuencias de la irrupción del capitalismo en la República Dominicana.

Todas estas tensiones y otras más, que no encuentran resolución inmediata en los discursos tradicionales, son ahora expuestas, principal pero no exclusivamente, en la producción cultural de la diáspora dominicana que trata de conformar una nueva visión de la identidad. En el capítulo cuatro, al adentrarnos en el análisis de la voz narrativa de *Dominicanish* de Josefina Báez, veremos que ésta podría identificarse con lo rayano sin ninguna dificultad a pesar de que proclama sin tapujos "Yo soy una dominicanyork" (7). Es una voz narrativa que está a caballo entre dos lenguas (español e inglés), dos o más ciudades (La Romana, Santo Domingo, Nueva York) y dos o más culturas (la india, la norteamericana, la dominicana).

El término rayano ofrece una mayor plasticidad que el término dominicanyork que, si bien ha sido rescatado y revalorizado por Báez y Torres-Saillant, entre otros artistas e intelectuales radicados en Nueva York, no deja de tener una gran carga peyorativa en la República Dominicana. El uso que le doy a rayano sobrepasa lo peyorativo que afecta a ambos términos y al carecer de un marcador geográfico específico (la raya puede estar en cualquier parte) puede ser utilizado para referirse a los dominicanos y sus descendientes residentes en otras partes del mundo como Europa, Canadá y Sudamérica. Lo anterior no quiere decir que el rayano se eleve a una categoría general que explicaría todas las posibles manifestaciones de la diversidad cultural dominicana, sino que ofrece un punto de partida para el análisis de la cultura nacional evitando visiones antagónicas que ponen en contradicción las culturas haitianas y estadounidense *vis à vis* la dominicana.

Aquí se hace necesario detenerse un poco en las deudas intelectuales que tiene el concepto rayano. Como es evidente, parto de una visión específica de la frontera domínico-haitiana, pero principalmente debo su desarrollo a los trabajos de Rodríguez y Torres-Saillant. De Rodríguez tomo el concepto de "ciudad trujillista", trabajado ampliamente por él en *La isla y su envés* y *Escrituras de desencuentro* para definir el discurso nacionalista tradicional al cual se enfrenta lo rayano. La ciudad trujillista, con su arquitectura monumental (*Envés* 14) y los discursos que la sustentan, a saber: el antihaitiano y el hispanófilo, ha sido el lente a través del cual se ha analizado la dominicanidad hasta ahora. Con lo rayano presento una alternativa teórica a este saber tradicional. Lo rayano, a diferencia de la ciudad trujillista, no ve lo dominicano como única y exclusivamente hispano y católico, sino que lo abre hacia lo múltiple, abogando por la inclusión de otras lenguas y otras visiones, principalmente las provenientes de Haití y Estados Unidos, en la narrativa de la nación. A diferencia de la justificación esgrimida por la ciudad trujillista respecto a la matanza de 1937, lo rayano se asume como el concepto que intenta explicar las consecuencias que el silencio tendido alrededor de este suceso ha tenido en la sociedad dominicana actual frente a los domínico-haitianos y los dominicanyorks.

Torres-Saillant, por su parte, señaló, de manera muy sucinta, el camino que ahora tomo con lo rayano en su discurso "La condición rayana: la promesa ciudadana en el lugar del quicio" pronunciado en el seminario "La Frontera: Prioridad de la Agenda Nacional" organizado por la Secretaría de Estado de las Fuerzas Armadas de la República

Dominicana en el año 2003.[47] Allí Torres-Saillant proponía "abrir una meditación sobre la frontera topográfica igual que la conceptual como espacio de conocimientos capaz de arrojar luz sobre el cruce que vive toda la sociedad, fenómeno que denominaré 'la condición rayana'". Siguiendo esta propuesta mi concepción de lo rayano ilumina el camino en el cual se encuentra la sociedad dominicana actual mediante la lectura minuciosa de la producción literaria dominicana que lidia con esta temática.

Al entrar en un análisis profundo de *El Masacre se pasa a pie*, sobre todo en lo que se refiere a su estatus como texto testimonial, voy un poco a contrapelo de Torres-Saillant, quien, si bien apunta que: "El auge de que todavía goza el relato de Prestol Castillo en las aulas del país a mi parecer refleja cuán cautivas siguen siendo las instituciones nacionales de la imaginación difundida por el trujillismo cultural" ("Condición"), no destaca la importancia que el texto de Prestol tiene como testimonio de la masacre. La calidad testimonial tanto del texto como del autor es lo que analizo a fondo en el capítulo tres, poniendo de relieve que si, por un lado, en República Dominicana no se lo lee de manera crítica, como señala Torres-Saillant; por el otro, en el mundo académico, principalmente en Norteamérica, se ve sometido a una lectura unidimensional que resalta solamente las contradicciones existentes en la persona de Prestol Castillo. Finalmente, lo rayano es una aproximación a una lectura de lo nacional dominicano desde lo que Torres-Saillant denomina "una perspectiva ecuménica de la nación" ("Condición"); dentro de ésta, y como señalé anteriormente, lo rayano sirve como lente a través del cual se puede analizar la identidad dominicana actual pasando por encima de los constreñimientos geográficos y culturales que los discursos nacionalistas tradicionales, de todo signo, intentan imponer a los migrantes tanto en sus países de origen como en los países de asentamiento.

---

[47] Las conferencias pronunciadas en este seminario están recogidas en *La frontera: prioridad en la agenda nacional del siglo XXI* (2003). La versión utilizada por mí en este estudio es una versión electrónica. El documento en cuestión se puede encontrar utilizando el motor de búsqueda Google y entrando las palabras: "condición rayana".

Retornando a la definición de rayano del Diccionario de la Real Academia y destacando el elemento de proximidad, el concepto de rayano también podría inscribirse dentro de esa categoría psicoanalítica definida como lo "uncanny" aunque dándole un giro positivo.[48] En su ensayo "The 'Uncanny'" Sigmund Freud, asegura que:

> [...] entre los ejemplos de cosas aterradoras hay una clasificación en la cual el elemento aterrador se muestra como algo reprimido que *retorna* (cursivas en el original). Esta clase de cosas aterradoras constituiría lo siniestro[49] [...] *lo siniestro no es en realidad nada nuevo o extraño, sino algo familiar y establecido en la mente y que se ha convertido en extraño a ésta solamente a través del proceso de represión.* (241, énfasis mío)

En principio, lo rayano aparece como aquello que no se puede integrar a la nación dominicana por ser, como señalan tanto Prestol como Balaguer, un elemento "haitiano", pero si miramos más profundamente, vemos que lo rayano surge de la situación política y geográfica particular de La Española. Así, lo rayano es autóctono, telúrico, como bien lo intuyó Prestol al querer hacer pasar la palabra "catiso" como taína. Por otro lado, y con respecto a Haití, las características comunes entre ambas naciones han querido ser borradas del discurso cultural dominicano mediante un complicado mecanismo sicológico de alienación y represión, pero siguen regresando no sólo en forma de las manifestaciones culturales e idiomáticas que, por ejemplo, hacen de la República Dominicana el segundo país con más hablantes de kreyol en el mundo en términos de población, sino también en el fantasma de la "invasión pacífica" y su consecuencia principal: las deportaciones masivas y periódicas de haitianos.[50] David C. Brotherton y Luis Barrios aplican la teoría de la bulimia social de Jock Young a la relación entre los dominicanos

---

[48] Agradezco a Luis O. Brea Franco el haber llamado mi atención hacia este punto. Al mantener la palabra en inglés sigo el ejemplo de Antonio Benítez Rojo en *La isla que se repite* (1998) quien considera que las traducciones al español: sospechoso, siniestro, misterioso, no se ajustan a lo que Freud intenta explicar.

[49] Siniestro es la traducción más aceptada de "uncanny".

[50] Véase la obra ya mencionada de Sybille Fischer para un exhaustivo análisis de Haití como lo "uncanny" del discurso occidental en general y del Caribe hispano en particular.

deportados y Estados Unidos, el mismo concepto podría usarse para explicar la relación domínico-haitiana en la cual la sociedad dominicana al tiempo que incorpora a los haitianos (como mano de obra barata) los rechaza (como inmigrantes indeseables).[51]

Con respecto a Estados Unidos, la diáspora dominicana, tal y como señala Michele Wucker en *Why the cocks fight: Dominicans, Haitians and the Struggle for Hispaniola* (1999), comienza a conformar un discurso sobre su identidad y la identidad dominicana que por primera vez excluye a España y a Haití como polos opuestos de la narrativa nacional (206). Sin embargo, como veremos en los capítulos subsiguientes, incluso dentro del discurso de la diáspora hay espacios en los cuales Haití sigue estando presente como el Otro no reconciliable. De la dupla Haití-República Dominicana pasamos al trío República Dominicana-Haití-Estados Unidos a partir del cual el énfasis recae no solamente en el rayano como el habitante de la frontera que supuestamente responde psicológica y políticamente a Haití, sino en el rayano que trae consigo el progreso material y al mismo tiempo es víctima de desprecio y exclusión de la narrativa de la nación. El rayano dominicanyork también es "uncanny" porque, al igual que el rayano domínico-haitiano, es familiar y al mismo tiempo extraño por su nueva situación económica, social y cultural, y también retorna, discursiva y literalmente, a la isla de donde había sido expulsado mediante mecanismos de represión y alienación tanto políticos como sicológicos.[52]

El discurso tradicionalista dominicano excluye a los grupos humanos que surgen de las fronteras que separan y unen a República Dominicana con Haití y Estados Unidos. El concepto rayano, al abarcar estos tres territorios y sus poblaciones híbridas, se convierte en un instrumento analítico que ayudará a navegar las tensiones inherentes

---

[51] Véase *Banished to the Homeland: Dominican Deportees and Their Stories of Exile* para un análisis más a fondo de la problemática de los deportados dominicanos. El concepto de bulimia social es desarrollado por Jock Young en *The Exclusive Society: Social Exclusion, Crime and Difference in Late Modernity*.

[52] Es significativo que el escritor que más ha teorizado sobre la diáspora dominicana radicada en Estados Unidos, Torres-Saillant, haya titulado su libro principal sobre este tema *El retorno de las yolas*.

a la reestructuración de una identidad que se desarrolla más allá de los confines territoriales (y culturales) del Estado-nación insular pero sin dejar de tomarlos en cuenta ni, en cierto modo, de estar influenciada por ellos.

En el capítulo siguiente compararé lo rayano con otros conceptos teóricos que han sido utilizados para analizar las relaciones entre República Dominicana, Haití y Estados Unidos. Estos conceptos han sido articulados desde la academia norteamericana y constituyen un campo fértil de discusión en el que es posible asentar la validez de lo rayano como paradigma para enfrentarse con las nuevas realidades culturales y sociales del siglo XXI dominicano. Las posibilidades teóricas presentadas por Eugenio Matibag y Lucía M. Suárez han sido de gran utilidad para visualizar La Española como un conjunto, mientras que Michele Wucker ha dado el primer paso en la visión triangular que aquí intento ampliar y sistematizar a partir del concepto rayano que, como ya hemos visto, surge de la isla misma.

Capítulo 2

Galleras, contrapunteo, lágrimas y rupturas: lo rayano como alternativa

La isla Española en general, y la República Dominicana en particular, ha sido objeto de estudio para investigadores procedentes de todas partes del mundo. A partir de la segunda mitad del siglo XIX, y con la constitución del Estado dominicano, han sido principalmente investigadores norteamericanos los que más se han preocupado por estudiar la República Dominicana desde diferentes perspectivas académicas y políticas, generándose así lo que bien podría llamarse un "discurso dominicanista".[53] En un primer momento, hasta la segunda mitad del siglo XX, esta producción teórica se orientó hacia la historia, la política, la sociología y las crónicas de viaje: *Santo Domingo, past and present: with a glance at Hayti* (1873) de Samuel Hazard y la ya mencionada obra de Sumner Welles constituyen dos de los principales ejemplos.

Durante la Era de Trujillo (1930-1961) la producción de textos estadounidenses referentes a la República Dominicana giró alrededor del tirano y su régimen. Por un lado, hubo textos críticos de la dictadura como la tesis doctoral de Jesús de Galíndez, *La era de Trujillo: un estudio casuístico de dictadura hispanoamericana* (1956) y *Trujillo: Causas de una tiranía sin ejemplo* (1959) de Juan Bosch. Por otro lado, se produjeron muchos

---

[53] Por "discurso dominicanista" entiendo, siguiendo la definición de discurso de Michel Foucault, la producción de una serie de afirmaciones y racionalizaciones sobre la República Dominicana, sus habitantes, su historia política y sus costumbres que hacen posible la producción de un conocimiento de y sobre la República Dominicana. Para los varios usos de "discurso" por parte de Foucault y otras definiciones del término, véase *A Concise Glossary of Contemporary Literary Theory* (1998) de Jeremy Hawthorn.

textos, generalmente comisionados por Trujillo mismo, que tenían como único propósito generar simpatías hacia el régimen cuando éste se hallaba en problemas, entre estos predominan las biografías del dictador, que buscaban exaltar su figura o destacar sus antepasados de origen europeo. Un ejemplo paradigmático de este género "hagiográfico" lo constituye el libro: *President Trujillo, his work and the Dominican Republic: an account of the career of Generalísimo Rafael Leonidas Trujillo Molina, President of the Dominican Republic, and the accomplishments and development of the Dominican Republic under his leadership* (1936) de Lawrence de Besault, publicado en Washington, y que tuvo varias ediciones durante el período mencionado.

Al acabar la dictadura e iniciarse la etapa de la transición hacia la democracia, el interés norteamericano siguió siendo lo político y/o lo histórico-social. El libro de Robert D. Crassweller: *Trujillo: Life and Times of a Caribbean Dictator* (1966) fue uno de los libros más vendidos en República Dominicana al ser traducido al español con el título *Trujillo: La trágica aventura del poder personal* (1968). Luego de la invasión armada que frustró la Revolución de abril de 1965, también se produjeron varios libros sobre el país: *Overtaken by Events* (1966) de John Bartlow Martin y *Dominican Diary* (1965) de Tad Szulc narran desde el punto de vista del diplomático participante, Martin y el periodista investigador, Szulc, las causas y consecuencias del levantamiento militar que intentó restaurar el orden democrático luego del derrocamiento de Juan Bosch en 1963.[54]

A partir de la década de los ochenta se comienza a producir en las universidades norteamericanas todo un cuerpo teórico diferente acerca de la República Dominicana; esta preocupación tendrá su origen no ya en las vicisitudes de la isla bajo la dictadura, sino en los resultados de la migración masiva de dominicanos hacia Estados Unidos a partir de 1965. La misma no se limitará a lo histórico y social, sino que también se va a referir a las relaciones con Haití (principalmente en sus representaciones literarias) y lo que es más importante aún: empezará a trabajar a

---

[54] El libro de Martin fue traducido al español con el título *El destino dominicano: la crisis dominicana desde la caída de Trujillo hasta la guerra civil* (1975).

profundidad la experiencia dominicana en los Estados Unidos. Uno de los primeros ejemplos de esa preocupación por la República Dominicana y su producción literaria es el libro de Doris Sommer: *One Master for Another: Populism as Patriarchal Rhetoric in Dominican Novels* (1983); a partir de este texto pionero las investigaciones en esta área no han hecho más que aumentar exponencialmente.

Los textos analizados en este capítulo forman parte de esa tradición y se destacan como parte de un *corpus* importante para el estudio de la interrelación domínico-haitiana, en particular por tomar en cuenta ambos lados de la frontera de modo interdisciplinario. Al entrar en contacto con esta producción intento situar lo rayano dentro de un continuo que me permitirá fundamentar su aceptación como herramienta teórica para analizar una producción literaria que sobrepasa las fronteras y las políticas tanto del Estado-nación dominicano como del espacio político desde el cual escriben los autores analizados y donde éstos sitúan a sus personajes. Mi tarea aquí es, principalmente, establecer las diferencias entre lo rayano e instrumentos de análisis que cuentan con gran aceptación dentro de la academia especializada en las relaciones triangulares entre Haití, República Dominicana y los Estados Unidos.

El primer texto a tomar en cuenta es *Why the Cocks Fight: Dominicans, Haitians, and the Struggle for Hispaniola* (1999) de Michele Wucker. En este libro se entrecruzan la investigación académica, la crónica de viaje, la antropología cultural y el análisis político-social. En este sentido se podría decir que la autora pone al día la tradición de los viajeros norteamericanos señalada por Candelario.[55] Sin embargo, en su caso, no hay una aceptación ciega por parte de la *intelligentsia* dominicana de los dictámenes o apreciaciones del observador extranjero, ni tampoco la observadora estadounidense se decanta por una visión racial de la realidad de La Española. Wucker parte de su historia familiar con ascendentes belgas y estadounidenses para hacerse dos preguntas con las cuales pretende acercarse a la relación entre República Dominicana y Haití:

---

[55] Véase el capítulo 1, nota 42.

"Las diferentes lenguas ¿Hacen que las personas piensen de manera fundamentalmente incompatible? ¿La cultura hace que sea imposible hallar una solución política al conflicto?" (viii). Al intentar responder dichas preguntas, Wucker asume, de un modo indiscriminado, que su lugar de crecimiento, Texas, es un prisma idóneo a través del cual se puede analizar la situación domínico-haitiana:

> Me empecé a dar cuenta de que las reacciones de los dominicanos frente a los haitianos presentaban cierta semejanza con la manera en que los tejanos hablaban acerca de los mexicanos en que la migración ilegal, los empleos y la tierra constituían lo que estaba detrás de los epítetos racistas. (ix)

Esta aseveración deja de lado que en el imaginario histórico-político dominicano los haitianos, a diferencia de los mexicanos, fueron los invasores que dominaron a República Dominicana durante 22 años en el siglo XIX. Y que si bien Haití puede ser visto como una fuerza modernizadora en tanto abolió la esclavitud en Santo Domingo e introdujo una tradición jurídica avanzada durante el siglo XIX;[56] en la actualidad Haití es un país que tiene los más bajos índices de desarrollo en el hemisferio y que exporta mano de obra barata hacia la República Dominicana. La compleja relación domínico-haitiana no puede ser reducida solamente a conflictos sobre migración ilegal y pérdida de empleos: Wucker pasa por alto el entramado de guerras imperiales que a lo largo de trescientos años terminaron dando forma a la configuración política de la isla. Como ejemplo de esta larga historia basta recordar la famosa quintilla del Padre Juan Vásquez, y que data de 1795, cuando Francia dominaba la isla completa:

> Ayer español nací
> a la tarde fui francés
> a la noche etíope fui
> hoy dicen que soy inglés
> no sé que será de mí (citado en Matibag 71)

Una de las más ricas tradiciones en la historia intelectual del Caribe es la de acercarse a la región como frontera imperial y dentro de ella

---

[56] Aquí sigo el argumento de Sybille Fischer en *Modernity Disavowed*.

La Española ha tenido un lugar preeminente, pero en la actualidad se necesitan instrumentos de análisis más certeros que vayan más allá de la comparación fácil y lineal con la frontera entre México y Estados Unidos.[57] Luego de su comparación fronteriza Wucker procede a desarrollar su análisis usando la gallera como la imagen a través de la cual se puede llegar a comprender la realidad domínico-haitiana actual. La metáfora de la gallera es una imagen muy sugerente debido al arraigo que tienen los gallos en el mundo simbólico de las dos naciones que comparten la isla: a principios del siglo XX en República Dominicana los dos principales partidos políticos tenían como símbolo un gallo: Los bolos (gallos sin cola) de Juan Isidro Jiménez y los colúos (gallos con cola) de Horacio Vázquez.[58] Por su parte, Joaquín Balaguer, seis veces presidente de la república, escogió un gallo rojo como emblema del Partido Reformista Social Cristiano y en Haití, el movimiento del Presidente Aristide, Lavalas, usó también el gallo como símbolo. Aristide mismo es conocido como Titid Cocalité (gallo de pelea). La yuxtaposición de Balaguer y Aristide da pie a uno de los pasajes mejor logrados del libro de Wucker; al analizar la crisis política de 1991, la autora norteamericana apunta:

> Sus diferencias eran provocadoras porque los dos hombres tenían mucho en común. Ambos eran solitarios, enigmáticos. Aristide, misterioso, impulsivo, dejaba que Haití y el mundo se preguntaran si era un profeta o un fanático del poder. Balaguer cambiaba su gabinete, emitía declaraciones crípticas y mantenía a los dominicanos preguntándose quien era él. Aristide y Balaguer, el sacerdote y el solterón, seguían siendo distantes, imágenes especulares el uno del otro. No debía sorprender que hubiesen escogido el gallo de pelea como su símbolo político. *Y era inevitable que se enfrentaran.* (130, énfasis mí)

El hecho de haber escogido la gallera como el hilo conductor de su investigación es uno de los puntos fuertes de Wucker, pero al mismo tiempo constituye el objeto de mayor crítica. En la visión de Wucker el conflicto es inevitable a pesar de lo que ella misma resalta como instancias de cooperación y convivencia. La ambivalencia de la autora

---

[57] Véanse *From Columbus to Castro: the history of the Caribbean, 1492-1969* (Eric Williams) y *De Cristóbal Colón a Fidel Castro: el Caribe, frontera imperial* (Juan Bosch), ambos coincidentemente publicados en 1970.
[58] Véase el capítulo XXVII de *Manual de Historia Dominicana* (1992) de Frank Moya Pons.

frente a la simbología que representan los gallos y la gallera es evidente en su cuestionamiento acerca del papel que alegadamente jugarían los símbolos en la conformación del carácter nacional:

> Si los símbolos que dominan una cultural representan acertadamente el carácter de una nación, ¿Qué tipo de país se apoya tanto en imágenes de gallos de pelea, aves entrenadas para ser agresivas? ¿Qué significa que dos países vecinos escojan estos símbolos? ¿Por qué pelean los gallos y por qué los humanos los ven y los glorifican? (x)

Sin embargo, la autora que anteriormente trazó el paralelismo entre las relaciones entre texanos y mexicanos, no alude a que tanto México como Estados Unidos tienen el águila, un ave de rapiña, como su símbolo nacional. El análisis propuesto se hubiese enriquecido más aun si se hubiese seguido profundizando en estos posibles paralelos simbólicos, a pesar de las diferencias que ya he señalado entre la situación fronteriza de las naciones involucradas. Por otro lado, si bien resalta la convivencia plagada de tensiones que existe entre Haití y República Dominicana: "Estas personas pasaban del criollo haitiano al español [...] las personas lidiaban con los límites raciales y culturales de maneras muy sutiles que muchas veces contradecían la imagen oficial" (ix), Wucker elige destacar el conflicto entre ambas naciones. El crítico Samuel Martínez en un ensayo que reseña el libro sostiene que:

> Wucker perpetúa dos de las ideas más cuestionables, aunque ampliamente aceptadas, acerca de las relaciones entre los dos países. La primera es que los ciudadanos de Haití y la República Dominicana están llenos de animosidad hacia sus vecinos. La segunda es que las dos naciones se encuentran engarzadas en una especie de lucha por el control de la isla La Española. (80)

Wucker da pie a este argumento de Martínez al enfatizar que el prisma a través del cual observa ambas naciones es el de la cultura americana: "El observar a los haitianos y a los dominicanos a través del lente de la cultura americana no es muy diferente a ser una espectadora en un deporte sangriento. Retrocedemos ante la violencia pero estamos fascinados" (xi). Esto viene a colación al relatar su primera experiencia en una gallera en Puerto Príncipe, en la cual Wucker se sorprendió a sí misma "en el borde de mi asiento" (xi). Debido, en gran parte, a esta forma de ver las relaciones domínico-haitianas, Wucker vincula las estrategias anti-inmigrantes de los políticos estadounidenses durante los años noventa con las mismas estrategias en República Dominicana:

> Si los países más ricos del mundo alegan que sus economías no pueden aguantar más personas, imaginemos el efecto de un flujo masivo de inmigrantes pobres y hambrientos provenientes de uno de los países más pobres del mundo hacia un país que no está en mucho mejor posición económica. (xii)[59]

Al entrar de lleno en lo que constituye el punto central de su argumento: los gallos y las galleras, la visión norteamericana de Wucker conduce a una serie de afirmaciones que están a contrapelo de la supuesta objetividad que el tono periodístico pretende transmitir: "Haití es un lugar donde la realidad algunas veces parece estar muy lejos. Para explicar su entorno los haitianos muchas veces hablan en proverbios, traduciendo su vida cotidiana en símbolos e imágenes en vez de intentar la imposible tarea de analizarla" (10). ¿Cuál es esta realidad a la que tan objetivamente se refiere Wucker?, y más aún ¿a quién pertenece esa realidad? Al tiempo que hace estas afirmaciones, Wucker salta a usos locales como, por ejemplo, su aceptación sin vacilar de la denominación dominicana "el deporte del pico y las espuelas" al referirse al gallerismo como "el deporte nacional de sus países" (12). Es importante recalcar que durante la ocupación norteamericana de 1916-24 una de las principales políticas de las fuerzas norteamericanas fue la sustitución gradual de la gallera por el *play* de pelota como el lugar de expresión deportiva. Estos esfuerzos han dado sus frutos, pero la coexistencia de ambas actividades (gallos y pelota) ha probado que la dominicanidad asimila prácticas culturales foráneas y las adapta al suelo nacional. Michiel Baud ha destacado que la yuxtaposición

---

[59] Esta tendencia de los migrantes de moverse de un país muy pobre a uno menos pobre ha sido denominada "migración de sur a sur" por parte del Banco Mundial. El BM estima que hay alrededor de 78 millones de personas que se desplazan en estos movimientos sur-sur. Véase el estudio de Dilip Ratha y William Shaw "South-South Migration and Remittances," donde se analiza el caso domínico-haitiano como ejemplo de esta migración.

de gallos y béisbol es consecuencia de la ambivalencia que experimentan los dominicanos frente a la cultura estadounidense (130).[60]

Wucker extiende la metáfora de la gallera hasta lo geográfico: "Hasta la geografía de La Española sugiere la forma de una gallera [...] los gallos, después de todo, pelean por territorio. Es solamente cuando están cerca que empieza la pelea" (13). Esta afirmación refuerza la visión de que las relaciones entre haitianos y dominicanos están predeterminadas espacialmente hacia el conflicto. Martínez denomina este modo de ver las cosas como "el modelo de conflicto fatal de la relaciones domínico-haitianas" (80). Si bien el hecho de que dos naciones independientes compartan una isla es algo muy raro en el mundo, la historia de las relaciones domínico-haitianas no es únicamente una de conflictos y luchas sangrientas, también existen instancias de convivencia pacífica; de hecho, si analizamos cronológicamente las relaciones entre ambos países, los períodos de paz sobrepasan por mucho los períodos de confrontación violenta.[61] Pero Wucker no es totalmente ingenua frente a la intervención de los poderes imperiales a lo largo de la historia de la isla:

> El conflicto entre los dos países que comparten una isla, al igual que la pelea de gallos, también oculta algo más; observadores inteligentes y apostadores se pueden beneficiar de la pelea y más importante aún, aquellos que se identifican con los combatientes pueden jugar un juego de sombras para desviar la atención. (26)

El conflicto, en la visión de Wucker, viene predeterminado no sólo por lo geográfico, sino también por la idiosincracia de la cultura política de ambos países; en el caso específico de República Dominicana, la autora asume, sin matiz alguno, la posición de la teoría del camino predeterminado, al enfrentarse al postrujillismo: "Sin un líder bien definido la República Dominicana degeneró en caos" (70). Jonathan

---

[60] Un ejemplo de la confluencia de estos mundos vino a cuento cuando Pedro Martínez y Juan Marichal, los dos lanzadores más prestigiosos en la historia del beisbol dominicano, fueron filmados mientras participaban en una pelea de gallos, lo que generó un escándalo en los Estados Unidos. Véase la cobertura del portal ESPN: <http://sports.espn.go.com/mlb/news/story?id=3234767>.

[61] No ha habido una batalla formal entre Haití y República Dominicana desde 1856.

Hartlyn ha demostrado que esta teoría no es aplicable al análisis de la coyuntura política dominicana entre 1961 y 1996, porque deja de lado las cuestiones de geopolítica internacional, la fortaleza o debilidad de las instituciones políticas ya establecidas y, sobre todo, la dinámica electoral propia de la comunidad política dominicana.[62] La afirmación de Wucker refuerza la visión del caudillismo como única solución a los problemas de caos y desorganización que han afligido a los países de La Española a lo largo de su historia.

Al entrar en el análisis de la migración, sorpresivamente, la autora sólo se concentra en la diáspora dominicana, dejando de lado la migración haitiana y su relación con la isla. Pero a pesar de esta ausencia, Wucker sostiene algo muy importante, relevante para mi análisis: en la diáspora dominicana es dónde se empieza a pensar República Dominicana como un concepto independiente de España o Haití: "Su ausencia aumentó la añoranza por las personas y el lugar que habían dejado atrás y por tanto aumentó su conciencia de lo que significaba ser dominicano, como un concepto entendido de manera independiente, sin relación con España o con Haití" (206). Lo rayano como categoría de análisis pretende cubrir precisamente esto que Wucker deja como esbozo: ir más allá de España y Haití, e inclusive más allá de Estados Unidos, al momento de intentar un acercamiento a la dominicanidad en el siglo XXI. A pesar de su origen geográfico, lo rayano, al superar las dos fronteras que limitan la dominicanidad (la terrestre y la marítima), escapa a las constricciones del Estado-nación y se erige como una alternativa viable al discurso nacionalista tradicional. De esta manera, sin dejar de reconocer a la lengua española como el principal vehículo de expresión de la dominicanidad, lo rayano apela también al inglés;[63] lo mismo podría decirse del catolicismo o el merengue y la bachata, los cuales han sido construidos como las manifestaciones únicas de lo dominicano, dejando de lado otras formas de cristianismo como el protestantismo, otras religiones como el vodú,

---

[62] Véase la introducción de *The Struggle for Democratic Politics in the Dominican Republic*.
[63] Igualmente debe tomarse en cuenta el kreyol haitiano, sólo las limitaciones lingüísticas del autor impiden que estén presente en este análisis obras originales escritas en el segundo idioma más hablado en la República Dominicana.

así como otras expresiones musicales como el rock, el hip-hop y el rap hechos en la isla.[64]

Mientras Wucker se apoya en el constreñimiento geográfico y el machismo que simbolizan los gallos y la gallera para acercarse a la realidad domínico-haitiana, Eugenio Matibag, en *Haitian-Dominican Counterpoint: Nation, State, and Race on Hispaniola,* usa el contrapunteo para intentar ir más allá del conflicto y destacar las instancias de cooperación entre ambos países. Matibag establece que su metáfora del contrapunteo va a estar apuntalada por la figura musical de la fuga: "El tipo de contrapunteo que explica las múltiples narrativas de las dos naciones de La Española no puede ser otro que la fuga, porque es la antífona lo que admite el dramático canto y contracanto, la huida y el intercambio, el cruce y el retorno" (vii). Es interesante apuntar que en español el término "fuga de cerebros" describe la situación de aquellos países o regiones que pierden sus recursos humanos más calificados a expensas de países más desarrollados. En el caso de La Española, esto constituye una de las principales debilidades de ambos estados.[65]

De los autores aquí estudiados, Matibag es el que más cerca está de articular una propuesta que involucre la región fronteriza domínico-haitiana y su peculiaridad como un espacio terciario en el cual no se está involucrado en la dicotomía del Otro y el Propio. Partiendo de *Border Theory,* Matibag sostiene:

> Un ejemplo representativo de este tercer término es el hecho de la frontera. Ni haitiana ni dominicana, sin embargo, un poco de cada una, en la frontera domínico-haitiana crece una cultura sincrética y de intersticios que tiene vida

---

[64] El caso del vodú es paradigmático porque es asociado solamente con Haití a pesar de los trabajos pioneros de Martha Ellen Davis: *El vodú dominicano como religión y medicina populares* (1987) y Carlos Esteban Deive: *Vodú y magia en Santo Domingo* (1988).

[65] Silvio Torres-Saillant ha señalado de manera constante lo que ha significado esta fuga para la República Dominicana, en cuanto a la capacidad de desarrollo tanto material como político. Su tesis principal, también avalada por el historiador Frank Moya Pons, es que la diáspora puede convertirse en agente de cambio dentro de la República Dominicana. En *El retorno de las yolas* el autor también se refiere a la diáspora como una "expulsión perpetrada por el Estado a partir de los sesenta" (412).

propia. Sin embargo una cultura como ésta no se destaca entre fronteras sino dentro de ellas como sugiere, David E. Johnson (1997), tampoco está limitada geográficamente a la zona de las fronteras nacionales. (ix)

Esta visión de la frontera de Matibag se acerca mucho a lo que podría llamarse una cultura rayana. En mi planteamiento a lo largo de este estudio, sostengo que esta cultura rayana está no sólo dentro de la geografía dominicana, sino que se extiende más allá de la isla para instalarse, principal pero no exclusivamente, en Nueva York. Lo rayano partiría de su manifestación concreta en los domínico-haitianos para extenderse teóricamente hacia los dominicanos de ultramar: los denominados dominicanyorks, y aquellos, aún sin un nombre específico, residentes en otros lugares del mundo.

Matibag inicia su investigación señalando las limitaciones de la obra de Michele Wucker;[66] por lo que se dispone a enfatizar el aspecto contrario, el de la cooperación:

> La tarea de reconocer dichos vínculos debería entrañar una nueva tesis sobre la frontera, una que, aunque reconozca la persistente hostilidad entre dominicanos y haitianos, pueda poner esa historia secular de antagonismo en contraste con un entramado de influencia recíproca e interdependencia entre ambas naciones. Esta tesis es el foco del presente estudio, cuyo propósito es analizar la compleja integración en lo que se puede llamar un sistema insular, organizado alrededor de los procesos de diferenciación intrínsecos y extrínsecos que son peculiares de la geografía humana de La Española. (2)

El autor realmente no llega a articular esta nueva tesis de la frontera, se queda solamente en el planteamiento de dicha propuesta y no ahonda en detalles; lo que sí propone es interdependencia y cooperación, pero éstas son características ya dadas en la frontera domínico-haitiana y que coexisten con la división y los antagonismos que separan a ambos

---

[66] "La analogía entre la pelea de gallos y las relaciones domínico-haitianas puede llegar lejos en lo que se refiere a iluminar la historia del dilema de La Española pero lo hace al tiempo que oscurece otros aspectos significativos de dichas relaciones, hasta llegar al punto de confundir el asunto al ofrecer un paradigma reduccionista, uno que enfatiza los antagonismos y el conflicto al precio de pasar por alto otras formas de interacción" (2).

pueblos. Los ejemplos de cooperación y solidaridad existentes entre Haití y República Dominicana se manifestaron ampliamente a raíz del terremoto que afectó a Haití el 12 de enero de 2010. Las primeras ayudas, tanto espontáneas como oficiales, provinieron de la República Dominicana. Del mismo modo, para fines de rehabilitación acuífera y reforestación, la frontera es vista como una sola región tanto por ambos gobiernos como por las organizaciones no-gubernamentales que operan allí.[67] Matibag intenta ver la isla completa como un sistema articulado de manera precaria, y su acercamiento tendría como resultado: "[...] Inferir las reglas del terreno o las leyes de movimiento por las cuales los dos países han afirmado una identidad común más profunda a lo largo de la historia de su asociación cooperativo-conflictiva" (4). Lo rayano como teoría de la dominicanidad parte de la representación literaria de las realidades señaladas por esa teoría sociopolítica del sistema insular esbozada por Matibag y señala instancias de conflicto y cooperación; de rechazo y aceptación; de deseo de inclusión dentro del discurso nacional en las obras que serán analizadas en los capítulos subsiguientes.

La principal debilidad del estudio de Matibag que según sus propias palabras "[...] ofrece una narrativa de contrapunteo de los procesos que han creado y reproducido la frontera tanto como hecho sociopolítico como marco epistemológico" (6) es que el autor privilegia el lado dominicano y su relación con Haití sobre el lado haitiano y su relación con República Dominicana. Esta parece ser una constante en los trabajos surgidos de la academia norteamericana y que toman la República Dominicana y Haití en conjunto. En dichos análisis el peso recae sobre la visión dominicana respecto a los haitianos y no sobre el lado haitiano de la ecuación. Una posible explicación es el tamaño y alcance de cualquier análisis a profundidad que tome en cuenta de manera equitativa ambos lados de la frontera. A fin de evitar caer en lo mismo que critico aquí, lo rayano ha sido limitado a analizar el lado dominicano de la frontera; en ese sentido, no pretende ser una teoría que abarque la isla completa.

---

[67] Véase el proyecto denominado "Fortalecimiento de las capacidades locales en gestión ambiental y planificación en la cuenca del Artibonito (FOGAP-Artibonito)" en <http://www.medioambiente.gob.do/cms/>.

Pero, al mismo tiempo, no es posible hablar sobre dominicanidad sin mencionar a Haití.[68]

¿Cómo se enfrenta Matibag a la cuestión fronteriza domínico-haitiana? El autor parte del supuesto que ésta es producto de los intereses nacionalistas y del capitalismo más que un hecho propio de la geografía humana que surge luego de las Devastaciones de Osorio (1605-06) y la ocupación de la parte oeste de la isla por parte de bucaneros, filibusteros y habitantes franceses:

> Al enfocarse en las relaciones de contrapunteo dentro de la geografía de la isla, las respuestas a tales preguntas ["¿Cómo surgieron dos naciones en la misma isla? Y siendo dos ¿Cómo se relacionan entre sí?] deben revelar las maneras en las cuales los intereses nacionalistas y capitalistas han producido y reproducido una frontera que legitimaría las estructuras de poder en una dimensión espacial. (6)

Aquí Matibag se distancia un tanto de la historiografía tradicional dominicana, pero al analizar la anexión dominicana a España, de manera contradictoria, se apoya en explicaciones de índole cultural tales como el temor dominicano a una nueva dominación haitiana. El autor resalta que los haitianos lucharon por su independencia desafiando a las grandes potencias de la época, mientras que:

> Los dominicanos, por otro lado, pusieron su país bajo el protectorado de un poder extranjero a fin de defender su territorio de la agresión haitiana; por su parte al hacer esto, ponían en peligro la libertad y la autonomía de los haitianos, así como todos los otros bien ganados beneficios resultantes de su revolución. (11)

La historia de la anexión es mucho más complicada: los dominicanos ya para 1861 habían demostrado con doce años de guerra (1844-1856) las dificultades que los haitianos tenían para reunificar la isla, al mismo

---

[68] En el capítulo siguiente analizo la visión que respecto a República Dominicana y la matanza de haitianos de 1937 propone Danticat en *Cosecha de huesos* y la comparo con la representación de los haitianos y domínico-haitianos en *El Masacre se pasa a pie* de Freddy Prestol Castillo. Un estudio posterior podría abarcar las obras de Jacques Stephen Alexis y René Philoctète, entre otros autores haitianos.

tiempo, la decisión de anexionarse a España fue tomada por las elites sin consulta alguna, lo que provocó la Guerra de Restauración (1863-65), que bien podría verse como el principio de la resistencia contra el imperio español en el Caribe.[69]

Sin embargo, a pesar de lo anteriormente expuesto, el paradigma propuesto por Matibag (el contrapunteo), que específicamente opone a la gallera planteada por Wucker (16), resulta útil a fin de enmarcar y diferenciar mi propuesta de la suya:

> Bajo este nuevo paradigma, *la identidad nacional* constituiría más que un mero dato producto del nacimiento y el lugar: sería concebido como algo que se reinventa constantemente, a través del movimiento y la interacción, a través de la interconexión de regiones y países, mediante la transformación del lugar. (16, cursivas en el original)

Como se ve, una vez más, con el uso del español, el autor sólo se refiere al lado dominicano e ignora el discurso haitiano de la identidad.[70] Matibag parece abogar por una identidad nacional flotante que en principio, y a un lector poco avisado, podría parecerle muy cercana a mi propuesta de lo rayano. Sin embargo, a pesar de que lo rayano está políticamente sustentado por una o más nacionalidades jurídicas (dominicana, haitiana, estadounidense, domínico-americana) se opone al discurso tradicional dominicano que ancla la nacionalidad al territorio y a una sola lengua. Además, sin dejar de lado el hecho de que se manifiesta en más de una lengua y desde diferentes localidades, lo rayano siempre está en diálogo con todo aquello que surge de República Dominicana.

---

[69] Las letras del himno nacional dominicano resaltan este hecho, al comentar sobre la decisión del General Pedro Santana (1801-1864): "Y si pudo inconsulto caudillo / de esas glorias el brillo empañar, / de la guerra se vio en Capotillo/la bandera de fuego ondear./Y el incendio que atónito deja / de Castilla al soberbio león, / de las playas gloriosas le aleja/donde flota el cruzado pendón".

[70] Aunque un análisis del discurso sobre la identidad haitiana contemporánea cae fuera de los límites de mi investigación es importante señalar que el estado haitiano ha formalizado las relaciones con la diáspora creando un Ministerio de los Haitianos Residentes en el Extranjero (http://www.mhave.gouv.ht/), lo que en cierta manera redefine lo que significa ser haitiano hoy, más allá de lo establecido en la Constitución Haitiana.

Una parte importante de este diálogo sobre la identidad dominicana es la discusión no solo acerca de qué constituye ésta, sino también la pertinencia del uso del término "dominicano" al referirse a episodios históricos determinados que anteceden a la formación jurídico-político del estado nacional; en otras palabras: ¿a partir de qué momento es legítimo usar el gentilicio dominicano? Esto viene a propósito porque una de las principales objeciones que se pueden levantar contra el texto de Matibag es su uso indiscriminado de la categoría "dominicano". En el capítulo 2, titulado "Los límites del colonialismo, 1492-1750", el autor se refiere a los habitantes de la colonia de Santo Domingo con el gentilicio dominicano:

> Había contrabando no solo en religión [se refiere a la Banda del Norte antes de las "Devastaciones de Osorio" (1605-06)], sino que además los esclavos y el ganado *dominicanos* estaban pasando a ser posesión de los intrusos ingleses y holandeses que desafiaban el monopolio (27, énfasis mío).

Inadvertidamente, Matibag parece dar validez al discurso nacionalista tradicional que sitúa el origen de la nación en la colonia española y no en 1844.[71] Matibag asume, sin sustentarla teóricamente, una dominicanidad pre-estado dominicano, pre-nacionalidad jurídica. Sin embargo, es interesante notar que más adelante se refiere a los pobladores de la parte oeste como "franceses" y no como haitianos: "Los hateros dominicanos estaban felices de desafiar el monopolio y satisfacer la demanda. Y no solamente eran los colonos *franceses* sino también los contrabandistas *franceses* que estaban muy dispuestos a intercambiar cueros y cecina" (31, énfasis mío); aquí Matibag parece asumir que Haití surge con el triunfo de la rebelión de esclavos y que los blancos no son parte de la nación, tal y como decretó la primera constitución haitiana. Pero, en ningún momento el autor justifica teóricamente su decisión de llamar "dominicanos" a los sujetos coloniales; más aún, añade otro elemento de confusión al referirse a los habitantes de la parte este de la isla como "dominicanos españoles" en contraposición a "dominicanos franceses": "Los españoles

---

[71] Esta posición se encuentra desarrollada de manera extensa y con diferentes acercamientos y grados de calidad en las obras de Peña Batlle, Balaguer y Núñez citadas en el capítulo 1.

dominicanos habían derrotados a los dominicanos franceses cerca de Guarico, en 1691, en la batalla de Sabana Real del Limonal" (45).[72]

Las implicaciones de estas distinciones son importantes porque la manipulación de las percepciones históricas es uno de los pilares para el establecimiento del nacionalismo. Benedict Anderson apunta al referirse a los "mapas históricos":

> De ahí la aparición, a finales del siglo XIX especialmente, de los "mapas históricos", diseñados para demostrar, en el nuevo discurso cartográfico, la antigüedad de unidades territoriales específicas y claramente delineadas. A través de secuencias cronológicas presentadas en dichos mapas se creó una suerte de narrativa político-biológica del territorio, algunas veces con una vasta profundidad histórica. (175)

Esto es lo que sucede en las narrativas de la nación a ambos lados de la frontera domínico-haitiana. En el caso de la historiografía haitiana, inclusive, se recupera el nombre taíno para reclamar una antigüedad que vaya más allá del dominio francés y la esclavitud.[73] En República Dominicana se lleva el origen lo suficientemente atrás en el tiempo (las "Cincuentenas") para poder así justificar no sólo la nación en sí, sino eventualmente las acusaciones por la matanza de haitianos de 1937 con afirmaciones tales como: "Dessalines masacró a *los dominicanos* en 1805". Matibag a lo largo de su libro asume una nación dominicana que va mucho más atrás en el tiempo de lo que una narrativa más apegada a lo histórico-político podría aceptar. La manipulación temporal es una de

---

[72] Esta batalla, donde operaron las llamadas "Cincuentenas" (grupos de 50 lanceros a caballo), es señalada como el origen del sentimiento nacional por el discurso historiográfico tradicional en la República Dominicana. Más aun, la batalla tuvo lugar el 21 de enero de 1691 y los lanceros provenientes del este de lo que es hoy República Dominicana (Higüey y El Seybo), invocaron la protección de la Virgen de la Altagracia, hoy considerada patrona del pueblo dominicano. Para un análisis de las relaciones entre los franceses y españoles durante el siglo XVII, véanse los capítulos 3 y 4 del *Manual de Historia Dominicana*.

[73] Este fenómeno no se da sólo en los manuales de historia, como ya he mencionado, sino que también se puede observar en la ficción. Edwidge Danticat ha titulado uno de sus libros, dirigido al público juvenil: *Anacaona: Golden Flower, Haiti, 1490 (The Royal Diaries)* (2005).

las maneras más eficaces para impulsar una determinada narrativa de la nación. Néstor E. Rodríguez en su análisis de *Enriquillo* de Manuel de Jesús Galván utiliza el concepto de "etnicidad ficticia" de Etienne Balibar para referirse "al carácter arbitrario del tipo de cohesión social impulsado por la fórmula política del Estado-nación" (*Envés*, n3, 6). Si bien Rodríguez acierta en su denominación, creo que se puede ir más allá en el análisis. Esa cohesión social señalada por el crítico domínico-puertorriqueño tiene sus raíces en una institución jurídica fundamental para la política y la economía capitalistas, la "personalidad jurídica". Vale la pena reproducir íntegramente la cita de Balibar:

> Aplico el término "etnicidad ficticia" a la comunidad instituida por el estado-nación. Esta es una expresión deliberadamente compleja, en la que el término ficción, para mantenerme de acuerdo con lo expresado más arriba, no debe ser tomado en el sentido de una ilusión pura y simple, sin consecuencias históricas, por el contrario, debe ser entendido como analógicamente ligada a la *persona ficta* de la tradición jurídica en el sentido de un efecto institucional, una "fabricación". (96)

La "etnicidad ficticia" tiene una realidad formal, tal y como la tienen las corporaciones y otras "personas jurídicas" que afectan la vida de millones de personas. Esta "etnicidad ficticia" es lo que permite establecer una continuidad historiográfica en la narración de la nación; así, en el caso dominicano, por ejemplo, la matanza de 1937, para muchos, se ve justificada por las matanzas de blancos españoles realizadas por Dessalines en 1805. En el discurso historiográfico dominicano tradicional hay una continuidad entre los súbditos españoles residentes en la parte este de La Española y los dominicanos contemporáneos. Ello así porque si seguimos hasta su conclusión lógica la asimilación de persona jurídica a persona física, la primera cuenta, al igual que la segunda, con un pasado, un presente y un futuro sin perder su "esencia".

Al referirse específicamente a los sucesos de 1937 Matibag utiliza los términos "pogromos fronterizos" y "crímenes contra la humanidad" (140), estableciendo, una vez más, el vínculo entre la masacre de haitianos y domínico-haitianos con el Holocausto judío. A pesar de esta comparación, que evidencia una posibilidad de totalidad coherente, dado que en el

Holocausto los judíos fueron exterminados por el simple hecho de ser judíos sin importar su nacionalidad, el autor propone una visión etnohistórica que se acerque a la isla como un conjunto caótico:

> A diferencia de este prejuicio maniqueo, y desde una perspectiva holística que abarque la complejidad de la dualidad insular, el análisis etno-histórico puede ver toda la isla como una compleja totalidad caótica de patrones turbulentos, dinámicos y como un sistema en el cual las características de un lado se ven reflejadas en el otro. (140-141)

Esta afirmación remite al análisis de Torres-Saillant, quien, en *An Intellectual History of the Caribbean,* sostiene que el Caribe puede ser explicado también a través de la dialéctica de las olas propuesta por Kamau Brathwaite.[74]

Según Matibag, este caos ha sido sometido a una especie de orden debido no a la apreciación de la isla como un huracán cuyo ojo permanece estable,[75] sino al manejo autoritario de la frontera por parte de los gobiernos de la República Dominicana durante el período 1930-85. Esta "administración" sirvió para dos propósitos: "[...] mantener economías interdependientes a través de la explotación continua de la mano de obra haitiana y mantener el poder de las dictaduras dependientes a través del control de la frontera y muestras de fuerza en los arrestos y deportaciones" (141). Como complemento de estas dos políticas estatales se dio curso a toda una producción intelectual que abarcó no sólo la ensayística estudiada en el capítulo anterior, sino que también incluye las principales obras que Veloz Maggiolo en su ensayo ya citado: "Tipología del tema haitiano en la literatura dominicana" agrupa dentro de las categorías "el haitiano compadecido" y "el haitiano integrado": la novela *Over* (Ramón Marrero Aristy, 1939) y el cuento "Luis Pie" (Juan Bosch, *Ocho cuentos,* 1947) como

---

[74] "Construido a partir de una posición caribeña, el modelo proporciona el marco poroso que se requiere para aquilatar el aparentemente contradictorio orden de los eventos de la región [...] por tanto señalando la posibilidad de que podamos enfrentarnos con confianza al desarrollo de una teoría de la unidad histórica y literaria del Caribe que sea coherente y creíble" (241).

[75] Véase la introducción de *La isla que se repite*.

ejemplos de la primera, y *Pirámide 179* (Máximo Avilés Blonda, 1968) y *La vida no tiene nombre* (Marcio Veloz Maggiolo, 1965) como ejemplos de la segunda.

Al momento de entrar al análisis estrictamente literario Matibag nuevamente solo asume la investigación de la representación de los haitianos en la literatura dominicana, dejando de lado una contraparte haitiana que hiciera honor al título de su libro. Los textos analizados, propuestos por el autor como: "[...] textos contrahegemónicos y subtextos subversivos que proponen lecturas alternativas y de contrapunteo de la identidad nacional dominicana" (165) son: *Over*, *Compadre Mon* (Manuel del Cabral, 1940); los poemas y manifiestos de la Poesía Sorprendida, especialmente "Cantos de la Frontera" en *La criatura terrestre*; *Pirámide 179* y dos cuentos de *Las máscaras de la seducción* (1983) de José Alcántara Almánzar. El crítico norteamericano despacha en escasas 20 páginas toda esta producción, limitándose a lecturas superficiales de textos muy importantes y que realmente iluminan la complejidad de la reacción dominicana frente a Haití.

Matibag finaliza su libro con una propuesta que llama la atención: el seguimiento del modelo económico puertorriqueño como la vía idónea para la solución de los problemas de la Española: "Mediante una utilización óptica de su mano de obra barata y si *la isla como un todo imitara, no el modelo cubano, sino el puertorriqueño*, La Española tiene el potencial de convertirse en algo semejante al Singapur de las Antillas, un centro isleño de pequeñas industrias y entidades financieras" (209, énfasis mío). Esta propuesta es muy sorprendente porque al momento en que Matibag publica su libro ya ese modelo económico estaba totalmente agotado, al punto que el gobierno estatal puertorriqueño había afrontado dos cierres generales de operaciones por haberse terminado el presupuesto general antes de la finalización del año fiscal.[76]

---

[76] En el 2012 la tasa de pobreza para los niños puertorriqueños era de 56% y el 83% de ellos vivía en áreas de alta pobreza de acuerdo al reporte KIDS COUNT de la Annie E. Casey Foundation.

Mientras Matibag propone una "nueva mentalidad fronteriza" que privilegie la cooperación entre las naciones que ocupan La Española (215), Lucía M. Suárez, en *The Tears of Hispaniola: Haitian and Dominican Diaspora Memory*, se acerca al tema desde la perspectiva del juego de palabras entre lágrimas y rupturas en inglés (tears)[77] para analizar de manera exhaustiva obras literarias de varios géneros: novela, cuento, y autobiografía. Diáspora, memoria, dolor y trauma son los grandes temas que van a guiar la investigación de Suárez usando el prisma de la literatura académica sobre el Holocausto. Esto es evidente desde el epígrafe, tomado del diario de Anne Frank, que acompaña la Introducción.

Suárez pone el punto de mira principalmente sobre Haití, por ser "[...] la primera nación negra libre en las Américas" (1), lo que va a contrapelo de la historiografía tradicional dominicana sobre La Española que pone el acento en destacarla como el primer asentamiento europeo en el Nuevo Mundo. La autora inmediatamente coloca a las naciones que comparten la isla como parte del entramado de lo poscolonial: "Sin embargo Haití y la República Dominicana de la actualidad han sido devastadas por los resultados políticos de manipulaciones coloniales y poscoloniales, divisiones de clase, desastres naturales y dictaduras asfixiantes" (1). El uso que hace Suárez del término poscolonial puede prestarse a confusión, sobre todo cuando se refiere al "estatus 'colonial' poscolonial" (5) para describir la situación de Guadalupe, Martinica y Puerto Rico, tres casos diferentes de vínculos con las respectivas metrópolis.[78]

---

[77] "*Tear* tiene una doble función, al ser un sustantivo y un verbo, definiendo respectivamente una condición emocional y un acto doloroso [...] La lágrima en la cara simboliza dolor y exasperación. Romper con las manos es una acción que podría significar desesperación y/o violencia. El acto de desprenderse de una patria marcada por la corrupción y la pobreza es muy real. No tengo dudas de que se derraman lágrimas al momento de llegar a un nuevo país, lágrimas de cansancio y por el miedo al futuro. Veo las lágrimas como una metáfora compleja que revela depresión, desilusión, exasperación e impotencia; las lágrimas también indican los mecanismos políticos y socioculturales que desgarran vidas, familias, comunidades y naciones" (6-7).

[78] Para una crítica sobre la pertinencia o no del término poscolonial en el contexto latinoamericano véase: "Colonialism and Postcolonialism as (Latin) American

Pero más allá de esta limitación inicial, la riqueza del análisis de Suárez estriba en que se acerca a la literatura de La Española en su totalidad para destacar la dualidad intrínseca de la isla. El concepto de *marassa* es uno de sus puntos de partida: "Esta dualidad de significado también se ve reflejada en el concepto de *marassa*, proveniente del vudú haitiano. *Marassa* son los espíritus gemelos o espíritus infantiles. Son inseparables, conflictivos y solidarios. ¿Podríamos interpretar las dos naciones de La Española como *marassa*?" (6). La metáfora de los *marassa* es sumamente rica y es una lástima que la autora no utilice plenamente todo el potencial que ésta conlleva. La imagen de hermanos siameses que están en permanente conflicto pero obligados a apoyarse es bastante cercana a la realidad sociopolítica de la isla a pesar de los esfuerzos realizados principalmente por los historiadores y ensayistas dominicanos que siguen a Peña Batlle en cuanto a abogar por una radical separación entre la República Dominicana y Haití. Edwidge Danticat alude a esta dualidad cuando pone en boca de uno de sus personajes, el Doctor Javier, lo siguiente: "Muchos empezamos en el vientre como mellizos y liquidamos al otro" (*Cosecha* 29). En 2013 la escritora dominicana Alanna Lockward publicó el texto multifacético "Marassá y la Nada" donde explora las relaciones entre República Dominicana y Haití a través de poemas, fragmentos, cuentos y anécdotas personales.

Al acercarse a los temas de trauma e historia en La Española, Suárez parte de la premisa de que en la isla existen dos maneras distintas de enfrentarse al pasado: la de Haití, que según la autora tiene una tradición de apertura hacia las consecuencias de la violencia y la miseria, y la de República Dominicana, en la cual existe una política de silencio o negación de la verdad histórica (7). Suárez pone como ejemplo de esto último el supuesto silencio que rodea las violaciones a los derechos humanos durante el período de los doce años Balaguer (1966-1978), pero su análisis pasa por alto el hecho de que éste estuvo en el poder nuevamente desde 1986 hasta 1996, y que el gobierno que lo sucedió

Mirages" de Jorge Klor de Alva; para un análisis que explica por qué este término sí se puede aplicar al contexto caribeño y latinoamericano véase la introducción de *The Caribbean Postcolonial*.

(Partido de la Liberación Dominicana, 1996-2000) fue producto de una alianza con el partido balaguerista; factores que prácticamente cerraron la posibilidad de investigación y sanción de las atrocidades del período 1966-1978. Como consecuencia de ello, Suárez sostiene que en la República Dominicana no se ha tratado en la literatura el tema de la violencia:

> Notablemente, los efectos de la violencia son el tema de solamente dos textos dominicanos, *Over* (1939) de Ramón Marrero Aristy y *El Masacre se pasa a pie* (1973) de Freddy Prestol Castillo. En general, parecería que la literatura dominicana ha ignorado tradicionalmente la violencia y los conflictos que el país sigue sufriendo. (7)

Esta afirmación pasa por alto la producción literaria sobre el trujillato, tema del libro de Ignacio López-Calvo *God and Trujillo* (2006); y, sobre todo, la producción, desde finales de los 90, de novelas que retratan la izquierda dominicana de los años 70 y la lucha contra la represión: *Charamicos* (Ángela Hernández, 2003), *Dile adiós a la época* (Manuel Matos Moquete, 2002), y *El olor del olvido* (Freddy Aguasvivas, 2001); así como también producciones audiovisuales como la trilogía *Trujillo: El poder del Jefe* (1991-1996), *Balaguer: La herencia del tirano* (1998) y *Balaguer: La violencia del poder* (2002), estos últimos de la autoría de René Fortunato. Cuando Suárez habla de "textos dominicanos" parece referirse únicamente a la producción literaria dentro de la isla, sin embargo, al referirse a autores recientes que sí tratan el tema de la violencia y sus consecuencias traumáticas cita a Nelly Rosario, Junot Díaz y Viriato Sención, todos autores de la diáspora. Para la autora sólo las obras producidas en el exterior de la isla son capaces de sostener los recuerdos de las atrocidades sufridas por la población. Estas obras literarias funcionan entonces como los "lugares de memoria" (*lieux de mémoire*):[79]

> Aunque aún no se han construido monumentos para conmemorar el abuso y/o la muerte de miles, llevados a cabo durante diferentes regímenes represivos,

---

[79] Véase el ensayo de Pierre Nora: "Between Memory and History: Les Lieux de Mémoire"

diferentes ocupaciones militares y/o la violencia continua a lo largo del Caribe, la escritura de las diásporas, tanto haitiana como dominicana, ofrece una vía para repensar los modos de recordar y conmemorar la experiencia histórica y trasatlántica del Caribe. (11)

Este cometido, según Suárez, es cumplido, principalmente, por *Cosecha de huesos*. Al no haber ningún monumento físico que rinda homenaje a las víctimas de la masacre que tuvo lugar en la frontera domínico-haitiana en 1937 la novela se convierte en el sitio "donde la memoria se cristaliza y se secreta a sí misma" (Nora, 7). Tomando en consideración que en el capítulo siguiente analizaré detalladamente tanto *Cosecha de huesos* como *El Masacre se pasa a pie* estimo conveniente exponer en extenso el acercamiento de Suárez a ambas obras.

Respecto a *Cosecha de huesos* Suárez asevera que: "Al poner un recuerdo haitiano en suelo dominicano, Danticat resalta el hecho que la retórica división nacionalista inculcada en la imaginación de la gente es una estratagema gubernamental que difumina la verdadera división entre las elites latifundistas y las masas" (27). Como demostraré en el capítulo siguiente, no hay elementos de la novela de Danticat que sirvan de sustento a una afirmación tan tajante.[80] Más aún, Ernesto Sagás, en su libro antes citado, delinea muy bien cómo el discurso que él llama antihaitianismo ha sido absorbido por las masas dominicanas y calado en las actuaciones de las mismas respecto a los domínico-haitianos residentes en la República Dominicana.

Como ya señalé anteriormente Suárez usa el instrumental teórico del Holocausto para acercarse a la novela de Danticat desde el punto de vista testimonial. Mediante afirmaciones tales como: "Danticat ha asumido el papel de testigo —tanto de las experiencias de aquellos que han sobrevivido al horror como de aquellos que no lo hicieron— y consecuentemente es, ella misma, una sobreviviente de estas trágicas

---

[80] Como ilustración véase mi análisis de la escena que relata el ataque contra los haitianos frente a la iglesia de Dajabón en el capítulo 3.

historias" (30), la autora le confiere a Danticat un papel que le niega a Prestol Castillo. En efecto, al referirse al libro de este último sostiene:[81]

> A pesar de que, en principio, él lo había calificado como una novela, su estilo directo y el material tratado insinuaban que se trataba de un testimonio [...] Además, en un estudio de 1983 acerca del libro, Doris Sommer lo califica, incuestionablemente como un testimonio, 'en la tradición latinoamericana de los *testimonios*' (161). En aquel momento, el argumento era que él era un testigo subjetivo de una atrocidad que estaba siendo rescrita por el gobierno para ocultar el verdadero horror de la masacre. (43)

De manera problemática, Suárez parece privilegiar la obra de ficción sobre el documento histórico sin matizar el "pacto de verdad" que se establece entre el autor del testimonio y el lector: "La ficción imagina las consecuencias del pasado, dándoles mayor profundidad y nueva forma a las preguntas formuladas por la historia y complicadas por los testimonios comprometidos" (47).

Una discusión sobre las maneras posibles de interpretar un documento o un suceso histórico escapa al alcance de este trabajo, pero no puedo dejar de señalar que por más bien documentada que esté una novela y por más sospechoso que sea el testimonio de un testigo o participante, las palabras del segundo generalmente tienen más peso que las de la primera.[82] En este sentido, si bien podemos alabar la sensibilidad de Danticat y su apego a las fuentes históricas, tampoco podemos desdeñar el testimonio de Prestol simplemente porque éste es un encubridor de la matanza; es más, podría afirmarse que esto lo hace

---

[81] Véase el capítulo 3 donde analizo *El Masacre se pasa a pie* a partir de la teoría del testimonio.

[82] Como bien señala Terry Eagleton al momento de intentar definir la ficción: "Uno podría empezar por responder señalando que la ficción es un tipo de escritura en la cual uno no puede mentir, decir la verdad o cometer un error. Uno no puede mentir en la ficción porque el lector no asume que uno está intentando decir la verdad" (89). Esto sería la principal diferencia entre la ficción y el testimonio en tanto géneros literarios. El testimonio intenta, en cierto modo, dar una información veraz y al mismo tiempo ofrecer lo que Eagleton denomina "una verdad moral" (89). Para un excelente acercamiento al tema de la interpretación histórica véase el libro de Paul Veyne: *Cómo se escribe la Historia* (1984).

más relevante porque su condición de juez lo hacía particularmente apto para recibir información de primera mano respecto a los hechos.

Otro de los puntos de contacto entre el libro de Suárez y el presente estudio lo constituye la obra del autor domínico-americano Junot Díaz.[83] La autora inicia su acercamiento a la obra de Díaz con una fuerte afirmación:

> Sugiero que Díaz está confundido, debido a que intenta encontrar una voz que represente a su comunidad, la diáspora dominicana, y que la represente en un modo que satisfaga las expectativas del agente literario, el lector y la editorial norteamericanos de la corriente dominante. Los cuentos de Díaz proveen lo que podría verse como representaciones estereotípicas de la violencia de la diáspora dominicana. ¿Responde su escritura a una fascinación más amplia con las historias de los grupos étnicos marginales? ¿Estos grupos ganan visibilidad solamente a través de la representación negativa? (91)

Lo tajante de la afirmación lleva al lector a preguntarse por qué Díaz es estereotipado como un escritor que busca satisfacer a un público lector y no se le hace la misma lectura a Danticat. Además de una genuina amistad pregonada por ambos escritores[84] los dos comparten su pertenencia a la diáspora de La Española, el ser educados en Estados Unidos y el hecho de escribir en inglés; más aún, ambos se proponen explícitamente aportar una narrativa diferente a la predominante en la isla. En el caso específico de Danticat podría alegarse, con razones de peso, que escribe para representar a la comunidad de mujeres negras oprimidas provenientes de la diáspora haitiana de la misma manera que Suárez prácticamente acusa a Díaz de escribir para representar a su comunidad.

Para Suárez, entonces, en vez de ser una voz de su comunidad (la diáspora dominicana), Díaz es una suerte de mercader que alimenta el

---

[83] Al momento de publicarse el estudio de Suárez, Junot Díaz solo había publicado *Drown (Negocios)*, por lo que éste constituye el foco del análisis de la autora, mientras que, como se verá en el capítulo cinco, mi estudio se centra en *La breve y maravillosa de Óscar Wao*, sin desdeñar aspectos del libro anterior.

[84] Entre los agradecimientos que hace Díaz en *Óscar Wao* se puede leer: "Edwidge Danticat (for being mi querida hermana)".

apetito del público norteamericano, el cual debemos suponer homogéneo y blanco, por representaciones y estereotipos negativos de los migrantes procedentes de "comunidades étnicas": "En este capítulo propongo que la representación negativa es muy deseada por el *público masivo*, lo que afecta los modos en que las comunidades étnicas se recuerdan a sí mismas y sus luchas con el impacto de la violencia y su repetición en su vida cotidiana" (91-92, énfasis mío). A pesar de este punto de partida, Suárez hace una lectura a fondo de los cuentos de *Negocios*; sin embargo, a veces, revela su desconocimiento de la situación social que da origen y contexto a los relatos.[85] La división campo/ciudad que Suárez pasa por alto es una de las claves para entender el comportamiento y las condiciones de vida de los dos niños protagonistas de *Negocios* y sus diferentes reacciones y sentimientos al trasladarse de Villa Juana al campo, adonde son enviados por su madre por necesidad (*Negocios* 4), y después de Santo Domingo a Nueva York. Las historias, que según Suárez están plagadas de invisibilidades resultado de una serie de borrones (96), al mismo tiempo: "[...] demuestran que la violencia, el dolor, el trauma y los recuerdos rotos no son configurados solamente por la represión política sino también por las tradiciones sociopolíticas. Atraen la atención hacia personas invisibilizadas y temas tabú, exponiendo la represión heterosexista y sus repercusiones, lo que sustenta su invisibilidad" (100).

Ahora bien, estas historias que representan la vida económica y social de los emigrados dominicanos se ven reducidas a simples "viñetas" "*Negocios* transforma esta información económica y demográfica en viñetas" (103). Contrario a Suárez, sostengo que cuentos como "Fiesta, 1980" e "Instrucciones para citas con trigueñas, negras, blancas o mulatas" revelan, de manera incisiva y cáustica, las realidades de la vida de los migrantes en diferentes aspectos y, al tiempo que ofrecen un diagnóstico, deparan una crítica mordaz sobre todo a los estereotipos

---

[85] Un ejemplo de esto es la descripción que hace la autora de Villa Juana; en la nota 3 correspondiente a la página 92, Villa Juana es descrita como "aldea" lo cual no se ajusta para nada a la realidad: un barrio pobre urbano, que constituía, de hecho, el centro geográfico de lo que era la ciudad de Santo Domingo hasta el año 2000, momento de su división en cuatro ciudades independientes.

machistas. En el primero de los cuentos mencionados podemos ver cómo el comportamiento del padre afecta no sólo las relaciones intrafamiliares, sino también la propia salud física y mental de los hijos, todo ello a través de un humor negro: "[…] lo que hizo fue clavarme con fuerza el dedo índice en la mejilla. Así eran sus castigos: imaginativos. Aquel mismo año yo había escrito una composición para mi escuela que se titulaba 'Mi padre el torturador', pero la maestra me mandó a escribir otra. Creyó que era una broma" (*Negocios* 25).

En otras palabras, allí donde mi análisis destaca una crítica mordaz, Suárez ve un refuerzo del machismo a través de la representación. Esto constituye el principal punto de ataque de Suárez hacia Díaz:

> El libro de Díaz invita al lector a contemplar las maneras en las cuales la pobreza y el machismo borran el potencial humano. En una lectura literal, algunos podrían argüir que también refuerza la creencia que la diáspora dominicana está plagada de crímenes, violencia y bajos comportamientos[...] El destacar este tipo de historias crea una visibilidad problemática en la que los dominicanos solo entran en la corriente principal de la narrativa norteamericana para avanzar el perfil de violencia y desesperanza en la comunidad. Bajo esta premisa, yo podría argumentar que Díaz está exacerbando la situación de la comunidad diaspórica dominicana al confirmar dicho perfil de violencia y desesperanza. Sin embargo, si él no fuese fiel a las historias que él considera que deben ser contadas, estaría perjudicando a su comunidad y a su vocación artística. (105)

Después de hacer esta aseveración, Suárez procede a acusar a Díaz de no describir a sus personajes femeninos con profundidad o desarrollo narrativo, y de tener una perspectiva exclusivamente masculina y heterosexista; en resumen, en las historias narradas por Díaz en *Negocios*, "Esta visibilidad masculina contrasta con las múltiples invisibilidades--género, orientación sexual, raza" (*Tears* 105). Lo que Suárez obvia es que los personajes principales de las historias son adolescentes masculinos. Si bien algunos personajes femeninos presentan algunas de las características aducidas por la autora, no es menos cierto que el peso narrativo recae en Yunior, quien años más tarde será la voz narrativa principal en *Óscar Wao*.[86] Lo insidioso del análisis de Suárez respecto a Díaz se manifiesta cuándo más adelante la autora parece desdecirse de su afirmación anterior: "No puedo leer los cuentos de Díaz al pie de la letra. En vez de ello, sugiero que éstos sirven como punto de partida para una compleja meditación sobre una larga trayectoria de violencia y su reproducción" (107). Solamente un crítico ingenuo tomaría una narrativa de ficción en su sentido literal, y Suárez, a estas alturas de su libro, se ha presentado y probado como una crítica aguda y teóricamente sólida, por lo que es muy difícil de explicar la saña que exuda su acercamiento a la obra de Díaz.

Mi desacuerdo con el acercamiento de Suárez puede ejemplificarse al contrastar nuestras diferentes lecturas respecto a uno de los personajes femeninos principales de *Negocios*: Mami (Virta), la madre de Yunior, el narrador. Suárez afirma que: "Aunque Yunior equipara su silencio con la fuerza de una guerrera, ese silencio es tradicional en las culturas sexistas" (113); Suárez una vez más parece tomar literalmente el cuento al que se enfrenta. La calificación de guerrera que Yunior le atribuye a la madre surge en un contexto diferente, y aquí vale la pena reproducir en su totalidad la cita original: "Mi madre ha descubierto el secreto del silencio; sirve el café sin hacer ruido, va de cuarto en cuarto como si deslizara sobre cojines de terciopelo, llora sin que se le oiga. *Tú has viajado al Oriente y has aprendido muchos secretos. Eres una especie de guerrera de las tinieblas*" (*Negocios* 83, énfasis mío). Las partes en cursiva están omitidas en la cita de Suárez. Como se ve, el epíteto "guerrera de las tinieblas" es producto de un diálogo casual entre la madre y el hijo devoto de las historietas y la ciencia ficción. Suárez concluye lapidariamente:

> Al final su personaje es limitado y lamentable [...] Estas representaciones de la figura de la madre abnegada son extraordinariamente tradicionales. Estos cuentos, por lo tanto, demuestran una falta de entendimiento en la interpretación que Díaz hace de las mujeres –una incapacidad para explorar la invisibilidad y la negación de personalidad a las mujeres dentro de la

---

[86] Cómo se verá en el capítulo 5, Díaz responde a esta crítica construyendo personajes femeninos tan inolvidables y bien construidos como Beli y Lola, madre y hermana de Oscar, respectivamente.

cultura dominicana y, al mismo tiempo, una incapacidad de reconocer los increíbles logros que muchas dominicanas han alcanzado a pesar de todas las dificultades– que en realidad reproduce el sexismo de dicha cultura. (114)

Por mi parte sostengo que el personaje de Mami no sólo en "Fiesta, 1980", sino a lo largo de las historias de *Negocios,* es mucho más profundo de lo que Suárez afirma. De manera muy sutil, Díaz construye la imagen de una mujer de la clase trabajadora que sobrevive a tiempos duros gracias a largas horas de trabajo y la ayuda de una red de familiares inmediatos: "Mami trabajaba en la fábrica de chocolates Embajador; hacía turnos de diez y doce horas y apenas ganaba nada de dinero" (*Negocios* 61). La cita anterior proviene del cuento "Aguantando" que gira alrededor de la espera del regreso del padre que se ha marchado a Estados Unidos. La madre no sólo mantiene la memoria del padre sino que provee el sustento, ayudada por la única figura masculina disponible en ese momento, el Abuelo. En esta historia se resalta la soledad que acompaña a las mujeres que se quedan detrás, esperando, "aguantando" la familia y sosteniéndola económicamente. A lo largo del libro, Díaz no permite que nos olvidemos de la condición proletaria de sus personajes, sin importar que estén en Santo Domingo o Nueva York, y lo hace a través de múltiples técnicas narrativas que incluyen la descripción de los entornos y las condiciones físicas de sus personajes. Desde el primer cuento se repite este tema: "Todos los veranos mami nos mandaba al campo a Rafa y a mí. Ella trabajaba muchas horas en la fábrica de chocolate y cuando daban vacaciones en la escuela no tenía tiempo ni energía para ocuparse de nosotros" (*Negocios* 3). Al no tomar en cuenta el elemento de clase que está altamente presente en la narrativa de Díaz, Suárez se acerca mucho a la posición de los analistas culturales que han sido objeto de crítica por parte de Terry Eagleton, principalmente en cuanto al acercamiento de éstos respecto al cuerpo: "Entre los estudiosos de la cultura, el cuerpo es un tema muy de moda, pero generalmente del que se trata es del cuerpo erótico, no del hambriento. Hay un interés entusiasta en los cuerpos copulatorios pero no en los cuerpos trabajadores" (2). A tono con esta afirmación es interesante recalcar que Danticat en *Cosecha de huesos,* mezcla ambas miradas sobre

Sebastien Onius, el compañero de la protagonista Amabelle Désir; el suyo es un cuerpo al mismo tiempo erótico y trabajador:

> Se llama Sebastien Onius [...] Con la punta de los dedos largos pero encorvados, que reptan hacia mí cada uno con vida propia, él me devuelve el equilibrio. Me agarro a su cuerpo y mi cabeza a duras penas le llega al centro del pecho. A la tenue luz de mi lámpara de aceite de castor es fastuosamente bello, *aunque los tallos de caña le hayan desgarrado la piel de la reluciente cara negra y se la hayan llenado de cicatrices fruncidas y zigzagueantes*. Tiene los brazos anchos como mis muslos desnudos. Son de acero templado por cuatro años de cosechar caña de azúcar (11, énfasis mío)

Al concluir su análisis del libro, Suárez sostiene que *Negocios* no es representativo de la diáspora dominicana debido a que varios de sus personajes, a su parecer, son chatos y Díaz no ofrece:

> [...] voz (y visibilidad) a las complejidades del pueblo dominicano y sus múltiples realidades, que incluyen la tradición dominicana y universales códigos sexistas de conducta, que se cruzan con los problemas que se presentan en Estados Unidos. Estas historias presentan papeles tradicionales para grupos privados de derechos tales como las mujeres (114).

A pesar de su crítica, Suárez afirma que las historias revelan el daño sicológico que causa la violencia y cómo estos patrones serán reproducidos por las víctimas (117). En el cuento "Aurora" el narrador, Yunior, repite el patrón machista de su padre, llegando incluso a la violencia física: "Una vez trató de clavarme un lapicero en el muslo, pero fue la noche que le dejé todo el pecho marcado de moratones, o sea que no creo que cuente" (*Negocios* 46). También en *Óscar Wao* veremos como la madre, Beli, es la que reproduce el sistema de opresión, violencia y degradación en la persona de sus hijos, especialmente contra su hija, Lola.

Las inconsistencias de Suárez con respecto a la obra de Díaz se ponen en relieve cuando se compara el análisis que he descrito anteriormente con el que la autora hace de *Geographies of Home* de Loida Maritza Pérez (1999): "Sostengo que aunque la novela de Pérez podría representar las cavilaciones gentiles de una mujer en busca de un hogar, lo que hace es dejar al descubierto los invisibles (ya fuera porque han sido negados o aceptados silenciosamente) grados de violencia que las mujeres sufren dentro de la familia" (153). ¿Cómo se diferencia este acercamiento del que tiene Díaz hacia los hombres, la violencia familiar y sus invisibilidades, ésas que Suárez intentó analizar en el capítulo sobre *Negocios*? La autora en ningún momento responde esta pregunta, que se me antoja válida.

Suárez alega que las mujeres son doblemente invisibles en la memoria dominicana (se refiere a la isla) y en la diaspórica (153) y esto lo extiende al campo de la literatura y el espacio doméstico:

> "En literatura, la presencia de mujeres, en relación con la larga tradición de escritura masculina, es relativamente escasa. En el espacio privado del hogar, el papel de las mujeres, como pilares de su cultura, sus familias y sus comunidades continúa siendo subvertido a través de la violencia". (154)

A mi modo de ver, Suárez se refiere a la producción literaria de la diáspora y, si mi lectura es correcta, entonces la académica norteamericana incurre en un error. A diferencia de la producción literaria de la isla en la cual predominan los autores, en la literatura dominicana de la diáspora son las autoras las que dominan el espacio, tanto en términos de cantidad como de calidad: no solo Loida Maritza Pérez, sino también Julia Álvarez, Josefina Báez, Nelly Rosario y Ana-Maurine Lara, por mencionar sólo las más relevantes, representan la verdadera cara de la literatura dominicana que se produce fuera de la isla. Paradójicamente, sólo Junot Díaz se puede comparar a ellas en términos de visibilidad, reconocimiento y calidad. Más aún, una de las secciones del capítulo 5, en el cual Suárez analiza *Geographies of Home,* se titula "Dominican Diaspora Women's Literary History"; aquí, luego de enumerar una serie de textos que va desde *Los débiles* (1912) de Jesusa Alfau hasta *Song of the Water Saints* (2002) de Nelly Rosario, la autora señala: "Creo que muchos de estos textos también develan las luchas de las mujeres para lograr su propia afirmación –social, sexual, política– contra un ambiente de analfabetismo, machismo y racismo" (163), lo afirmado en la cita entra en abierta contradicción con la invisibilidad a la que se había referido anteriormente.

Suárez concluye su análisis de *Geographies of Home* afirmando que es normal que los dominicanos se comporten de manera violenta contra las mujeres porque Trujillo y sus secuaces lo habían hecho, y antes de ellos los conquistadores (177), estableciendo así un patrón determinista para el cual no parece haber solución alguna.[87] Es con esta nota pesimista con la que Suárez concluye su libro:

> Desafortunadamente, mi utópica visón inicial de la literatura como salvadora de la humanidad se ve comedida por realidades tales como el mercado –que muchas veces está interesado en historias violentas y que determina lo que se publica y lo que se vende-las limitaciones de la memoria y los fracasos de las iniciativas humanas [...] Al final terminé con historias de, *lágrimas y rupturas...* (185, cursivas y en español en el original)

Una de las constantes al momento de analizar La Española, en conjunto, o los países que la habitan, por separado, es la asignación de un peso enorme a los determinismos históricos, sociales y políticos. Algunos autores como Jonathan Hartlyn van más allá de ese acercamiento e intentan explicar las situaciones particulares de la República Dominicana o Haití sin recurrir a dicha herramienta. Hartlyn destaca que autores prestigiosos como Howard Wiarda, no pueden escapar a un determinismo histórico que ve en la colonización española el origen de las vicisitudes de la República Dominicana. En el ámbito nacional hemos visto cómo Peña Batlle y Balaguer sostenían que el abandono de las poblaciones del noroeste de la isla, ordenadas por la Corona Española en el siglo XVII, fue la causa determinante de todos los males subsiguientes, el mayor de ellos la creación de la colonia francesa de Saint Domingue que luego devendría en Haití.

Dos de los libros analizados en este capítulo también forman parte de esta tendencia determinista en el análisis de La Española; tanto Wucker como Suárez llegan a sostener que algunas características de las relaciones entre Haití y República Dominicana están predeterminadas

---

[87] El mismo sentimiento de desesperación lo sentirá Lola al final de *Óscar Wao*: "Lola juro que nunca volvería a ese país tan terrible. En una de nuestras últimas noches de novios, dijo, Diez millones de trujillos, eso es todo lo que somos" (333).

(el conflicto en el caso de Wucker), o que las actitudes de los pobladores son el resultado inequívoco de una línea que va de los conquistadores españoles a Trujillo y sus secuaces (el machismo dominicano en el análisis de Suárez). Si bien las características señaladas por ambas investigadoras han estado, y muchas veces siguen estando, presente en la realidad dominicana, haitiana, domínico-haitiana y domínico-americana, no es menos cierto que se puede y se debe ir más allá de esas actitudes al momento de enfrentarse a la producción cultural de La Española.

Al analizar los cuentos de *Negocios* a partir de lo rayano podemos observar no sólo el machismo que socava las vidas de los personajes femeninos y de los adolescentes protagonistas de estas historias, sino que también nos acercamos a una nueva manera de entender la dominicanidad diaspórica, sobre todo al ver cómo la misma se expresa en una serie de acciones concretas. Por ejemplo, el narrador en "Instrucciones para citas con trigueñas, negras, blancas o mulatas" al enfrentarse con la posibilidad de una cita amorosa acude al siguiente arsenal cultural:

> Espera a que tu hermano y tu madre se vayan del apartamento [...] Saca el queso del gobierno de la nevera [...] Retira las fotos donde se ve a tu familia en el campo y que te hacen sentirte tan avergonzado [...] Comprueba que el cuarto de baño esté presentable [...] Si es mulata no te extrañe que su madre sea blanca. Saluda. Su mamá te devolverá el saludo y te darás cuenta de que en el fondo no le das miedo. (123-125)

Estas acciones son específicas de un adolescente que ha aprendido el arte de lidiar con las chicas, no en Villa Juana, sino en Patterson, New Jersey. Si bien es cierto que Yunior va a desarrollar un patrón de comportamiento machista, esto no parece ser producto del determinismo señalado por Suárez como una línea ininterrumpida de machos abusadores, sino que es el resultado de una socialización determinada dentro de un contexto específico (padre abusador y ausente, madre trabajadora, la racialización radical de la sociedad norteamericana).[88]

---

[88] En el capítulo 5 analizaré cómo, habiendo sido criado en un contexto similar a Yunior, Óscar va a desarrollar una masculinidad dominicana diferente.

Como instrumento teórico lo rayano supera esos determinismos que he señalado al dejar de lado, sin por ello obviar, los conflictos y el machismo existente en las relaciones entre los dos países que ocupan la isla. Asimismo lo rayano permite acercarse a textos transgresores como *Dominicanish*, que ponen en entredicho la manera de ser dominicano propuesta por los discursos tradicionales, y a textos con una fuerte carga de conciencia de género, como *Cosecha de huesos*, sin privilegiar ni la hispanidad, ni el conflicto domínico-haitiano, ni el machismo como lo único que se puede extraer de dichos textos.

En el capítulo siguiente haré una lectura cuidadosa de las representaciones de dominicanos, domínico-haitianos y haitianos en *Cosecha de huesos* y *El Masacre se pasa a pie*, así como a un acercamiento al estado de esta última obra como testimonio *sui generis* de la masacre perpetrada en 1937 en la frontera domínico-haitiana.

Capítulo 3

1937, República Dominicana y Haití: representaciones y testimonios

En los días finales de septiembre de 1937 Trujillo ordenó la matanza de haitianos que residían en la región fronteriza que separa a Haití de la República Dominicana; en esta acción perecieron aproximadamente doce mil haitianos y domínico-haitianos.[89] Los asesinatos se realizaron utilizando principalmente machetes y puñales motivo por el cual en el lado dominicano se conoce el hecho como "El Corte". Los ejecutores fueron militares dominicanos auxiliados por civiles conocidos como "reservistas" en su mayoría extraídos de las cárceles y/o de las capas bajas de la población. El uso de armas blancas fue una estrategia para justificar la posterior negación de la participación del ejército dominicano en el degüello. Esta acción genocida ha sido tratada en la literatura de La Española, tanto la producida en la isla como en el exterior, en novelas, cuentos y obras teatrales.[90]

Para Bernardo Vega el principal motivo de "El Corte" fue "[…] la secular aspiración de los dominicanos de 'blanquear' su raza'" (*Trujillo y Haití* 390) y cita como motivos secundarios la influencia en Trujillo de la ideología nazi y la falangista (318-320).[91] Por su parte, el historiador norteamericano Richard Lee Turits, luego de repasar los argumentos dados por otros historiadores y analistas, incluyendo a Vega, se muestra

---

[89] El historiador dominicano Bernardo Vega asume esta cifra como la más cercana a la realidad, realmente nadie sabe cuántos perecieron en el genocidio.
[90] Para una revisión del tratamiento dado en la literatura dominicana a este episodio, véase *Encuentro con la narrativa dominicana contemporánea* (2006) de Rita de Maeseneer.
[91] Vega aporta documentación periodística y fotográfica de la época para sustentar sus afirmaciones.

más escéptico y admite que es muy probable que nunca sepamos el origen de la orden dada por Trujillo ("World" 625). A pesar del racismo del nacionalismo trujillista, es importante destacar que durante el genocidio de 1937 las poblaciones de negros descendientes de habitantes de las islas del Caribe anglófono, conocidos en la República Dominicana como cocolos, no fueron molestadas; así como tampoco fueron tocados los haitianos que "pertenecían" a los ingenios azucareros administrados por los norteamericanos.[92] Por tanto, la acción fue dirigida contra haitianos y domínico-haitianos que residían principalmente en la región fronteriza, aunque hay relatos anecdóticos que parecen confirmar que hubo, en otras partes del país, asesinatos de haitianos y domínico-haitianos mezclados con la población dominicana.[93]

¿Qué se puede decir de un desastre? Esta pregunta ha provocado diferentes respuestas, pero hay un elemento que parece recurrir en la mayoría de ellas: la inefabilidad del desastre. La famosa frase de Adorno respecto a Auschwitz, de la cual luego se retractaría, recoge el sentimiento de imposibilidad de narrar lo ocurrido que provoca un desastre. Maurice Blanchot comienza su libro *The writing of the disaster* con la siguiente declaración: "El desastre lo arruina todo, al tiempo que lo deja todo intacto" (1). Al pensar esta frase en cuanto a la matanza de octubre de 1937 en la frontera entre Haití y República Dominicana no podemos dejar de preguntarnos ¿qué destruyó esta acción genocida y qué dejó intacto? El artículo de Turits propone una respuesta, a la cual me adhiero: se destruyó un mundo fronterizo de convivencia pacífica y se impuso un modelo de nación dominicana que ha relegado, desde principios del siglo XX, a los haitianos y domínico-haitianos a los últimos lugares de la sociedad. Con todo, aquí intento analizar el cómo se ha representado esa destrucción en las literaturas dominicana y haitiana, tomando como ejemplo paradigmático *El Masacre se pasa a pie* de Freddy Prestol Castillo y *Cosecha de huesos* de Edwidge Danticat.

---

[92] Todas las fuentes consultadas al respecto coinciden en este planteamiento.
[93] Véase Turits: "A World Destroyed, A Nation Imposed…"

La masacre de 1937 está inscrita en la historiografía dominicana como un hecho bochornoso pero del cual la clase dirigente no ha tomado nunca responsabilidad plena; ésta atribuye solamente a Trujillo la culpa de lo sucedido. Blanchot subraya la imposibilidad de narrar el desastre o la experiencia del desastre y sostiene que el mismo es "[…] imposible de experimentar. Es lo que escapa la posibilidad misma de experiencia –es el límite de la escritura" (7). Este límite de la escritura, esta imposibilidad de experimentar el desastre a que alude Blanchot, es traspasado por los dos escritores de cuyas novelas me voy a ocupar. Tanto Prestol Castillo como Danticat van más allá de ese límite impuesto por el desastre y tratan, cada uno a su manera, de dar una visión del evento trágico. En el caso específico de Danticat se procura dar voz a aquellos y aquellas que no fueron oídos en 1937.

En cuanto a su estructura formal, *El Masacre se pasa a pie* consiste en una serie de narraciones cortas en las cuales se relatan los diferentes crímenes cometidos por los civiles y militares dominicanos y sus consecuencias sobre algunos de los matadores. También se cuenta la relación entre el protagonista y Ángela Vargas, una maestra que escapa a la tiranía yéndose al exilio y que es presentada como la heroína que tiene el valor personal del cual el autor carece (175).

Cosecha de huesos, un texto de ficción mucho más logrado técnicamente que *El Masacre*, narra la historia de Amabelle Desir, una haitiana residente en un ficticio pueblo dominicano fronterizo llamado Alegría, donde está al servicio de la familia dominicana que la había acogido cuando niña. Amabelle logra sobrevivir a la matanza y huir hacia territorio haitiano. La relación amorosa entre Amabelle y Sebastien Onius ocupa un lugar preponderante en la narración de Danticat, contrario al lugar marginal que ocupa la relación entre Ángela Vargas y el narrador de *El Masacre*.

Ambas novelas sitúan su acción en la frontera domínico-haitiana. En el texto de Prestol Castillo la frontera es descrita desde un primer momento como un lugar de exilio: "Escribí bajo cielo fronterizo, en soledad. Sin darme cuenta, yo estaba exiliado" (*Masacre* 7), así se establece una atmósfera de extrañamiento que acompañará al lector a lo largo de la novela; inmediatamente estamos colocados en un "allá", en un exterior que va a ser definido por la presencia de otro: el haitiano. Es importante señalar que en el año 1936 la República Dominicana y Haití habían suscrito un pacto fronterizo que, por vez primera, establecía de manera legal los límites territoriales entre ambos países.[94] Esta definición legal de la frontera no significó mucho en términos de la vida diaria de las comunidades tanto dominicanas como haitianas. En la actualidad, si bien no existe ya el mundo de convivencia que recoge Turits en su artículo, la frontera domínico-haitiana sigue siendo igual de porosa. El sitio web del Servicio Jesuita a Refugiados y Migrantes apunta lo siguiente:

> En Dajabón hay dos aduanas: la primera está arriba, en el puente sobre el Río Masacre, y responde a la Dirección General de Aduanas. La segunda está abajo, a la orilla del Río Masacre, y responde al Ejército Nacional. Sus empleados son miembros regulares del ejército, asignados a dirigir el trabajo de los "empleados irregulares" haitianos que realizan el cobro de los impuestos de la segunda aduana.
>
> En esa aduana "chiquita" no se prohíbe el cruce de nada y de nadie que venga del vecino Haití, pero tienen que pagar. Todo lo que no está permitido en la primera aduana tiene su precio por el río: arroz, ajo y leche en polvo, pero también niños y niñas o migrantes haitianos sin papeles.[95]

Como se ve, para el ejército dominicano la frontera no sería un lugar de exilio, ni tampoco el límite de la civilización, sería un lugar de lucro personal. Para la clase dominante dominicana según Fernando Valerio-Holguín, la frontera es: "[...] el límite en el que la 'civilización' termina y lo 'primitivo' empieza" ("Cultural Identity" 78).

Estas visiones de la frontera: lugar de exilio, límite de la nación dominicana, *locus* de lo primitivo, sitio de lucro personal y corrupción, se mezclan para crear una imagen multifacética de la región fronteriza que sirve para justificar toda serie de desmanes contra la población más

---

[94] Véase el análisis exhaustivo de este pacto y sus antecedentes en el libro de Bernardo Vega *Trujillo y Haití, Vol. 1* (1988).

[95] "Pasa de todo por la segunda aduana" <http://www.sjmdom.org.do/spip/spip.php?article255>. El sitio web presenta fotos de miembros del Ejército Dominicano que vigilan el paso de haitianos por esta "segunda aduana".

desprotegida en la República Dominicana: los haitianos y los domínico-haitianos. Como destaca Valerio-Holguín:

> Las fronteras de lo primitivo se convierten entonces no en el espacio de negociaciones culturales sino en el límite de la amenazante 'africanización' y 'la corrupción de las buenas costumbres heredadas de España'. El 'primitivismo' de la población haitiana es construido en oposición a la herencia recibida por los dominicanos de la 'civilización' española. (78)

Esta oposición binaria radical entre "nosotros" (blancos, hispánicos y católicos) frente a "ellos" (negros, africanos y seguidores del vudú) es la base del discurso nacionalista que encuentra su máxima expresión en las obras de Peña Batlle y Balaguer como se ha demostrado en el capítulo 1. El discurso nacionalista oficial dominicano busca crear una separación radical entre ambas naciones, pero no puede pasar sobre la realidad biológica que se impone en la frontera domínico-haitiana: haitianos y dominicanos están irremisiblemente mezclados. En el texto de Prestol Castillo se hace patente, varias veces, esta mezcla. Un ejemplo de ello es cuando el Capitán Ventarrón, antes de iniciar la matanza y ya borracho, recuerda que su abuelo nació en Haití (*Masacre* 28).

La frontera es no sólo el sitio donde se mezclan biológicamente los dos pueblos, sino también un lugar de hibridez cultural.[96] Prestol Castillo utiliza la palabra "catisos" para definir a los domínico-haitianos, como una manera de entablar una distancia entre estos y los habitantes dominicanos de la frontera, los cuales son conocidos como rayanos.[97] Voy a utilizar de ahora en adelante el vocablo rayano para referirme a los habitantes la región fronteriza sin importar el origen étnico o nacional que pudiera tener. De tal manera son rayanos tanto el capitán Ventarrón como Amabelle Desir, el esbirro dominicano como la sobreviviente

---

[96] Por ejemplo, el título original del libro de René Philoctète es *Le Peuple des Terres Mêleés*, lo que podría ser traducido como El pueblo de tierras mezcladas, resaltando así la unidad existente entre República Dominicana y Haití. En español la novela ha sido traducida como *Perejil*, mientras que en inglés lleva el nombre de *Massacre River*.

[97] Carlos Esteban Deive, en *Diccionario de Dominicanismos* (2006) da la siguente definición de rayano: "Rayano-na: Adj. Dícese del habitante de la línea o raya fronteriza" (178). Igual definición ofrece Manuel Patín Maceo en *Dominicanismos* (1940).

haitiana; ello así a pesar de que Prestol no nos da ningún atisbo de los comportamientos culturales de los dominicanos de los cuales se ocupa, lo que sí hace Danticat.

El rayano es reconocido como un ser bicultural y que habita un espacio liminar, pero ¿por qué rayanos? ¿Por qué se define a estos individuos con un adjetivo que implica al mismo tiempo tanto división como proximidad?[98] Todas las acepciones recogidas por el diccionario son aplicables a esos individuos biculturales a los que conocemos como rayanos. Para el discurso oficial dominicano, el rayano es un sujeto que no es, y no puede ser, incorporado a la dominicanidad, pero al mismo tiempo habita en el territorio de la república.[99] Jurídicamente, el rayano no es ciudadano dominicano si sus padres son haitianos y están en "tránsito" aun cuando nunca haya salido de la República Dominicana y hable creole con acento dominicano.[100] Pero ésta no es la única desprotección: el rayano en 1937, y aún hoy día, tampoco cuenta con la protección del Estado haitiano. Danticat pone en boca de Tibon, un bracero haitiano, la siguiente afirmación: "'Si tantos de nosotros estamos aquí es porque nuestro gobierno nos ha abandonado' –empezó de nuevo Tibon, pero

---

[98] Véase la definición de rayano que da el Diccionario de la Real Academia, mencionada en la página 34.

[99] En este capítulo sigo de cerca la postura de Valerio-Holguín en su artículo: "La fiesta trágica de la identidad dominicana: *El Masacre se pasa a pie* de Freddy Prestol Castillo". Para Valerio-Holguín las élites dominicanas, debido a las "nuevas producciones simbólicas" producidas en "la frontera flotante," elaboraron una "serie de tropos primitivistas" para mantener fuera la "cultura rayana" ("Fiesta trágica" 53).

[100] Para una mejor compresión de la situación jurídica de los domínico-haitianos, véase la sentencia de la Suprema Corte de Justicia de la República Dominicana de fecha 14 de diciembre de 2005: <http://www.suprema.gov.do/consultas/consultas_sentencias/detalle_info_sentencias.aspx?ID=114110009>. En esta sentencia no se reconoce la nacionalidad dominicana para los hijos de extranjeros nacidos en el territorio dominicano si sus padres, al momento del nacimiento, se hallaren en tránsito. Véase la Sentencia TC/0168/13 que en su página 60, numeral 1.1.10 establece, de manera tortuosa, una diferencia artificial entre "persona en tránsito" y así los hijos de haitianos nacidos en territorio dominicano, aún cuando la Constitución dominicana establece el *jus soli*, serían haitianos y no dominicanos, en contravención de la misma Constitución dominicana.

nadie le contestó–. 'Quieren librar el país de pobres vendiéndolos como braceros'" (179). Si el estado dominicano no los quiere por su origen haitiano, el estado haitiano se ha desentendido de ellos. En este sentido, el rayano constituiría un ser que para los fines prácticos es apátrida, aunque formalmente pertenezca a uno de los dos estados con cuyas culturas está identificado. Esta desprotección jurídica se transformó en "El Corte" en desprotección física, la principal consecuencia negativa de la "rayanidad".

El biculturalismo del ser rayano es algo tan incómodo para el discurso oficial dominicano, que Prestol Castillo, en uno de los momentos más contundentes de su novela, retrata la reacción de un dominicano que tiene hijos "rayanos" a los que denomina "perros sarnosos" pero por los cuales está dispuesto a matarse con su antiguo compañero de armas de la manigua, el Sargento Pío. Este permite escapar a Juan Nazario y a su familia hacia Haití, porque Nazario es uno de los "dominicanos buenos", pero no sin antes rogarle que los abandone allá y regrese a República Dominicana, a lo que Nazario responde: "Me quedaré allá [...] porque ya soy otro perro sarnoso". Más adelante, Prestol Castillo refiere lo siguiente: "Juan Nazario va, el último, cuidando su tropa de 'perros sarnosos' como él los llama. Cuando alguno de sus hijos habla en 'patois' se oye su voz de mando: ¡Malditos perros...hablen español!" (ambas citas *Masacre* 81). Aquí tenemos un ejemplo patente de esa identificación con el discurso oficial que crea un sujeto dominicano que si se encuentra en contacto con el haitiano genera un odio a sí mismo que lo lleva a negar, en su persona, como el caso de Trujillo, o en sus descendientes, como Nazario, la humanidad inmanente del sujeto haitiano. El discurso oficial dominicano distingue entonces entre "nuestros negros" y esos "otros negros" y una de las maneras más eficaces de establecer esta distinción radical es a través de la lengua.

Un refrán dominicano de la Línea Noroeste reza: "el que sea prieto, que hable claro".[101] Las diferencias lingüísticas se convierten así en

---

[101] Uno de los sobrevivientes de la masacre, entrevistado por Turits, afirmaba: "Si uno hablaba bien en dominicano, los dominicanos decían que no eras haitiano" (World 617).

marcas de carácter metafísico. Si analizamos esta postura del discurso oficial podemos ver cómo el ser rayano desafía con su bilingüismo y su biculturalidad la imagen monolítica de la dominicanidad. Si la frontera es para Prestol Castillo un lugar de exilio, prisión y muerte, para Danticat será un velo: "Una frontera es un velo que no muchos pueden ponerse" (261). La frontera entonces impediría que se asome el rostro del otro; de este modo, la autora haitiano-norteamericana nos coloca frente a una imagen que a mi modo de ver resume perfectamente la relación entre dominicanos y haitianos: la de una especularidad opaca; no nos podemos reconocer en el otro precisamente por estar cubiertos por el velo de la frontera, esto es lo que hace imposible una ética que nos podría llevar por un camino de paz y convivencia.

Emmanuel Levinas establece como fundamento de la ética, que para él es el fundamento de toda filosofía, el reconocimiento del otro, del rostro del otro, pero ese otro:

> [...] no es de ninguna manera un otro yo, participando conmigo en una existencia común. La relación con el otro no es una relación de comunión, idílica y armónica o una simpatía a través de la cual nos ponemos en el lugar del otro; reconocemos al otro como parecido a nosotros pero exterior a nosotros; la relación con el otro es una relación con un Misterio. (43)

Para Levinas, el reconocimiento del otro como uno que es parecido a nosotros es el fundamento de esa relación con el Misterio que va a fundar la metafísica de la convivencia que él propone. En esta convivencia, aún cuando estemos frente al otro, no podemos escapar de lo que le sucede a ese sujeto que, en principio, no asumimos:

> La relación con el Otro, el cara a cara con el Otro, el encuentro con una cara que al mismo tiempo revela y oculta al Otro, es la situación en la cual un evento le sucede a un sujeto que no lo asume, que es completamente incapaz en este respecto pero donde, sin embargo, en cierto modo, está frente al sujeto. (45)

El rostro del otro nos convoca a reconocer el Misterio que fundamentará la relación ética que hará posible la convivencia. Prestol Castillo no parece reconocerse en el haitiano o en el rayano frente al cual siente y demuestra cierta simpatía en su texto, así vemos cómo despliega los mismos argumentos del discurso oficial para referirse a los haitianos. Doris Sommer, quien entrevistó personalmente a Prestol Castillo en 1979, anota al referirse al autor: "Su suposición, callada y probablemente no reconocida por él mismo, es que los haitianos deberían ser expulsados de la República Dominicana pero su sensibilidad liberal se siente ofendida por la brutalidad de la solución de Trujillo" (172). Esta visión trujillista se solidificó en los años en que Prestol escribía tanto *El Masacre* como *Paisajes*. El gobierno de Trujillo, al enfrentarse con la condena internacional a raíz de la matanza, puso en marcha una estrategia que se desarrolló tanto en el plano internacional como en el nacional. En este último el principal resultado fue la llamada "dominicanización de la frontera". En el ámbito internacional, por ejemplo, Balaguer, en una carta fechada el 9 de octubre de 1945 y dirigida a varias personalidades colombianas en su calidad de "Ministro de la República Dominicana en Colombia", afirmaba lo siguiente al explicar las relaciones entre Haití y la República Dominicana:

> La tierra [en Haití] es insuficiente, por todos conceptos para alimentar esa población que es exageradamente prolífica tanto porque el haitiano se reproduce con enorme facilidad como porque el nivel de vida de las grandes masas de ese país es esencialmente primitivo. (158)

Más adelante, Balaguer se explaya aún más en las justificaciones del genocidio, al que se refiere eufemísticamente como "los sucesos de 1937":

> La República Dominicana estaba, pues, condenada a desaparecer absorbida por Haití, raza más prolífica y homogénea que la nuestra. Varios lustros más y el país se hubiera haitianizado irremediablemente. Danna G. Munro, de la comisión de asuntos interamericanos, pinta esa situación tremenda en un documento que debería conocer toda la América: 'He ahí una ola de color que avanza y que se tragará sin remedio a la República Dominicana'. (158)

Es importante destacar el recurso retórico de Balaguer de utilizar a una autoridad extranjera, específicamente norteamericana, para avalar su discurso antihaitiano, consistente con la práctica ya señalada por Candelario.[102] Las extensas citas de Balaguer y las de Peña Batlle mencionadas anteriormente tienen su justificación en mi intento por

---

[102] Véase la pág. 57.

establecer la genealogía del discurso que está patente en el texto de Prestol Castillo, ese discurso que Valerio-Holguín ha definido como "primitivista." (*Cultural Identity* 79). En efecto, Prestol Castillo ve a los haitianos como seres primitivos, cercanos a la naturaleza y por tanto radicalmente diferentes a los "civilizados" dominicanos: "Perro nativo de la loma o de la sabana, cuyo destino era nacer para morir. Con hambre. Algo así: Como un negro de Haití. Por eso el perro también sabía el camino más corto y oculto. De un brinco, como el haitiano, atraviesa el riacho [...]" (129). El ser haitiano es un ser animalizado, reducido a pura naturaleza, a nuda vida. En *Medios sin fin: notas sobre la política*, Giorgio Agamben, al referirse a los campos de concentración, sostiene que:

> *Al haber sido despojados sus moradores de cualquier condición política y reducidos íntegramente a nuda vida, el* campo *es también el más absoluto espacio biopolítico que se haya realizado nunca, en el que el poder no tiene frente a él más que la pura vida biológica sin mediación alguna.* (40, en cursivas en el original)

Un sujeto atrapado en un espacio fronterizo sin ninguna protección política queda reducido a naturaleza pura y así puede ser victimizado, ya sea mediante el degüello como en 1937 o mediante las expulsiones masivas que tuvieron lugar durante los años 90 en la República Dominicana. El terremoto del 12 de enero de 2010 ha agregado otra dimensión a esta visión sobre Haití, pero esta vez diseminada por la CNN y otras grandes cadenas internacionales de comunicación.[103] Bajo la doctrina de exclusión ejemplificada por las citas anteriores de Peña Batlle y Balaguer no es posible fundar la ética de reconocimiento del otro que propugna Levinas. El rayano es un ser que comparte dos culturas pero que habita en el territorio dominicano y por tanto debería formar parte de la comunidad política dominicana.

---

[103] La cobertura de CNN se concentró en destacar el carácter de indigencia, de reducción a vida puramente biológica de los haitianos en Puerto Príncipe sin arrojar luz sobre otras ciudades que sobrevivieron al terremoto ni sobre los esfuerzos que los mismos ciudadanos haitianos con ayuda de los países caribeños vecinos (principalmente República Dominicana, pero también Cuba y Puerto Rico) han realizado y, al momento de redacción, siguen realizando para poner su país en pie y reanudar el funcionamiento precario de las instituciones existentes.

Por su parte, Danticat da una visión más acabada y completa de la situación cultural del rayano cuando pone en boca de Amabelle Desir, su protagonista, la siguiente afirmación: "Acompañaría a Odette a decirle su *pési* al Generalísimo, pues yo sola no sabría decirlo bien. Por mal que estuviese, mi manera de decirlo sería perejil" (264).[104] El sujeto rayano asume la lengua del shiboleth que lo marcaría para la muerte. Esta identidad bicultural del rayano desmiente, con su existencia misma, el discurso dominicano que busca establecer las dos identidades como repelentes entre sí. El discurso oficial de la dominicanidad en su vertiente actual sigue manteniendo esa esencialidad. En *El ocaso de la nación dominicana* Manuel Núñez defiende la idea de la dominicanidad de Peña Batlle y Balaguer y llega al extremo de mencionar dentro de la lista de medidas nacionalistas de Trujillo la "Dominicanización de las provincias fronterizas (1937)," y amplía su exposición cuando, luego de decir que "[...] todas esas medidas no justifican una dictadura [...]", sostiene: "Pero esas medidas contribuyeron, a no dudarlo, a vincular a los ciudadanos con su nación" (*Ocaso* 477). En el pensamiento de Núñez, que en la actualidad es el intelectual principal del discurso nacionalista oficial, la matanza está justificada porque detuvo lo que en otra parte de su libro llama "la colonización de las provincias fronterizas dominicanas" (*Ocaso* 435), y porque vinculó a los ciudadanos al proyecto de nación trujillista con su patrón de racismo y exclusión.

Entre la novela de Prestol Castillo y la de Danticat no sólo hay una distancia temporal, sino también diferencia de perspectivas que hacen a ambos textos complementarios entre sí. Danticat evoca "El Corte" desde la perspectiva de una haitiana sobreviviente, Prestol Castillo lo ve desde

---

[104] Turits apunta: "Antes de la masacre la prueba del 'perejil' era usada por los guardias locales para distinguir a los migrantes haitianos recientes de los haitianos asimilados los cuales se asumían como nacionales dominicanos. Durante la masacre, sin embargo esa misma prueba fue usada por el ejército para distinguir "haitianos" de "dominicanos", sin diferenciar entre ascendencia haitiana y nacionalidad haitiana. De hecho, los descendientes de haitianos con raíces profundas en la frontera dominicana pronunciaban 'perejil' de manera fluida y muchas veces sin diferencia alguna con los dominicanos del área" ("World" 617).

la posición de un funcionario trujillista que participa en el encubrimiento del genocidio y se limita a narrarlo. La impotencia del narrador de *El Masacre se pasa a pie*, que se identifica totalmente con el autor de la novela, ha sido notada por los investigadores: Doris Sommer tituló el capítulo de su libro "*El Masacre se pasa a pie:* Guilt and Impotence under Trujillo" y David Howard en su libro titulado, *Coloring the Nation: Race and Ethnicity in the Dominican Republic* (2001) señala que Prestol Castillo: "[…] fracasa en enfrentarse al racismo así como su protagonista es incapaz de confrontar las realidades del genocidio y su propia confusión mental" (143).

La posición de Danticat es mucho más compleja; si su protagonista es una haitiana que ha vivido casi toda la vida en República Dominicana, culturalmente rayana, que terminará viviendo en Haití, y que siempre dirá "perejil", no por ello la autora dejará de criticar a los gobernantes haitianos ni de lamentar la falta de conocimiento histórico en Haití respecto a la matanza del 1937. En una entrevista realizada en el año 2001, Danticat declaró que: "La masacre de 1937 es, en gran medida, parte de la conciencia tanto de Haití como de República Dominicana pero en Haití no se la enseña en las escuelas como historia" (Lyons 192). Si en Haití la matanza no se enseña como historia en las escuelas, en República Dominicana el tratamiento ha sido en algunos casos de condena tibia: Frank Moya Pons, el historiador dominicano más importante, en su *Manual de Historia Dominicana*, luego de condenar el genocidio, apunta: "El plan de dominicanización de la Frontera dio sus resultados positivos pues a partir de entonces la Frontera quedó incorporada a la República con la creación de varias provincias que la ligaron administrativamente a la capital" (520). Como se puede ver, tanto Moya Pons como Manuel Núñez se hacen partícipes, en la actualidad, del discurso trujillista que ve la frontera como un lugar que debía ser "incorporado a la nación".

Danticat termina su novela con la protagonista Amabelle en medio del río Masacre, en una tierra de nadie, mientras regresa a Haití luego de visitar la República Dominicana tras la muerte de Trujillo en 1961. Esta imagen de la rayana en la tierra de nadie entre dos naciones cuyos antagonismos culturales impuestos por las elites han tenido consecuencias sangrientas es lo que me permite afirmar que hay, tanto en la novela de Danticat como en la de Prestol Castillo, una visión pesimista de las relaciones entre dominicanos y haitianos; al parecer de ambos novelistas, los dos pueblos no pueden existir en una isla en la cual, tal y como afirma uno de los personajes de Danticat: "En esta isla, basta andar unos kilómetros para oír otro idioma. Las palabras delatan de qué lado es cada cual" (300). Una vez más vemos cómo la lengua es lo que delimita el espacio de los personajes, el lugar asignado va a depender del idioma que se hable. Amabelle Desir no está ni en Haití ni en República Dominicana, sino que está inmóvil en la frontera, en un limbo representado por el río Masacre. Con esta imagen Danticat representa la dificultad que experimenta el rayano para insertarse físicamente en cualquiera de las culturas que comparte, sólo en el espacio intersticial de la frontera se siente cómodo.

Néstor E. Rodríguez al referirse al espacio ocupado por Haití en la narrativa nacionalista dominicana anota que: "Esta particular manera de *narrar* la nación tomando como enunciado ideológico principal el concebir a Haití en tanto espacio de otredad *non grata* necesaria para la cohesión de la identidad dominicana conforma el discurso nacionalista que ha sobrevivido impoluto hasta hoy día" ("Rasero" 476). Este concepto de otredad *non grata* me parece fundamental para explicar lo que sería el ser rayano visto desde la óptica del discurso oficial de la dominicanidad. El rayano sería una otredad *non grata* inserta dentro del territorio de la República Dominicana, territorio en el cual ha nacido y/o se ha criado, y por lo tanto al cual debería pertenecer como sujeto político y de Derecho. Esta realidad de alteridad cuasi absoluta crea una minoría bicultural que es rechazada por el Estado dominicano y a la que ha despojado de derechos políticos y culturales esenciales, creando de hecho un gueto cultural y económico. En este último aspecto el economista dominicano Ayacx Mercedes advierte que los domínico-haitianos están colocados en el último escalón socioeconómico entre los ciudadanos dominicanos.[105]

---

[105] Mercedes hace la distinción entre migrantes haitianos que no son ciudadanos de la República Dominicana, los cuales están en el estrato más bajo de la sociedad tomada en su totalidad, y ciudadanos dominicanos de origen haitiano. El concepto de ciudadanía que utiliza Mercedes va mucho más allá de lo puramente jurídico y por eso me parece pertinente invocarlo aquí.

Mercedes señala que una de las causas principales de la exclusión social y económica de los domínico-haitianos es que: "[…] su vinculación étnica es la causa de un encierro etno-cultural basado en la discriminación racial que opera a través de barreras institucionales y prácticas sociales" (46). Estas barreras institucionales y prácticas sociales son analizadas por Mercedes para demostrar el porqué de su afirmación. Lengua, etnicidad y pobreza se combinan para mantener a los domínico-haitianos excluidos de los beneficios sociales que reporta el pertenecer a una determinada comunidad política. Desde la literatura, Danticat resalta estas barreras y dificultades muy bien cuando hace a uno de sus personajes expresar:

> 'Yo parí a mi hijo del cuerpo en este país–decía una mujer *en una mezcla de castellano y kreyòl de Alegría, la lengua enmarañada de los que, apretados entre dos idiomas casi nativos, solo podían hablar tartajeando–* Mi madre también me parió aquí. Ni yo, ni mi hijo, ni ninguno de nosotros hemos visto nunca el otro lado de la frontera. *Sin embargo no nos quieren dar nuestros papeles para que mi hijo vaya a un colegio como la gente y lo llene de conocimientos un educador, como debe ser* (77, énfasis mío)

La ilegalidad, real o supuesta, de los padres se transmite a los hijos, impidiéndoles a estos el acceso a la educación y a la condición de ciudadanos de pleno derecho.

Por su parte, Prestol, quien era abogado y Juez de Instrucción, por tanto con amplios conocimientos de la Constitución Dominicana y de las leyes sobre estado civil, al referirse a las razones por las que la maestra Vargas termina en la frontera, apunta:

> Un día, una orden del Departamento de Educación, caprichosa, como todas las órdenes de los jerarcas de ese Departamento, dictadas a veces por pasión, la puso en la frontera lejana, a enseñar a negros de Haití, *la nueva gleba que, al favor de la penetración de nuestras tierras, debíamos considerar como "dominicanos", por haber nacido en nuestro suelo.* (Masacre 84, énfasis mío)

Aquí Prestol Castillo asume una postura ambivalente respecto a la nacionalidad de los domínico-haitianos: por un lado, se une a la tesis constitucionalista del discurso tradicional que niega la nacionalidad dominicana a los descendientes de haitianos que hayan nacido en territorio dominicano y, por el otro, retrata la posición de las autoridades educativas respecto a esa misma población al acoger a los domínico-haitianos en las aulas.[106]

El ser rayano constituye una instancia incómoda para la imagen de nacionalidad que ha querido formar el discurso oficial dominicano, y lo es por su biculturalidad, su bilingüismo y su denuncia, con su cuerpo mismo y con su lengua, de la imagen unitaria de la República Dominicana que ese discurso quiere imponer y proyectar. La Era de Trujillo se veía a sí misma como "la Patria Nueva".[107] Según Valerio-Holguín el mito fundacional de esta patria se puede encontrar en la masacre de 1937 ("Fiesta trágica" 57). En *El Masacre* tal y como hemos visto los haitianos son presentados no solamente como víctimas de una violencia irracional, sino también como seres animalizados, reducidos a pura biología sin ningún tipo de agencia política. Al mismo tiempo, Prestol presenta a los dominicanos principalmente como victimarios y seguidores a ciegas de órdenes criminales. Danticat, por su parte, ofrece una imagen menos simple de la situación fronteriza en 1937. En lo que sigue voy a analizar cómo son presentados los personajes dominicanos en *Cosecha de huesos*.

Uno de los aspectos que más ha llamado la atención de la crítica dominicana sobre la novela de Danticat es la presentación alegórica que se hace en la novela del pueblo dominicano. Los nombres de los personajes dominicanos son muy reveladores del espacio ideológico que ocupan en el universo trazado por Danticat.

El primer personaje dominicano que encontramos en *Cosecha* es la señora Valencia: "La señora Valencia estaba tendida en la cama, la piel

---

[106] Este problema sigue siendo un tema álgido de discusión y en fecha tan reciente como el 2004 el gobierno dominicano fue condenado por la Corte Interamericana de Derechos Humanos a pagar una indemnización de US$22,000 y a extender la ciudadanía dominicana a dos niñas domínico-haitianas que habían sido privadas de su nacionalidad. Hasta la fecha el gobierno dominicano no ha cumplido con las disposiciones de esa sentencia y cientos de miles de niños dominicanos de padres haitianos se encuentran en un limbo jurídico que afecta principalmente a su educación escolar, debido a que no pueden continuar más allá del sexto curso de la escuela primaria sin un acta de nacimiento que los avale como ciudadanos dominicanos.
[107] Uno de los títulos principales de Trujillo era "Benefactor y Padre de la Patria Nueva".

chorreando sudor y el ruedo del vestido empapado del fluido del bebé. Había roto aguas" (15). Desde el principio Danticat pone en boca de los personajes dominicanos los estereotipos raciales que conforman el discurso tradicional sobre la identidad en la República Dominicana. Cuando, al referirse a Rosalinda, la hija de Señora Valencia, el doctor Javier exclama: "Esta tiene unos carboncitos detrás de las orejas"(17)[108] a lo que Papi, el padre de la señora Valencia, responde inmediatamente:

> 'Debe ser de la familia del padre'-intervino Papi, pasándose las puntas de los dedos por la blanca cara quemada de sol-. 'Mi hija nació en la capital de este país. La madre era de pura sangre española. Es posible rastrear los orígenes de su familia hasta los conquistadores, hasta el linaje del almirante Cristóbal Colón. Y por mi parte yo nací cerca del puerto de Valencia, en España'. (18)

Irónicamente, Papi desplaza la negritud hacia el elemento dominicano y, de paso, da muestra de la obsesión ibérica de la "pureza de sangre". Podemos asumir que la madre de Valencia era dominicana, poniendo así en duda la afirmación de su esposo respecto a sus ancestros españoles. En otro ejemplo del uso de los personajes como portavoces de la ideología nacionalista dominicana, la señora Valencia exclama: "Mira lo que hemos sacado adelante juntas: mi príncipe español y mi princesa india [...] Mi Rosalinda robará muchos corazones. Mira qué perfil. El perfil de Anacaona, una auténtica reina india" (38). Al poner a la "india" y al "español" como los prototipos de la belleza nacional dominicana, el personaje resume la narración mítica de la identidad dominicana según la cual los habitantes de República Dominicana son productos de la mezcla de "indios" y españoles, pasando por alto el elemento africano.

Sin embargo, el personaje más polémico es el esposo de Señora Valencia, Pico Duarte, a quien se describe de la siguiente manera: "El señor Pico Duarte llevaba el apellido de uno de los padres de la independencia dominicana, un apellido que hasta hacía poco había compartido con la montaña más alta de la isla, hasta que la montaña fue rebautizada como pico Trujillo en homenaje al Generalísimo [...] *Con su piel color almendra*

---

[108] Danticat parafrasea aquí la expresión dominicana: "Tener el negro detrás de la oreja".

y sus ojos color carbón, era a él a quien más se parecía Rosalinda" (35, énfasis mío).[109] Aquí la alegoría es evidente. El militar dominicano con nombre del principal "Padre de la Patria" lleva en su piel la mezcla de razas típica de la Hispaniola y podemos apreciar por qué Papi le atribuye el "negro detrás de la oreja" de su nieta Rosalinda. Este personaje es uno de los blancos principales de los críticos dominicanos que, como Andrés L. Mateo, ven en *Cosecha* una novela antidominicana. Para Mateo:

> Juan Pablo Duarte, en la historia objetiva, reinventa con su sola mención la idea de lo dominicano. Pese a toda su debilidad como héroe, él cerca, amuralla, llena y encierra, una idea del ser nacional como aventura. No hay ninguna posibilidad de mencionar su nombre en la ficción, sin la postura de la apropiación histórica que simboliza. (*Cosecha de huesos* I)

Si bien es cierto lo que afirma Mateo en cuanto al peso simbólico de la figura de Duarte, considero que hay que ir más allá de la simple alegoría nominal y ver en el personaje Pico Duarte no solamente una acusación contra el pueblo dominicano, sino también la encarnación de un discurso patriarcal que va a ejecutar la orden asesina de Trujillo. Danticat ofrece un ejemplo palpable de la sicología de este personaje. Al enterarse que su esposa ha ofrecido café a los trabajadores haitianos, Pico Duarte reacciona de la siguiente manera: "El no la reprendió. Pero no bien descubrió que había usado la porcelana importada, llevó el juego entero al patio y, tirando tazas y platos contra el muro de las letrinas, los hizo añicos uno a uno" (121). Este episodio denota no sólo el antihaitianismo del personaje, sino también la medida del odio hacia sí mismo. Su piel lo acerca peligrosamente a esos que desprecia. La destrucción de la vajilla de café es el símbolo de su deseo de distanciarse del fenotipo delatador. Trujillo usaba maquillaje y cremas para intentar escapar de la misma situación; Pico Duarte sólo puede romper platos. Como alto jefe militar de la región, Pico Duarte es el encargado de dirigir la ejecución de la matanza; al final de la novela la señora Valencia intenta explicar la conducta de su esposo al definirlo como alguien que

---

[109] La parte en cursiva está omitida en la traducción de Marcelo Cohen. He considerado insertarla porque es un elemento sumamente importante en la caracterización del personaje Pico Duarte.

sólo estaba obedeciendo órdenes (295). Esta excusa es tan antigua como los genocidios, y también ha sido usada por los escasos perpetradores que han hablado sobre lo sucedido en 1937.[110]

Más allá del nombre y la actuación del personaje Pico Duarte, Danticat presenta, en la que se puede considerar como la principal escena alegórica de *Cosecha*, cómo Amabelle y sus compañeros, que intentan escapar del Corte, son víctimas de un ataque racista en Dajabón. La acción que incluye golpes, heridas, y que culmina en la muerte de uno de los haitianos que huyen, así también como el forzarlos a comer perejil, es acompañada con la música de "Compadre Pedro Juan" ejecutada por "La Orquesta Presidente Trujillo" (191). Ésta es la pieza de merengue más famosa en República Dominicana, hasta el punto de haber sido llamada el "segundo himno nacional". Su importancia en el imaginario dominicano no ha sido pasada por alto por los críticos especializados; para Juan Otero Garabís, por ejemplo:

> 'Compadre Pedro Juan' [...] reproduce la representación de la procreación generacional a través de uniones heterosexuales como alegoría de la consolidación de la nación vista y estudiada por Sommer en las novelas decimonónicas latinoamericanas. (231)

Si seguimos la acertada aseveración de Otero y asumimos a "Compadre Pedro Juan" como la representación musical de la nacionalidad dominicana, podemos ver cómo Danticat parece poner el acento en la culpabilidad colectiva de los dominicanos. El ataque tiene lugar cuando Trujillo está dentro de la iglesia de Dajabón y, al final de la misa, al momento en que éste abandona el lugar, suena el himno nacional dominicano (195). Así en la reconstrucción del ataque se mezclan los tres componentes principales que desatan El Corte: la ira irracional contra los haitianos, el merengue y el nacionalismo trujillista. Esta analogía es llevada aún más lejos cuando la narradora hace explícito el vínculo entre el uso del perejil para limpiar y la limpieza étnica trujillista: "Usábamos perejil en la comida, en el té, en el baño, para limpiarnos por dentro

---

[110] Véase Turits, World 619-621.

y por fuera. Tal vez el Generalísimo, a escala mayor, quisiera hacer lo mismo con su país entero" (203). "Limpiar el país de haitianos" ha sido uno de los gritos de batalla de los nacionalistas tradicionales.

Si bien la escena en la iglesia de Dabajón y la referencia a la limpieza étnica parecen implicar una acusación colectiva de parte de Danticat, a la autora haitiana no se le escapa que también los dominicanos negros fueron víctimas del Corte:

> *—Cálmate, hombre—* balbuceaba el dominicano. Era negro como la monja que venía a cambiar los vendajes. Confundiéndolo con uno de nosotros le habían dado un machetazo en la nuca. En la sala había muchos como él, me contaron. (216, cursivas en español en el original)

Como hemos visto con estos ejemplos, *Cosecha* presenta un argumento muy sopesado en cuanto a la actuación del pueblo dominicano frente al genocidio trujillista de 1937. Si combinamos esta lectura con la que hace de manera oblicua Freddy Prestol Castillo en *El Masacre* vemos que no es un asunto de antidominicanismo de parte de Danticat, como lo ve Mateo, sino que en la representación simbólica del Corte no hay posibilidad de escapar del hecho de que en la ejecución de la orden criminal se vieron envueltos no sólo los militares trujillistas, sino también el personal civil administrativo y ciudadanos dominicanos comunes y corrientes.[111]

Al final de *Cosecha* el personaje Señora Valencia, hablando con Amabelle en 1961, intenta justificar el genocidio al ubicarlo dentro del contexto de la Segunda Guerra Mundial, la Guerra Civil Española y el Holocausto: "Vivimos en una época de masacres —suspiró profundamente—. Antes de morirse, Papi no hacía otra cosa que escuchar por la radio historias de todo tipo de...cortes. En todo el mundo. Es una maravilla que algunos todavía estemos aquí, esperando morir de muerte natural" (296). El ser consciente de los diferentes genocidios no impide que la señora Valencia siga reproduciendo el estado de cosas anterior

---

[111] Turits, "World" 619.

al Corte: en su casa vive una sirvienta haitiana.[112] Amabelle apunta: "Cuando la señora la había librado de la masacre debía de ser apenas una niña." (299).[113] El término "borrowed" (prestada) remacha la calidad de objeto de la sirvienta, la condición del servicio doméstico, pero también puede interpretarse como la condición de los haitianos que viven en República Dominicana. Al definir por primera vez su trabajo para la señora, Amabelle señalaba: "Cuando se trabaja para otros uno aprende a estar presente e invisible a la vez, cerca por si les hace falta, lejos cuando no, pero aun así lo bastante cerca por si cambian de idea" (44).

A pesar del cuidado que Danticat pone en la configuración de su universo novelístico los dominicanos terminan siendo presentados colectivamente como un pueblo dado a la violencia irracional y que se engaña a sí mismo en términos raciales, anclándose en una falsa ideología "indo-hispana" y que lleva en sí el germen de la justificación del genocidio: la supuesta diferencia intrínseca del haitiano respecto al dominicano. No obstante, la novela es valiosa no tanto por su factura como por ser un testimonio que intenta dar voz a aquellos que no la tuvieron en 1937, explícitamente así lo señala su autora en sus agradecimientos y dedicatorias: "Las últimas palabras, en la página, aunque primeras en mi memoria, deben ofrecerse a los muertos en la masacre de 1937, a los que vivieron para atestiguarlo y a la lucha constante de los que siguen dejando su esfuerzo en los cañaverales" (308).

---

[112] Véase el capítulo 4 de *The Tears of Hispaniola*: "Modes of Memory: The Restavèk Condition and Jean-Robert Cadet's Story" para un análisis de la condición de los niños sirvientes en Haití. La misma situación (niños que son enviados por sus familias a vivir con otras familias en la ciudad en calidad de sirvientes) se da en República Dominicana donde son conocidas como "palomas" (generalmente son niñas).

[113] Una vez más la traducción de Cohen deja mucho que desear, ya que le resta contundencia: "She must have been just a child when the señora borrowed her from the slaughter", Danticat retrata en este pasaje otra cara de la relación domínico-haitiana en cuanto a lo sucedido en 1937, la solidaridad expresada por algunos dominicanos para con los haitianos que fueron víctimas o potenciales víctimas de la matanza. Es notorio el caso del político dominicano José Francisco Peña Gómez, cuyos padres fueron asesinados en la matanza y fue recogido por la familia Álvarez Bogaert de la región de Valverde.

Se puede alegar que debido a una serie de factores, entre los que se encuentra la escasa difusión de la literatura dominicana escrita en español, el hecho de que la novela de Danticat está en inglés y la personalidad de Prestol Castillo, la gran mayoría de artículos y libros académicos que se acercan a lo sucedido en 1937 se centra en *Cosecha de huesos* pasando por alto *El Masacre se pasa a pie*.[114] Esta disparidad en el tratamiento de ambos textos es una de las razones que impulsa el siguiente análisis, así como también las dificultades a las que se enfrenta el crítico literario una vez decide adentrarse en una posible clasificación del libro de Prestol dentro del género testimonial.

Paradójicamente, el texto de Prestol Castillo ha sido clasificado por la mayoría de críticos e historiadores como un testimonio,[115] pero hasta ahora nadie se ha detenido a examinarlo a profundidad desde esa perspectiva y utilizando las herramientas teóricas provenientes de los múltiples análisis sobre el testimonio latinoamericano. Por otro lado, la crítica literaria, especialmente la norteamericana, sí se ha acercado a *Cosecha de huesos* como un ejemplo de literatura testimonial en cuanto a lo sucedido en la frontera domínico-haitiana.[116] En el campo de la historia,

---

[114] Una búsqueda de los términos "Farming of Bones" en las bases de datos disponibles en el sistema de bibliotecas de la Universidad de Toronto arroja 555 trabajos publicados, de los cuales 78 son artículos académicos revisados externamente y 17 reseñas. Al entrar "Masacre se pasa a pie" solo surgen 60 trabajos publicados de los cuales 18 son artículos revisados externamente y 1 reseña.

[115] Sommer, en el capítulo que le dedica al libro de Prestol en *One Master for Another: Populism as Patriarchal Rhetoric in Dominican Novels*, incluye *El Masacre se pasa a pie* dentro "la tradición latinoamericana de los testimonios" (163); Turits, en "A World Destroyed, A Nation Imposed: The 1937 Haitian Massacre in the Dominican Republic," denomina el libro como "novela testimonial" (591), el mismo término utilizado por Suárez en *The Tears of Hispaniola*; Valerio-Holguín lo define como "el único testimonio dominicano que trata el tema del genocidio haitiano" ("Fiesta trágica" 59). Sin embargo, Roberto Strongman califica la obra de Prestol como un relato de ficción: "*El Masacre se Pasa a Pie* (1973) es una novela dominicana que tiene lugar en una aldea fronteriza dominicana y que narra los eventos de la masacre a través de la voz de un supuesto funcionario público" (23).

[116] Véase el ya mencionado libro de Suárez; los trabajos de Elizabeth Swanson Goldberg y April Shemak, *Beyond Terror: Gender, Narrative, Human Rights* y "Re-Membering Hispaniola", respectivamente, para algunos ejemplos de este acercamiento.

mientras algunos historiadores como Turits y Bernardo Vega citan el texto de Prestol como fuente, *Cosecha* es sólo vista, por el primero, como una novela que trata el tema de "El Corte", sin incluirla dentro del género testimonial ("World" 617). Vega va aún más lejos y justifica la inclusión de *El Masacre* debido a que el autor fue testigo de los hechos y que el libro fue escrito poco tiempo después de los sucesos aunque se publicase 36 años más tarde (*Trujillo* 326).

El libro de Prestol Castillo es uno de los más leídos en la República Dominicana; publicado en 1973, ha vendido aproximadamente cuarenta mil ejemplares en doce ediciones y forma parte del catálogo de lecturas de bachillerato y de las universidades donde se enseña literatura dominicana.[117] Al intentar acercarse de manera crítica al libro de Prestol Castillo una de las principales dificultades que surge es la asignación de un género literario específico. Si bien el libro ha sido instalado dentro del canon dominicano como novela, desde su publicación esta clasificación ha sido problemática. Sommer se decide por llamarle novela no sin antes citar al propio Prestol Castillo:

> Aunque El Masacre lleva el subtítulo '(novela)' aun Prestol mismo ha llegado a reconsiderar esta designación. 'Había aquí un debate sobre el género de mi libro, si era novela o no. Yo lo [sic] puse novela al terminarlo, pero lo considero simplemente mi libro'. (161, en español en el original)

De la lectura de la investigación de Sommer y de las declaraciones de críticos dominicanos recogidas por ella en entrevistas personales se desprende que la principal dificultad en calificar al texto de Prestol como novela se basa en que no es, en esencia, un texto ficticio, sino la narración de las observaciones del autor como testigo secundario de las atrocidades cometidas en 1937.

Críticos dominicanos como Diógenes Céspedes parecen usar una definición de novela bastante restringida.[118] Al referirse al libro y

---

[117] Esta es una cifra extraordinaria si tomamos en cuenta que en República Dominicana una tirada de mil ejemplares es lo normal y generalmente no se conocen segundas ediciones. El dato está tomado de la 12a edición del año 2000.
[118] M. H. Abrams define a la novela simplemente como "amplios trabajos de ficción

la identificación del personaje novelístico Dr. Fradríquez con Pedro Henríquez Ureña, Céspedes afirma: "Esas son las contingencias, los procedimientos de la mala escritura, de la confusión entre la ficción y la realidad, entre la biografía o el ensayo sociológico y la literatura" (citado en Sommer, 191). Es precisamente este vínculo entre esos géneros literarios mencionados por Céspedes lo que hace difícil de enfrentar críticamente al texto de Prestol. Esta confusión del crítico dominicano se debe no sólo a su estrecha concepción de la novela, sino al uso que hace Prestol Castillo del proceso que Michal Glowinski ha denominado "novelización". Al referirse a lo que él denomina "textos sociales", Glowinski destaca el proceso por el que pasan algunos de ellos: "La novelización [...] es darle en una forma básica y sistemática a dicho texto en el modelo y el aspecto de la novela sin llegar a una completa identificación con el mismo" (389). Precisamente es lo que sucede con el texto de Prestol Castillo y lo que, en su momento, confundió a críticos como Céspedes. Prestol utiliza los recursos del género novelístico, como el narrador omnisciente, para hacer legible lo que no son más que notas escritas en la clandestinidad y rescatadas muchos años después; *El Masacre* es la memoria imperfecta de un testigo secundario.

Es significativo señalar que Suárez, al comentar sobre el intercambio epistolar que tuvo lugar en 1998 entre Vega y Danticat a propósito de unas declaraciones erróneas de la novelista que afirmaban la existencia de campos cañeros en Dajabón, apunta que: "*El horror acerca del cual Danticat escribe no puede ser probado ni testificado.* Sin embargo, ella sí es testigo del efecto que la masacre de 1937 ha tenido en haitianos y dominicanos" (*Tears* 16, énfasis mío). Este intercambio se debió a lo que Vega y otros críticos dominicanos como Mateo percibieron como una dosis de antidominicanismo en *Cosecha*. Es importante señalar aquí que Suárez pasa por alto que si bien el lector presente de la novela de Danticat no puede ser testigo de la masacre, ésta sí ha sido probada fehacientemente.

---

escritos en prosa" (190). Esta definición se acerca mucho a lo que parece tener en mente Céspedes y los demás críticos dominicanos citados por Sommer.

Prestol Castillo, aunque no fue testigo presencial de los hechos de la matanza, fue un testigo de sus consecuencias inmediatas y participante de primer orden en el encubrimiento posterior. Se puede afirmar, por consiguiente, que tanto *El Masacre* como *Cosecha* son testimonios escritos por testigos secundarios. Pero, a diferencia de Danticat, que transcribe un horror que ella por sí misma no puede presenciar ni probar (en la concepción de Suárez), la narración de Prestol es la narración de alguien que recogió, en su condición de juez, testimonios de primera mano y que, precisamente por ello, actualiza en el lector el sufrimiento y el horror de lo vivido en la frontera domínico-haitiana, tal y como afirma Suárez sucede con el texto de Danticat.[119] Suárez, denomina, sin ambages, al texto de Prestol "novela/testimonio" (*Tears* 14).

Aquí propongo que, aunque en la República Dominicana y fuera de ella se siga leyendo el texto de Prestol como una novela, debemos acercarnos al mismo usando como herramienta los "ojos de testimonio" de los que habla Elzbieta Sklodowska en "Spanish American Testimonial Novel: Some Afterthoughts." En dicho artículo, Sklodowska sostiene que, en el caso del testimonio, hay dos niveles de comunicación: "primero, se debe establecer un efecto de verdad entre los dos interlocutores y *segundo, entre su texto en colaboración y el lector dispuesto a acercarse a él con 'ojos de testimonio'*" (87, énfasis mío). Sklodowska se refiere específicamente a testimonios en los cuales hay un informante perteneciente a un sector de la sociedad que sufre opresión (subalterno) y un mediador, generalmente un o una intelectual, que le da voz a esa persona oprimida. Lo más importante para mi análisis es el segundo aspecto de la visión de Sklodowska, en el cual se establece un "pacto de verdad" entre el texto y el lector que se acerca al mismo "con ojos de testimonio". De manera más explícita, Elizabeth Swanson Goldberg, al analizar *Cosecha* como ejemplo de lo que ella denomina "literatura testimonial" afirma que: "[…] el contrato básico entre el lector y el escritor en este género implica, por parte del escritor,

---

[119] A lo largo de su texto Suárez insiste en el poder de la literatura para completar la narración histórica mediante la actualización del pasado: "Por que la literatura trae el pasado al presente, lo hace memoria y demuele la simplicidad que limita las teorías del trauma" (19).

apego a la verdad objetiva hasta donde alcance la propia memoria e integridad, y reconocimiento de esa verdad hasta donde permita la propia experiencia y la posición subjetiva por parte del lector" (157).

Este pacto convencional entre lector y escritor entra a formar parte de la experiencia de lectura de *El Masacre* desde el momento en que se abre el libro, el cual comienza con una semblanza biográfica de Prestol Castillo que hace inevitable su identificación con el narrador. Al identificar la persona de Prestol Castillo con el narrador del libro y al conocer los detalles de su estancia como funcionario judicial en la frontera domínico-haitiana justamente después de la matanza, el libro se inscribe por sí mismo dentro de la literatura testimonial. Pero dada las características personales de Prestol Castillo, la estructura misma del libro, y hasta su recepción en el canon dominicano, se presentan una serie de problemas que trataré de dilucidar a continuación.

La definición "clásica" de testimonio es la de John Beverley, pionero en el análisis crítico del género testimonial latinoamericano: "Por testimonio quiero significar una novela o narrativa de similar aliento en formato de libro o panfleto (esto quiere decir impreso en oposición a acústico), contada en primera persona por una narrador que es el protagonista o testigo de los eventos que él o ella narra, y cuya unidad narrativa es usualmente una 'vida' o 'una experiencia vital de gran importancia'" (*Testimonio* 31). En principio, *El Masacre se pasa a pie* no parecería encajar nítidamente dentro de la sucinta y esquemática definición de Beverley, pero el mismo crítico en la continuación del pasaje citado ofrece una vía por la cual nos podemos acercar al texto de Prestol y a otros parecidos:

> El testimonio puede incluir, pero no está dentro de, una de las siguientes categorías textuales, algunas de las cuales son convencionalmente consideradas literatura, otras no: autobiografía, novela autobiográfica, historia oral, memorias, confesiones, diarios, entrevistas, reportajes testimoniales, historia de vida, novela-testimonio, novela de no-ficción o literatura 'factográfica'. (31)

Al enfrentarnos a la definición de Beverley se entiende lo problemático que resulta etiquetar, sin matizar, *El Masacre* como un testimonio. Prestol

Castillo no es un testigo presencial de los hechos y su uso de recursos novelísticos hace que su credibilidad como narrador testimonial se vea puesta en entredicho. El problema del narrador es crucial dentro de la crítica del testimonio como género y aunque entrar en ello desvirtuaría un tanto el objetivo de mi investigación, no puedo dejar pasar por alto las dificultades de asignar a Prestol Castillo la etiqueta de narrador testimonial. Este narrador, en la vertiente del género que podríamos llamar "clásica",[120] es un sobreviviente o un testigo presencial pero que además pertenece a la categoría de "subalterno". Según Ranahit Guha, la palabra subalterno es "un nombre para un atributo general de subordinación [...] ya se exprese en términos de clase, edad, género y oficio o en cualquier otra manera" (en Beverley, *Subalternity* 26). Prestol Castillo no está en una posición de subordinación respecto a los sujetos de su narración (los haitianos víctimas de la matanza), al contrario, pertenece al gobierno que ordena la muerte de éstos y es partícipe del encubrimiento posterior. El caso de un testigo que proviene de las esferas que oprimen a los subalternos es algo que desestabiliza la concepción prevaleciente dentro del testimonio latinoamericano. Propongo que los lectores deben situarse más allá de las concepciones clásicas del género de testimonio y acercarse al texto de Prestol no sólo con "ojos de testimonio", sino también con el conocimiento de que se está frente a un cómplice por encubrimiento de las atrocidades y violaciones de los Derechos Humanos que se denuncian en el libro.[121]

---

[120] Aquí sigo a Goldberg, quien establece una distinción entre testimonio y "literatura testimonial". Para ella: "La literatura testimonial consiste en una forma diferente a la de la novela histórica debido a su dedicación a una ética de denuncia de las atrocidades por las mismas razones asociadas al testimonio: no una simple dramatización de la historia, sino más bien el honrar a aquellos muertos en la atrocidad; un apoyo a los sobrevivientes al legitimar sus experiencias; una restauración de las versiones de los eventos negadas por las narrativas hegemónicas u oficiales; un gesto hacia la prevención de dichos eventos en el futuro" (158).

[121] La categoría de testigo no pierde su raíz jurídica ni siquiera cuando pasa a la literatura testimonial propuesta por Goldberg; además, el uso intencional, por mi parte, de estos términos pretende llamar la atención sobre la formación jurídica de Prestol Castillo, elemento clave en su escritura y en su comportamiento posterior al hecho.

El Masacre comienza con un paratexto que funciona a manera de prólogo titulado "Historia de una Historia". Antes de esta parte del libro, en la edición que manejo, se da una biografía del autor para ubicar históricamente lo que se va a narrar a continuación; es allí donde se menciona que el libro que el lector tiene en sus manos trata "sobre la matanza de los haitianos originada [sic] por Trujillo en 1937" (s/n). Cabe resaltar que *El Masacre* carece de marcadores temporales específicos; no se mencionan en él las fechas en las cuales ocurren los hechos narrados, lo que aumenta la sensación de veracidad del texto porque se asimila al recuento oral de un suceso acerca del cual ambos interlocutores tienen la información básica necesaria que permite soslayar detalles temporales.

En ese paratexto se narra el génesis del libro y desde su primera línea se establece el espacio donde se desarrollarán los hechos narrados: "Escribí bajo cielo fronterizo, en soledad. Sin darme cuenta, yo estaba exiliado" (7). Esto enmarca el tono de alejamiento que va a acompañar todas las intervenciones de la voz narrativa al referirse a la frontera y sus poblaciones. La frontera domínico-haitiana es lugar de exilio y soledad, de castigo. Prestol Castillo llegó a la frontera unos días después de ocurrida la masacre en calidad de Juez de Instrucción. Sommer asevera que: "El enviar al rebelde estudiante de derecho a ser testigo del peor horror del régimen y asegurarse su participación en la legitimación del mismo pudo haber sido el método de Trujillo para aplastar la resistencia de Prestol" (163). De esta manera se aseguraba también la lealtad de Prestol al régimen. En efecto, a partir de 1937, el autor de *El Masacre* ocupó posiciones importantes dentro de la judicatura trujillista llegando a ser Fiscal y Juez del Tribunal de Tierras, datos que se destacan en la biografía que está en el libro pero, una vez más, sin revelar cuándo se ocuparon esas posiciones.

En la "Historia de una Historia" Prestol narra con lenguaje oblicuo que el libro fue hecho a partir de las notas escritas de noche durante la investigación de la matanza, y cómo el mismo fue escondido en casa del Doctor M. quien fue posteriormente arrestado por el servicio secreto trujillista.[122] Luego del arresto, el Padre Oscar, figura fácilmente

---

[122] No he podido determinar a quién corresponde esta figura.

identificable como Mons. Oscar Robles Toledano, uno de los principales ideólogos de la iglesia católica dominicana en el siglo XX, recupera el libro de casa del Doctor M. y lo esconde por años hasta hacerle llegar el original al autor (15); el libro es enterrado y recuperado sólo años después en fragmentos y retazos. Lo que leemos pues son los pedazos recuperados del libro original. Esto explicaría lo fragmentario del libro y su aparente desorganización. Este paratexto atestigua el clima de miedo imperante en la tiranía: aun muerto Trujillo en 1961 Prestol no se atreve a dar a la luz pública su texto, sino hasta 1973.

El éxito instantáneo del libro empujó a varios críticos dominicanos, como Diógenes Céspedes a poner en duda la calidad literaria del mismo y a acusar a Prestol de hacer sociología y no literatura.[123] Este carácter "no literario" del libro es lo que permite acercarlo a la categoría del testimonio. Esto así porque el testimonio como género tiene por principal característica la denuncia de una situación de opresión y/o violencia y el aspecto estético pasa, en cierto modo, a ser secundario. Aún en el caso de pasarse del género "testimonio" al de "literatura testimonial" en la concepción de Goldberg, el elemento estético asume un segundo plano frente al elemento ético, si bien de manera mucho más compleja: "La cuestión de la verdad y, por extensión, la de la autenticidad es complicada provechosamente por la estetización de la narrativa testimonial y por el surgimiento de la literatura testimonial, esto es, una literatura que sondea las profundidades de la experiencia humana en extremo desde un lugar que está situado fuera de esa experiencia" (157).

En el caso de *El Masacre* el autor no está localizado fuera de la experiencia de la matanza, sino que se encuentra íntimamente vinculado a los efectos de la misma en la población de la frontera, ya que formó parte de la estructura criminal que proveyó de una coartada jurídica al genocidio. Pero aún así, los recursos de "novelización" de Prestol Castillo intentan conceder un cierto aire estético, aunque se falle en el intento. *El Masacre* no es un libro que se disfrute, no hay apelación a la belleza ni en la prosa ni en lo descrito por ésta; el libro está concebido

---

[123] Véase la página 129.

como una denuncia y, en cierto modo, como una expiación. Aún los elementos que podrían prestarse a esteticismo como la historia de amor entre el narrador y la profesora están teñidos por la culpa, la desolación y la tiranía omnipresente. Por el contrario, el elemento estético sí forma parte importante de *Cosecha*, sobre todo las partes en negrita en voz del personaje Amabelle. Danticat deliberadamente introduce una narrativa de amor y belleza dentro del horror de la matanza. Así la novela de la autora haitiano-norteamericana se acerca más a lo que Goldberg define como "literatura testimonial" que *El Masacre*, pero sin perder la capacidad de denuncia y sin que a Danticat se le pueda escamotear su papel de testigo secundario.

Entonces, ¿por qué es importante leer *El Masacre* con "ojos de testimonio"? El componente principal del testimonio es la búsqueda en el lector de la solidaridad con el oprimido que es sujeto de la narración (Beverley, Sklowdoska, Goldberg). Para Alberto Moreiras esta solidaridad se manifiesta no solamente en la producción del testimonio, sino en su diseminación (196). Así, atendiendo a las posturas de estos críticos, se pueden encontrar elementos fecundos para enfrentarse con el texto de Prestol y establecer la importancia de acercarse a él a través del aparato teórico del testimonio. Prestol, innegablemente, intenta entablar un "pacto de solidaridad" en su descripción de la masacre y de los haitianos que la sufren: "El haitiano es un gitano negro bajo los cielos del Caribe. Su destino es caminar: huir de su tierra, que está llena de látigos" (*Masacre* 71). Pero a diferencia del crítico y el autor al cual se refieren los analistas del género testimonial, Prestol es parte de la misma dictadura que ordena el genocidio y comparte su apreciación ideológica de los haitianos. Para Suárez, debido a ello, el texto de Prestol: "Es sumamente sospechoso, porque él está comprometido en muchos niveles" (43).

La identificación de Prestol con la ideología trujillista es clara: "[...] este haitiano ha desplazado al criollo en una competencia de trabajo dando más rendimiento por menor salario, en una vida cuasi animal [...]" (*Masacre* 89). El tema de la animalización de los haitianos y su asimilación a un estado vegetal es recurrente en la ideología trujillista.[124] En una carta enviada por Julio Ortega Frier, Secretario de Relaciones Exteriores de la República Dominicana, nombrado al cargo en 1938 justo después del genocidio, a Jesús María Troncoso y Sánchez, embajador dominicano en Washington, el 20 de septiembre de 1941, Ortega Frier afirma que la población haitiana tiene un "incontenido [sic] crecimiento vegetativo" (Cuello, 496). Prestol, por su parte, apunta: "El haitiano comía de los frutales y tiraba la simiente al llano. Nacían árboles. Muchos árboles. También en las barracas del hato nacían haitianos, muchos haitianos. *La tierra se poblaba de árboles y haitianos*" (*Masacre* 30, énfasis mío).

Esta coincidencia de Prestol con Ortega Frier y otros ideólogos trujillistas como Peña Batlle y Balaguer, además de alimentar las sospechas de críticos como Suárez, es lo que hace problemática la propuesta de asimilar *El Masacre* a la corriente del testimonio. Esto así porque en la crítica del testimonio se hace mucho énfasis en la identificación entre la causa del testigo y el mediador o narrador testimonial. El testimonio es un género híbrido en el cual generalmente se escuchan dos voces: la del sujeto del testimonio y la del mediador que trae esa voz al gran público.

En su texto Prestol anula tanto la voz del mediador como la de los haitianos, a quienes presenta como víctimas impasibles, al tiempo que funge como testigo que da al público el recuento de un genocidio que hubiese quedado en el terreno anecdótico oral, al menos del lado dominicano, si no hubiese sido por su intervención. El modo ambivalente en el cual Prestol presenta a los haitianos en su texto es la mayor dificultad a la que se puede enfrentar el lector que se acerca al texto con "ojos de testimonio". En *El Masacre*, si bien se transparenta el horror y la culpa del autor frente al sufrimiento de los haitianos, no se siente que haya compasión en el sentido etimológico de la palabra: sufrir con.

---

[124] Este discurso no ha sido erradicado totalmente en República Dominicana. A lo largo del 2008, el caricaturista Harold Priego en su caricatura diaria Boquechivo utilizó el mismo recurso retórico para presentar una República Dominicana invadida por los haitianos. Específicamente se pueden consultar las caricaturas del 4, 7, 8 de enero, 10, 14 y 23 de julio y 12 de agosto del 2008 en <http://boquechivo.diariolibre.com/>.

Ello es producto de la confluencia entre Prestol Castillo y la ideología nacionalista dominicana que ve a los haitianos como una "otredad *non grata*". A pesar de ello, su texto es uno de los pocos en la producción literaria dominicana que se refiere exclusivamente al genocidio de 1937 y es el único que ha sido producido por alguien cercano a los hechos y que recogió, por su posición profesional, testimonios de primera mano. Y es en esta circunstancia paradójica donde radica su importancia para la crítica del testimonio.

Como ya hemos visto, Danticat sostiene que "El Corte" no es parte de la enseñanza de la historia haitiana.[125] En la República Dominicana, por el contrario, el libro de Prestol es parte del canon literario que se enseña en las aulas. Esto hace que Prestol sea una figura de extrema ambivalencia; por un lado, no podemos olvidar su participación en el encubrimiento de la masacre y, por el otro, debemos reconocer la importancia de la labor de diseminación del conocimiento de los horrores cometidos.

La labor de encubrimiento del genocidio es capital para el análisis del libro como testimonio. Tomando en cuenta la carga jurídica que conlleva la palabra testimonio, paso a analizar el papel de los que Prestol denomina "jueces fabulistas". A partir de la presión internacional que desató la matanza, la tiranía trujillista ordenó la investigación de "los sucesos fronterizos" y para ello amplió el número de jueces de instrucción en la región, entre esos nuevos jueces estuvo el joven Prestol Castillo. El autor describe a los jueces de la siguiente manera: "Con esos propósitos trabajan los tristes jueces de cartón, los jueces fabulistas. Entre estos jueces y los 'reservistas' que ellos acusarán, no hay diferencia. Todos cumplen órdenes del que manda. Ahora les toca a los jueces". (*Masacre* 153) Tanto los jueces como los criminales son parte del sistema responsable del genocidio y su encubrimiento. Podemos notar cierta atenuación de las responsabilidades en el texto, como si el autor quisiera dejar claro que si bien los "reservistas" y militares son ejecutores y los "jueces fabulistas" encubridores, la responsabilidad última recae sobre Trujillo.

---

[125] Véase la página 118.

A Prestol estos jueces, iguales a él, le repugnan, pero se justifica a sí mismo mediante la redacción de su libro: "Así me recriminaba mi conciencia. Sin embargo, digo: ¡no lo soy! *¡Escribo mis notas de este crimen! ¡Es para denunciarlo!* Si callara, me igualaría a los jueces, que llegan cada día, demacrados, a comer un plato de lentejas en el mesón y callarán para siempre" (*Masacre* 153, énfasis mío). En este pasaje se encuentra la médula de la ambivalencia de Prestol frente a su labor como juez y como escritor: aunque es parte de la maquinaria trujillista, la escritura clandestina y nocturna de sus notas lo aleja de esos que traicionan (el plato de lentejas) a sus conciencias y que guardan silencio.

El escribir el libro y denunciar las atrocidades es lo que redime a Prestol y hace de su obra un testimonio *sui generis*. El testimonio judicial es degradado por los jueces fabulistas y por el paródico juicio penal realizado por el régimen de Trujillo. Los "reservistas" fueron condenados a 10, 20 y 30 años de prisión por el asesinato de 152 haitianos.[126] Posteriormente, el gobierno dominicano se comprometió, gracias a la mediación del gobierno de los Estados Unidos, a pagar US$750,000 por concepto de indemnización, de esos Trujillo sólo pagó US$250,000 y la mayor parte del mismo se quedó en las redes de corrupción del Presidente Stenio Vincent y su entorno. Prestol apunta:

> Cuando llegaron al fortín de Dajabón, allí estaba el Capitán, que licenció a los soldados. Los 'reservistas' recibieron órdenes de pasar a cambiar la ropa. Dejarían los trapos sucios que traían y debían vestir entonces el traje vil, rayado, de los reclusos, el uniforme de los presidiarios criminales. (*Masacre* 134)

Si el testimonio judicial ha sido degradado por la complicidad de jueces y "reservistas" lo único que queda entonces es el testimonio escrito de Prestol Castillo.[127] El enfrentamiento dentro del texto de Prestol entre

---

[126] Extracto del periódico dominicano *La Opinión*, de fecha 31 de marzo de 1938, citado en Cuello (40).
[127] Suárez reclama algo parecido para la ficción en su análisis de la novela de Danticat. Véase especialmente el capítulo 1: "Meanings of Memory: A literary intervention to confront persistent violence".

el testimonio como categoría jurídica y su validez y el testimonio como práctica literaria es crucial para una lectura con "ojos de testimonio" de *El Masacre se pasa a pie*. El autor se abroga el papel de testigo veraz que narra aquello que sucedió y de lo cual supo por su intervención en el encubrimiento. No pide para sí clemencia, es más todo el texto está salpicado de la culpa que invade al autor al ser un testigo silente del genocidio: "Heme aquí todavía en estas tierras. Soy un testigo mudo. *Un testigo cómplice*. Estoy acusado por mi conciencia" (*Masacre* 173, énfasis mío). En esta cita Prestol funde dos categorías judiciales sumamente importantes para el proceso penal: el testigo y el cómplice; el que ve u oye de la comisión de un crimen y aquel que o participa activamente en la comisión o encubre, luego del mismo, a los actores y partícipes.

Según Beverley: "La posición del lector de testimonio es similar a la del miembro de un jurado en una sala de juicio" (*Testimonio* 26), por lo que Prestol exhibe ante ese jurado su doble condición de testigo y cómplice. El lector debe entonces asumir, con todas las dificultades inherentes, dos actitudes frente al texto: por un lado, la posibilidad de condenar a aquel que admite su participación en el encubrimiento de un crimen pero que expresa remordimiento y muestra una empatía ambivalente hacia las víctimas y por el otro, otorgar a ese autor el beneficio de las circunstancias atenuantes, siendo la mayor de ellas, el poner lo sucedido por escrito y así salvar del terreno de lo oral/anecdótico aquello que de otra manera hubiese sido olvidado.

Sommer sostiene que "La acusación del autor a los 'magistrados fabulistas' [sic] es una de las claves que indican que su propia escritura, de manera muy consciente, evitará inventarse nada. Esta vez el juez será un testigo honesto" (163-164). Prestol no inventa nada, simplemente narra todo aquello de lo cual recibió testimonio de primera mano y aquellas instancias en las cuáles él mismo fue testigo, pero su complicidad ideológica y *de facto* con la tiranía es lo que va a impulsar la narración a lo largo de todo el libro. El autor no es consciente de su coincidencia con la doctrina que permitió el exterminio de miles de haitianos, por ello su narración está salpicada de prejuicios y generalizaciones antihaitianos.

Otra razón de peso para leer el texto de Prestol con "ojos de testimonio" es que la situación de desamparo jurídico y político de los haitianos y sus descendientes en República Dominicana denunciada por *El Masacre se pasa a pie* aún no ha sido superada y que, si bien no hay una política estatal dirigida a exterminarlos físicamente, los haitianos residentes en República Dominicana siguen siendo víctimas de discriminación, racismo, exclusión, medidas coercitivas extremas como la deportación sumaria y sus defensores como la fallecida activista Sonia Pierre y organizaciones como el Servicio Jesuita a Refugiados y Migrantes (SJRM) son etiquetados de "antidominicanos" y "avanzada de los propósitos de unificación de la isla", tal y como los llama Manuel Núñez (*Ocaso* 210-15). Fuera de la República Dominicana, Pierre fue objeto de reconocimientos por su lucha en favor de los domínico-haitianos principalmente de aquellos que carecen de estado civil, recibiendo el premio RFK Memorial Center For Human Rights (2006), el International Women of Courage (2010) por el gobierno de los Estados Unidos, así como también por el gobierno haitiano, con la condecoración "Honor y Mérito" el 6 de junio de 2010, por su labor en favor de la comunidad haitiana en República Dominicana.[128]

Uno de los principales puntos de polémica en el acercamiento al genocidio de 1937 es la valoración que se le da en los textos historiográficos tradicionales. La mayoría de los intelectuales conservadores lo enmarcan dentro de una valoración positiva del "Plan de Dominicanización de la Frontera".[129] El texto de Prestol, por su parte, es una larga confesión en busca de expiación. La culpa está acompañada, en el autor, de una conciencia de dominicanidad formada bajo el trujillato y según la cual los

---

[128] El premio del 2006 provocó que las más altas autoridades dominicanas asumieran una actitud de enfrentamiento frente al RFK Memorial Center. Véanse las declaraciones del Canciller dominicano, Carlos Morales Troncoso, amigo de la familia Kennedy, al respecto en <http://www.clavedigital.com/Noticias/Articulo.asp?Id_Articulo=13395>. "Gobierno Haití reconoce labor humanitaria de Sonia Pierre: <http://www.z101fm.com/index.php?option=com_content&view=article&id=1382:gobierno-haiti-reconoce-a-sonia-pierre&catid=122:america-latina&Itemid=503>.

[129] Frank Moya Pons, *Manual de Historia Dominicana* 520.

haitianos son inferiores y no tienen cabida en la República Dominicana. Sommer apunta a raíz de su entrevista con Prestol Castillo:

> Su suposición, callada y probablemente no reconocida por él mismo, es que los negros son inferiores a los blancos y que los haitianos deberían ser expulsados de la República Dominicana pero su sensibilidad liberal se siente ofendida por la brutalidad de la solución de Trujillo. Que fue una solución a los ojos de Prestol se me hizo evidente cuando *dejó escapar la perpleja observación de que la Historia muchas veces opera de manera paradójica* (182, énfasis mío)

Como hemos visto, el libro de Prestol Castillo puede enmarcarse dentro de la categoría del testimonio siempre y cuando se tengan en cuenta las múltiples deficiencias del texto al respecto. La posición de Prestol dentro del engranaje trujillista que facilitó el encubrimiento del genocidio, su tardanza en publicar el texto y sus declaraciones posteriores apuntan a hacer del libro un texto problemático a la hora de leerlo con "ojos de testimonio"; no obstante eso, su valor de denuncia y la posibilidad de crear un efecto de solidaridad respecto a los haitianos y domínico-haitianos no puede ser pasado por alto.

Algunos investigadores, como Lydia M. Gil, han malinterpretado el silencio de Prestol y han señalado que: "el silencio de un funcionario del sistema de justicia provee al régimen a [sic] evidencia de la intrascendencia de los eventos que para la fecha ocurrían en la zona fronteriza" (38). Afirmar esto es desconocer la naturaleza de una dictadura tan brutal, ideológica y opresiva como la de Trujillo. Gil ve el texto de Prestol como apologético y pasa a afirmar que el mismo constituye una defensa del pueblo dominicano y de su conducta en ese momento. Creo que una lectura del libro con "ojos de testimonio" va a evidenciar ciertamente la complicidad que existió en ese momento, pero no se encuentra allí una defensa del pueblo dominicano, sino que éste es presentado como otra víctima más de la tiranía trujillista. Si el testimonio, o para usar la nomenclatura de Goldberg, la literatura testimonial tiene como objetivo la solidaridad con las víctimas y los subalternos, la presentación de la enormidad del Corte, la actuación despiadada de aquellos que solo seguían ciegamente las órdenes emitidas desde "la capital" y la descripción de los haitianos como víctimas indefensas de un poder estatal omnímodo, genera en los lectores de *El Masacre* empatía con los haitianos, tal y como se les presenta allí, aún en los casos en que Prestol hace uso de la ideología antihaitiana del trujillismo para describirlos.

La ambivalencia personal de Prestol Castillo se transmite al texto mismo en el cual se entrecruzan la denuncia, la culpa y la justificación, el cómplice y el testigo. Para hacer una lectura crítica y actual del libro las herramientas teóricas del testimonio y la literatura testimonial son indispensables. Leer *El Masacre se pasa a pie* mueve al lector a preguntarse sobre la situación de los domínico-haitianos y haitianos que hoy residen en la República Dominicana y que se encuentran en los más bajos estratos de la sociedad.

Si el genocidio de 1937 destruyó un mundo e impuso una nación (Turits, *World*) tras la caída de Trujillo en 1961, la nación dominicana va a empezar un éxodo que conllevará a la creación de una comunidad dominicana significativa en los Estados Unidos, especialmente en la ciudad de Nueva York y sus alrededores. Producto de esta migración las representaciones de la nación dominicana han sufrido profundos cambios y actualmente nos encontramos en medio de un proceso de redefinición tanto político como cultural de lo que significa ser dominicano en el siglo XXI. *Cosecha de huesos* y *El Masacre se pasa a pie* son textos que lidian con la frontera terrestre que divide a Haití y República Dominicana, así como la frontera lingüística entre el kreyol y el español; los textos que analizaré en los capítulos siguientes (*Dominicanish*, *La breve y maravillosa de Óscar Wao*) son ejemplos paradigmáticos de las realidades que emergen de la relación entre República Dominicana y Estados Unidos, del cruce por parte de sujetos transnacionales de la frontera marítima entre ambos países y del contacto entre el español y el inglés para formar un sujeto rayano de diferente cuño: el dominicanyork o Dominican-American.

Capítulo 4

"Aquí también los pantis se tienden en el baño": género y transgresión en la obra de Josefina Báez

En la República Dominicana y a pesar de la aséptica definición de Deive,[130] el término rayano conlleva una cierta carga despectiva porque sitúa como cercano a Haití al sujeto al que se le aplica y, por tanto, a lo que no se puede concebir como parte de la nación. Un amigo de mi madre suele recordarle que, debido a su oscuro color de piel, ella debe andar con su pasaporte para que no corra el riesgo de ser deportada; esto lo dice a modo de "chiste" pero siempre recalca que si hiciera el mismo comentario delante de su esposa no sería tan bien recibido debido a que "ella es rayana". Esta anécdota ilustra no solo el velado racismo dominicano (el amigo de mi madre es mulato de piel oscura), sino que apunta, una vez más, al arraigo de la retórica antihaitiana en la vida cotidiana dominicana. Por su parte, dominicanyork es un término que en el uso común en la isla es absolutamente peyorativo pero que, al mismo tiempo, comparte con el vocablo rayano la imagen de traslado, de cruzamiento de fronteras, de no-linealidad y no-pertenencia a un Estado-nación definido o a una patria que reclame o exija membresía. Es a partir de estas coordenadas desde dónde me permito asimilar el término dominicanyork a lo rayano porque ambos remiten a la raya que divide a dos culturas y que al mismo tiempo las une. En *Dominicanish* (2000), Josefina Báez encarna, en la representación teatral más que en el texto, lo que podríamos llamar "la rayanidad" de una dominicanyork particular y también de la experiencia de miembros de una comunidad que se desarrolla entre Estados Unidos y República Dominicana.

---

[130] Ver nota 97, capítulo 3.

Desde sus inicios la República Dominicana ha tenido una relación triangular con Haití y los Estados Unidos. El gobierno de este último país fue uno de los primeros en reconocer a la República Dominicana como un estado válido inmediatamente después de su declaración de independencia. En diciembre de 1844, a escasos ocho meses de la separación de Haití, el gobierno estadounidense, a través de su Secretario de Estado John C. Calhoun, comunicó al representante español ante Washington que los Estados Unidos, Francia y España deberían reconocer la nueva república "como medio de restringir la influencia de los negros en las Antillas" (Welles 79). Así las cosas, desde el inicio, la República Dominicana fue vista como un valladar contra la influencia haitiana en la región, todo ello teñido de un racismo biológico que cínicamente pasaba por alto la composición racial dominicana.[131]

La relación entre los Estados Unidos y la República Dominicana se ha hecho más interdependiente a lo largo de 170 años, siempre bajo el manto del imperialismo, la neocolonización y el control de los Estados Unidos sobre la vida política, social y cultural de la República Dominicana. La industria azucarera, principal sostén de la economía dominicana durante los primeros 130 años de existencia republicana, ha sido el campo en el cual se han dado las luchas por el control del destino dominicano y, paradójicamente, también ha determinado la relación con Haití. De este modo se ha establecido una relación que cuenta con los países que comparten La Española en la base del triángulo y los Estados Unidos como el vértice dominante. La política norteamericana de contratación de mano de obra barata proveniente de Haití para alimentar la industria azucarera, que se inició a partir de la década de los 80 del siglo XIX y ha sido continuada por los sucesivos gobiernos dominicanos, creó una nueva dinámica económica que, aún hoy día, sigue afectando la movilidad social y los patrones de migración en la parte este de La Española. Los

---

[131] Véase el primer capítulo de *Black Behind the Ears* apropiadamente titulado: "'It Is Said That Haiti Is Getting Blacker and Blacker' Traveling Narratives of Dominican Identity", en el que Candelario hace un recuento de la gran influencia que las narraciones de viajeros estadounidenses tuvieron en la conformación del discurso de la identidad dominicana a lo largo del siglo XIX.

trabajadores haitianos introducidos por los norteamericanos a principios del siglo XX determinaron una nueva economía rural que empujó a los dominicanos, primero, hacia las ciudades y, más adelante, hacia Puerto Rico, Estados Unidos y, eventualmente, Europa. Junto con los haitianos también fueron atraídos contingentes de trabajadores más especializados provenientes de las Indias Occidentales, los llamados "cocolos".[132] En la actualidad se pueden encontrar trabajadores haitianos no solamente en la industria de la construcción, segundo renglón con mayor presencia de mano de obra haitiana, sino también en la economía de servicios en general, tanto formal (turismo) como informal (vendedores callejeros al menudeo).[133] A partir de la caída de Trujillo en 1961, la relación bilateral entre Estados Unidos y la República Dominicana entró en una nueva fase que incluyó no sólo el control político sobre la nación isleña y la dirección de la transición de la dictadura a la democracia, sino también la invasión norteamericana del 28 de abril de 1965 bajo el pretexto de "evitar una segunda Cuba y salvar vidas norteamericanas". En realidad se trató de la supresión del intento, por parte de un sector de las Fuerzas Armadas, de garantizar el regreso de Juan Bosch al poder y la restauración de la democracia. Bosch, el primer presidente democráticamente elegido en casi un siglo de vida política dominicana, fue derrocado el 25 de septiembre de 1963 por un golpe de estado cívico-militar que contó con el apoyo del gobierno de los Estados Unidos.[134]

---

[132] Para un análisis de cómo el lugar atribuido por la sociedad receptora a los trabajadores migrantes depende de la autopercepción étnica de los nativos tanto en Puerto Rico como en República Dominicana, véase "Racializing Ethnicity in the Spanish-Speaking Caribbean: A Comparison of Haitians in the Dominican Republic and Dominicans in Puerto Rico". Para un análisis sobre el proceso de integración a la sociedad dominicana de la población proveniente de las Indias Occidentales, véase el capítulo "Race in the Formation of Nationality" de *Nation & citizen in the Dominican Republic, 1880-1916* de Teresita Martínez Vergne (2005).

[133] Para las nuevas ocupaciones ejercidas por los migrantes haitianos y su nuevo perfil consúltese: *La nueva inmigración haitiana* (2002) de Rubén Silié, Carlos Segura y Carlos Dore Cabral.

[134] Véase *Golpe y revolución: el derrocamiento de Juan Bosch y la intervención norteamericana* (2000) de Víctor Grimaldi para un exhaustivo recuento de las circunstancias alrededor del golpe de estado y la revolución de abril de 1965.

La crisis posterior a la caída de Trujillo tuvo una consecuencia inesperada tanto para los dominicanos como para los norteamericanos: el inicio de un éxodo de dominicanos hacia los Estados Unidos. Según Jesse Hoffnung-Garskof en la solución que se dio a la turbulenta situación dominicana en los años 1961-62 reside el germen del establecimiento de un enclave dominicano en el corazón de la ciudad de Nueva York:

> [...] los intentos de Estados Unidos para manipular la opinión política en Santo Domingo en 1961 y 1962 condujeron directamente a una política de aceleramiento de la expedición de visas, poniendo en marcha, de modo involuntario, la transformación de gran parte de Nueva York en territorio dominicano. (xiv)

Este período ha sido también recogido en la ficción dominicana en una de las novelas más importantes de la segunda mitad del siglo XX: *Sólo cenizas hallarás (Bolero)* de Pedro Vergés, publicada en 1980. En esta novela el personaje Freddy Nogueras espera, durante el verano de 1962, su visa para irse a Nueva York, donde se reuniría con Yolanda, una dominicana que ya para ese entonces residía en los Estados Unidos y que se mueve entre la isla y el continente. Generalmente vista como un retrato de la vida política dominicana durante el turbulento período postrujillista, *Sólo cenizas hallarás*, también presenta las expectativas y los miedos que empujan al inmigrante. En una conversación con Evelinda, su novia, mientras discuten juntos su futuro, Freddy Nogueras lo remarca: "Que yo no me pienso quedar aquí, Evelinda. Te lo he dicho mil veces, que yo me voy de aquí, que yo me largo. ¿Me oíste? ¿Tú me estás oyendo? *En cuanto me den la visa, que va a ser mañana. Y si no me la dan, también*" (97, énfasis mío). Muchos inmigrantes dominicanos que se desplazaron durante este período, y después, con o sin visa hacia los Estados Unidos, donde esperaban encontrar una vida mejor, sostenían la misma actitud que el personaje de la novela de Vergés.

El período inmediatamente posterior a la retirada de las tropas norteamericanas de Santo Domingo en 1966 registró un constante flujo de migrantes de la República Dominicana hacia los Estados Unidos, específicamente la ciudad de Nueva York. Hoffnung-Garskof apunta que en el período entre 1965 y 1975 el promedio de visas de inmigrantes concedidas por los Estados Unidos a los dominicanos fue de 10,000 por año y que continuó creciendo de manera constante a lo largo del resto del siglo XX (69). Esta inmensa cantidad de migrantes cambiaría para siempre la geografía humana tanto de Nueva York como de Santo Domingo. Josefina Báez fue una de las personas que arribó a Nueva York durante esa década de explosión migratoria, llegando a la ciudad en 1971, a la edad de once años. De modo que Báez se vio inserta inmediatamente en el mundo escolar de Manhattan, que en ese entonces experimentaba una avalancha de estudiantes provenientes del Caribe hispano. En el orden político, 1971 también constituyó un año clave en el asentamiento de la comunidad dominicana dentro del imaginario de la ciudad norteamericana. Ese año la sección del Partido Revolucionario Dominicano (PRD) en Nueva York, el principal partido opositor al gobierno de Joaquín Balaguer, organizó su marcha anual a lo largo de la avenida Broadway entre las calles 139 y 159, contando en ese entonces con la presencia de mujeres dominicanas ataviadas como guerrilleras, en un intento por representar la lucha de la comunidad dominicana en Nueva York contra el gobierno dominicano (*Hoffnung-Garskof* 120). En esta instancia particular el cuerpo de la mujer dominicana que, a lo largo de la vida republicana ha servido siempre para representar a la nación, representó también la resistencia contra un gobierno opresor.[135] Esta inclusión de la mujer como un sujeto político simbólico se materializó en algunos casos en luchas por una mayor representación política en los cuerpos directivos de las escuelas públicas de la ciudad de Nueva York. Nelsy Aldebot quien fue estudiante en George Washington High School durante esta época es un vivo ejemplo de ello. Aldebot fue una participante activa en la integración de los dominicanos al movimiento estudiantil a principios de los años 70. Hoffnung-Garskof tuvo acceso a sus diarios de esos años y en ellos Aldebot apunta que su principal objetivo al integrarse a la lucha estudiantil de negros y puertorriqueños era "tener una identidad aquí en Estados Unidos, exigir nuestros derechos y prevenir

---

[135] Para un análisis del papel de la mujer en los textos indigenistas producidos durante la etapa de formación de la nación dominicana véase *Las madres de la patria y las bellas mentiras: Imágenes de la mujer en el discurso literario nacional de la República Dominicana, 1844-1899* (1999) de Catharina Vallejo.

la discriminación contra la juventud latina" (141).[136] Como muy bien señala el autor norteamericano, Nelsy Aldebot y su compañera Virginia Roca: "[...] decidieron enfrentar el asunto que muchos de los adultos dominicanos en la derecha y en la izquierda habían evitado: su estatus como minoría racial y étnica" (141). Los años 70 ciertamente marcan el inicio de esta diferenciación, pero no sería hasta finales de esa década y durante los años 80 cuando los dominicanos se establecerían firmemente como una minoría étnica particular en la ciudad de Nueva York.

En una entrada de su diario, Aldebot apunta que su evolución política (su alianza con estudiantes negros y puertorriqueños para cambiar el estado de cosas en George Washington High School) la había llevado a reflexionar sobre su identidad racial: "mi piel se está volviendo negra, realmente negra y mi corazón está lleno de amor" (144). Es importante señalar que Aldebot en Santo Domingo sería definida como "trigueña, casi blanca" por su color de piel claro y su cabello lacio. Este acto de identificación con lo negro es una de las instancias que justifican la aseveración de Moya Pons y Torres-Saillant respecto al "despertar" racial de los dominicanos en la diáspora. Al mismo tiempo es necesario apuntar que estas alianzas entre dominicanos, negros y puertorriqueños en el ámbito norteamericano eran, y en muchas instancias siguen siendo, muy raras.

Al concluir la década de los 70 ya la población no dominicana de la ciudad de Nueva York se había formado una imagen de la comunidad dominicana; desgraciadamente, no era la que los dominicanos habían aspirado a forjar. Hoffnung-Garskof apunta:

> Cuando los otros neoyorquinos se dieron cuenta del hecho que los dominicanos eran un grupo diferente de personas, los incluyeron dentro de narrativas de peligro urbano que los convirtieron en amenazas al vecindario y a la nación. No fue que George Washington se convirtió en una escuela "de barrio marginal" a pesar de ser una escuela de dominicanos, a los ojos de los

---

[136] Al no tener acceso directo a los diarios de Aldebot, traduzco la traducción de Hoffnung-Garskof

blancos neoyorquinos se convirtió en una escuela de "barrio marginal" *porque* era una escuela de dominicanos. (162, énfasis en el original)

La imagen de los dominicanos residentes en Estados Unidos, los llamados dominicanyorks, que se va a imponer a ambos lados de la ecuación migratoria es precisamente la de "amenaza al vecindario y la nación:" en Nueva York porque representan la clase trabajadora y una minoría racial; en Santo Domingo, a partir de los años 80 principalmente, porque con su bonanza económica supuestamente distorsionaban las expectativas económicas de los dominicanos, tal y como ya vimos en Manuel Núñez (*Ocaso* 459), o porque corrompían a la juventud con drogas y extrañas costumbres como aseguraron algunos sectores de la izquierda dominicana y de los cuales hablaremos más adelante. Esta retórica de corrupción de costumbres y deslumbramiento económico no ha perdido un ápice de fuerza en la República Dominicana. En declaraciones ofrecidas el 29 de octubre del 2009, el Dr. Marino Vinicio Castillo, presidente del Consejo Rector de la Comisión Nacional de Ética y Combate a la Corrupción, aseguró que "el incremento de la criminalidad" se debía "a que en los últimos 10 años han ingresado al país cerca de 50 mil personas deportadas de Estados Unidos".[137] De esta manera se reformula, para el siglo XXI, la retórica que a lo largo de los años 80 y 90 del siglo XX marginó a los dominicanos que provenían de los Estados Unidos con el epíteto de "dominicanyork" y que los empezó a vincular con prácticas delictivas específicas. Por ejemplo, en 1981, el entonces fiscal del Distrito Nacional, Dr. Julio Ibarra Ríos ofreció a un periódico dominicano unas declaraciones en las cuales vinculaba: "a 'dominicanyork' [sic] el intento de implantar en algunos barrios pobres de Santo Domingo el pandillerismo que esos individuos *parecen haber vivido* durante su permanencia en Nueva York o *en cualquiera otra ciudad en el extranjero*" (Radar 9; énfasis mío). La columna en la cual se citaba al magistrado concluía con la siguiente aseveración: "La tranquilidad pública que reina en el país hay que defenderla a cualquier precio"; aquí se puede ver en acción el mito de Santo Domingo como una

---

[137] <http://fuerzanacionalprogresista.blogspot.com/2009/10/vincho-llegan-50-mil-repatriados-por.html>.

ciudad bucólica que es corrompida por elementos extraños provenientes del exterior.

Otra de las acusaciones que recayó sobre la comunidad dominicana radicada en Estados Unidos fue la del reclutamiento de maestros en República Dominicana en supuesto detrimento de las escuelas nacionales. Rafael Santos, entonces secretario general de la Asociación Dominicana de Profesores, denunciaba en 1989 "que numerosos maestros del país están recibiendo tentadoras ofertas para impartir docencia en escuelas para hispanos en la ciudad de Nueva York y otras ciudades norteamericanas". Aunque en esas mismas declaraciones Santos reconociera que la situación económica de los maestros en la isla no era la más idónea, el tono de sus declaraciones sugiere que la comunidad dominicana en Nueva York se estaba aprovechando de la miseria insular para llenar sus huecos docentes y que ello era, en sí misma, una mala práctica que debía cesar.

A finales de los años 90 con el incremento de la llegada de los llamados deportados (en su gran mayoría hombres), el discurso de rechazo hacia los dominicanyorks toma un nuevo giro que se manifestará en dos posiciones. La primera incita a la vigilancia policial, tal y como lo hace el ciudadano Martín P. Gautreaux en una carta dirigida al director del ya desaparecido periódico *Última Hora*, al sugerir la creación "de una unidad élite, especializada en recibir, fichar, ubicar y 'galdear' los dominican-yorks que llegan al país procedentes del sistema carcelario de Estados Unidos". El señor Gautreaux sostenía que esa unidad elite "debería operar con los dominican-yorks tal y como se operaba con los comunistas egresados de Cuba o de la Unión Soviética cuando ingresaban al país". En 1995 la Policía Nacional dominicana había instituido una "Unidad para Deportados", a partir del año 2002 esa unidad fue elevada al rango de departamento con el nombre de Departamento de Registro, Control y Seguimiento para Deportados; entre las medidas que toma este departamento está la realización de visitas y llamadas telefónicas periódicas a los deportados.[138] La segunda posición rechazaba el intento

---

[138] Véanse todas las medidas a las cuales son sometidos los deportados en el sitio web

de los dominicanos residentes en el extranjero de obtener el derecho al voto en las elecciones dominicanas: En un artículo de opinión publicado en 1997 Juan Taveras Hernández, mejor conocido como Juan TH, se oponía vehemente al voto "de los dominicanyork". Taveras Hernández es uno de los principales comentaristas políticos de los últimos 25 años e irónicamente, muy cercano al Partido Revolucionario Dominicano (PRD), el partido que más ha luchado por la integración política de los dominicanos residentes en el extranjero. En su artículo el periodista sostenía que "de aprobarse que los dominicanos residentes en el exterior voten, estaríamos poniendo en sus manos la decisión de quien gana y quien pierde las elecciones, lo cual probablemente le permita al señor Fernando Mateo presentarse en un futuro no muy lejano como candidato presidencial" (Taveras Hernández).[139] A pesar de la resistencia de personas como Taveras Hernández, en diciembre de ese mismo año se aprobó la Ley Electoral No. 275-97 que otorgó a los dominicanos en el exterior el derecho al voto; sin embargo, no fue sino hasta las elecciones presidenciales del 2004 cuando finalmente aquellos pudieron votar. Así se completaba un ciclo que había empezado con la reforma constitucional del año 1994, que otorgó a los dominicanos la posibilidad de ostentar doble nacionalidad, esta reforma que también instituyó la no reelección presidencial consecutiva, tuvo lugar a raíz del fraude perpetrado contra José Francisco Peña Gómez, principal líder del PRD, en las elecciones presidenciales de mayo de ese mismo año.[140]

La década de los 90 fue el período de consolidación de la comunidad dominicana en Nueva York tanto en términos numéricos como de poder

---

del departamento en cuestion: <http://www.policianacional.gob.do/html/system/contenido.php?id_cat=56>.

[139] Fernando Mateo es uno de los principales empresarios de la comunidad dominicana en Nueva York y ganó notoriedad a finales de los años 90 por su programa de intercambio de armas por juguetes.

[140] Para un análisis de la evolución política de los dominicanos radicados fuera de la República Dominicana véase el capítulo "From Ausentes to Dual Nationals: The Incorporation of Transmigrants into Dominican Politics" de Ernesto Sagás, en *Dominican Migration: Transnational Perspectives*.

político. Entre 1990 y 2000 la población dominicana de la ciudad de Nueva York creció de 332,713 a 554,638 personas (Hernández y Rivera-Batiz 2). Al mismo tiempo, una serie de políticos dominicanos fueron elegidos para diversos cargos en la ciudad y en el estado de Nueva York; se pueden citar como pioneros a Guillermo Linares (electo como concejal de la ciudad de Nueva York en 1991) y a Adriano Espaillat (primer dominicano en ser elegido como asambleísta del estado, en 1996). Al mismo tiempo que la comunidad dominicana ganaba visibilidad política, también era sometida a otro tipo de escrutinio y así terminó proyectando otra imagen: la de una comunidad plagada por la droga y la violencia. Varios artículos del *New York Times*, el *New York Post* y de la cadena NBC se esforzaron en presentar a la población dominicana en los Estados Unidos como migrantes que venían a perturbar "el sueño americano".[141] Por tanto, la comunidad dominicana en Nueva York era atacada en ambas islas caribeñas: Manhattan y La Española.[142]

Es en este contexto que, entre 1990 y 1999, Josefina Báez escribe los textos que van a formar parte de *Dominicanish*. Claudio Mir, director de la puesta en escena, en una de sus intervenciones durante la conferencia académica que tuvo lugar para celebrar los diez años de *Dominicanish* como pieza teatral sostuvo que una de las motivaciones principales para montarla fue responder desde la comunidad misma a la andanada de ataques que se dirigieron a los dominicanos durante los años 90.[143] Mir y Báez, seleccionaron, de un cúmulo enorme de escritos, los que consideraron

---

[141] En *The Dominican-Americans* (1998) Torres-Saillant y Hernández apuntan que un reportaje hecho para NBC News, exhibido el 28 de marzo de 1993, titulado "Immigration: The Good, the Bad, and the Illegal" presentaba a los dominicanos como criminales e inmigrantes ilegales. En la misma vena un reportaje del *New York Post* bajo la firma de Mike McAlary, publicado el 6 de septiembre de 1992, definía a RD como exportadora de peloteros pero también de narcotraficantes (94).

[142] Aquí sigo la clasificación hecha por Yolanda Martínez-San Miguel en *Caribe Two Ways: cultura de la migración en el Caribe insular hispánico* (2003).

[143] Charla de Claudio Mir. Este evento tuvo lugar del 6 al 8 de noviembre del 2009 en la ciudad de Nueva York e incluyó, además de los diferentes paneles académicos y artísticos, las tres últimas presentaciones de "Dominicanish".

más importantes para representar la experiencia migratoria de Báez. Según Mir, la totalidad de escritos llenaba una carpeta de aproximadamente 3 pulgadas y media.

La pieza teatral fue presentada por primera vez en República Dominicana en el marco del Festival Internacional de Teatro de Santo Domingo en el año 2001. La recepción de la obra giró principalmente, como era de esperarse, alrededor del término dominicanyork y la manera en la cual a Báez se la veía como una orgullosa representante de esa comunidad, sobre todo a partir de su aceptación de la etiqueta que la población isleña le había asignado. Lo extraño de esta asociación es que es difícil deducir del texto mismo que Báez intente asumir, de manera consciente, la representación de la comunidad dominicana en el exterior en su totalidad. En una entrevista que el autor de este estudio le hizo Báez, ésta afirmó lo siguiente:

> He visto que hay 5 temas recurrentes en todos mis trabajos; de esas cosas permanentes, de las que siempre comento: Josefina (el espíritu), 1) the spirit; 2) I am a woman; 3) I am black; 4) I am a Dominican migrant; and 5) I am from the working class. Todo esto me hace, determina mi trabajo, mi forma de mirar. *No me interesa ser la postalita de ninguna de esos 5 universos. Trabajo mucho para ser/mantenerme pequeña.* (Báez en Victoriano-Martínez; énfasis mío)

Esta intensa individualidad es lo que se va a manifestar a lo largo de toda la experiencia que se narra en *Dominicanish*: la mezcla irreverente de danzas de la India con merengues clásicos dominicanos; la gestualidad urbana integrada a los movimientos de las manos de esas danzas sagradas; el uso de varios registros lingüísticos; la exaltación del descubrimiento y disfrute de la sexualidad. Todos estos temas son siempre vistos desde la perspectiva individual de Báez, la persona concreta y única. Al mismo tiempo, se podría argüir, con cierta eficacia, que en efecto las experiencias descritas por Báez, en un tono que se acerca bastante a la autobiografía, pueden verse como compartidas y sufridas por toda una comunidad de personas que provienen de un mismo entorno cultural.

En uno de los primeros acercamientos críticos a *Dominicanish*, Sophie Maríñez destacó el carácter individual de la propuesta de Báez:

> Se podría incluso decir que su valor no reside en tratar de describir la experiencia migratoria sino en que va más lejos de la representación social, más allá de la supuesta realidad, y se concentra en evocar la relación con el mundo a través de una escritura *diferida*, presentando la realidad del inmigrante a través de referentes movedizos y múltiples. (153, énfasis en el original)

La lectura de Maríñez sigue a Deleuze y Guattari en cuanto a que resalta el carácter rizomático de la propuesta de Báez y al mismo tiempo enmarca esta obra dentro de la poética de la relación desarrollada por el crítico martiniqueño Edouard Glissant. Mi análisis en este capítulo, muestra no sólo lo acertado del acercamiento de Maríñez, sino también las dificultades inherentes a su puesta en práctica. En su análisis Maríñez desbroza el camino para aquellos que nos enfrentamos con el texto de Báez desde otras perspectivas. Y una de las claves principales para ello, según la crítica franco-dominicana, es el concepto de evolución (o desenvolvimiento): "A través de esta relación con el mundo, es decir, con la cultura afro-americana, la india, etc., la protagonista se descubre a sí misma como ser en proceso de evolución" (153).

La evolución no es solamente de la protagonista de *Dominicanish* sino también de la cultura popular dominicana que se despliega en el texto. Por ejemplo, aunque uno de los elementos llamativos de la pieza teatral es la presencia en ella de la danza Kuchipudi, para mí, como espectador, fue mucho más importante y cercano el uso de la coreografía soul de los Isley Brothers, en varios momentos de la pieza. Esta coreografía en una obra que trata sobre una determinada experiencia dominicana emparenta a Báez con los salseros de la Fania All Stars y también con grupos merengueros dominicanos radicados en la isla como El Combo Show de Johnny Ventura, Wilfrido Vargas y Los Beduinos o los Kenton, quienes incorporaron rutinas de soul y R&B a los bailes que ejecutaban al frente de sus orquestas. Así Báez se inscribe rítmica y corporalmente dentro de un continuo musical que fluye a través de la frontera marítima que separa Estados Unidos de República Dominicana.[144]

---

[144] Véase el libro de Paul Austerlitz, *Merengue: Dominican Music and Dominican Identity* (1997) específicamente el capítulo 3: "Merengue in the Transnational Community" para un análisis de la evolución del merengue después de la muerte de Trujillo y la

Si bien me he referido a ciertas experiencias como espectador de la pieza teatral mi análisis se va a concentrar, principalmente, en el texto impreso. Ello así porque existen diferencias sustanciales entre en el libro y la presentación. Tal y como me reveló Báez, las palabras cambian de lugar cada vez que se representa la pieza, también muchas partes se dejan fuera de la presentación teatral debido a la extensión. Al enfrentarse al libro *Dominicanish* lo primero que se debe destacar es su carácter lúdico, esto es evidente desde la manera en la cual el libro está construido; en la esquina izquierda de cada página una reproducción de Báez en diferentes posiciones de la danza Kuchipudi se mueve al pasar las páginas rápidamente, creando así un efecto de movimiento continuo; esto constituye una representación visual que remite al lector a la pieza teatral.

Más que por el ángulo idiomático (Spanglish) prefiero decantarme por la ambigüedad en cuanto a la identidad nacional que refleja el título. Maríñez, al principio de su artículo, alude a ello también desde la semántica inglesa anglo-americana, lo cual abre todo un campo de posibilidades de exploración:

> ¿Qué se quiere decir con "Dominicanish"? ¿Es un idioma nuevo, en el que se propondría la fusión del español dominicano con el inglés, tal cómo se pretende que es el Spanglish? ¿O es una propuesta de "casi" dominicanidad, por aquello del sufijo inglés "ish", que, cual un matiz en la coloración nacional, puede ser "blueish", "reddish" o "whitish", pero no exactamente azul ni rojo ni blanco? Se podrían especular múltiples interpretaciones, y lo importante no es cuál sea la acertada, sino el hecho de que precisamente se puedan aventurar interpretaciones del concepto de quiénes somos como pueblo y nación. (150)

Al ponerse en tela de juicio lo que se va a entender por dominicanidad, la pregunta es entonces cómo se construye una dominicanidad transinsular. El texto apela a las ya mencionadas dos islas caribeñas, y en ambos espacios urbanos lo dominicano se despliega como un abanico de posibilidades y conductas económicas, políticas, sociales y culturales que atraviesa la frontera marítima para constituirse en otra manera de

---

influencia de los ritmos provenientes de los Estados Unidos en la ejecución musical de los grupos dominicanos.

vivir una determinada subjetividad que no necesariamente está anclada a los límites del Estado-nación. De este modo, es importante destacar con Báez que, en ambos espacios, "los pantis se tienden en el baño" (7), esta imagen de una práctica femenina íntima y específica remite a una de las posibles maneras en las cuales ambas islas se vinculan.

Dominicanish parte de la infancia para indicar el bilingüismo que constituye la esencia del texto: "A los tres años ¡que hablaba inglés, ¡American Bel!" (5). Esta condición proto-bilingüe se va a transmitir al libro; las palabras de presentación del texto son eclécticas y bilingües: In inglis (6), Pikin epanis (7). En ellas están presentes la filosofía y narrativas indias (Advaita Vedanta y El Panchatantra), el jazz (Billie Holiday) y el soul (Isley Brothers). Así se instala al lector en un espacio que está totalmente alejado de la narrativa tradicional de la dominicanidad. No hay taínos ni españoles; no se habla de ningún punto de partida histórico que justifique la identificación de la voz poética con determinado grupo racial o étnico. Los referentes que se usan para marcar la identidad son arbitrarios e individuales, pero sin dejar de ser en ningún momento producto o derivados de un entorno y una época determinados. Báez afirma y define su propia identidad con una frase contundente: "Yo soy una Dominican York" (7). En el ámbito dominicano de finales del siglo XX y principios del XXI, afirmarse como una dominicanyork es aún una acción transgresora. Tal y como se vio más arriba, los dominicanos residentes en el exterior siguen siendo identificados como fuentes de males sociales y como una mala influencia en la isla. Al hablar en voz alta de una identidad dominicanyork y más aún, al presentarla mediante gestos, palabras, danzas y música, Báez rompe con una tradición que tiene al menos 150 años: identificar lo dominicano por lo negativo, por el no ser haitiano, el no ser español o el no ser americano. Báez en ningún momento señala lo que ella no es, sino que afirma siempre lo que es: negra, proletaria y dominicanyork. Esta aseveración se puede ver como la de un sujeto de los márgenes (aquí podemos ver cómo se unen el dominicanyork y el rayano) que afirma con voz propia la pertenencia al grupo que se tiene como extraño al cuerpo de la nación. Mediante una estrategia retórica (verbo en primera persona), Báez se inscribe como perteneciente a la nación dominicana de pleno derecho, pero sin dejar de ser quien es: un producto de la migración (los dos términos en inglés que constituyen el predicado): "Yo soy una Dominican York" no es lo mismo que afirmar "I am a Dominican American"; cada frase representa un lado de la frontera que separa a República Dominicana y Estados Unidos, pero también representa diferentes modos de inserción a ambas sociedades. Asumirse como dominicanyork es un acto de desafío dado el lugar que los migrantes de retorno ocupan en el imaginario de la sociedad dominicana. El crítico puertorriqueño Juan Flores, en su estudio *The Diaspora Strikes Back*, sostiene que los migrantes de retorno llevan consigo lo que él denomina remesas culturales y, a través de ellas, impulsan cambios en la sociedad isleña; estas remesas, según Flores, se constituyen a partir de:

> [...] el conjunto de ideas, valores y formas expresivas introducidas en las sociedades de origen por los migrantes de retorno y sus familias al regresar a 'casa', muchas veces por primera vez, ya sea por visitas temporales o reasentamiento permanente y que son transmitidas a través de los cada vez más generalizados medios de comunicación. (4)

En el análisis de Flores las remesas culturales, por tanto, representan un aspecto positivo de la migración de retorno; de este modo el crítico intenta contrarrestar el discurso de criminalización y exclusión que arropa las denominaciones "dominicanyork" y "nuyorican". Pero esta visión, al menos en el caso dominicano, debe ser matizada muy cuidadosamente. Si bien es cierto que no hay muchos ejemplos de migrantes de retorno enquistados en la vida pública dominicana, ya hemos mencionado el caso del ex-senador Williams.[145] De éste último se puede afirmar, sin

---

[145] Aunque Leonel Fernández, educado en el sistema público de la ciudad de Nueva York es, sin lugar a dudas, el político dominicano más exitoso de los últimos 40 años, es difícil de enmarcar su estatus como dominicanyork dentro del presente análisis. Principalmente porque el Dr. Fernández ha vivido en República Dominicana de manera prácticamente permanente desde su regreso a la isla a finales de la década de los 60, a pesar de que nunca ha dejado de declarar su amor por Nueva York y su deseo de convertir a Santo Domingo en un "Nueva York chiquito". Al principio de su carrera política sus adversarios, en un intento por desacreditarlo, lo llamaban "el dominicanyork," pero actualmente luego de 12 años en el poder ya nadie lo llama así.

tapujos, que no ha sido un representante de esos valores diaspóricos positivos que traerían el cambio a la isla tal y como habían predicho, en el caso dominicano, Frank Moya Pons y Silvio Torres-Saillant y que, como ya señalé anteriormente, también propone Flores.[146] De acuerdo a este último:

> Lo que es nuevo es que los valores y prácticas diaspóricos que habían sido remitidos están uniéndose a fuerzas de cambio en sus respectivas patrias para generar una ruidosa y a veces desafiante presencia pública y, en algunas instancias, nuevos movimientos sociales y nuevas comunidades. (143)

Éste no ha sido el caso de Williams: sus prácticas políticas están totalmente permeadas por el clientelismo dominicano, llegando incluso al uso de tácticas incompatibles con los valores de una democracia desarrollada.[147] De este modo el ex-senador dominicano representa el llamado "retorno de conservadurismo" señalado por Francesco P. Cerase; con este término Cerase se refiere al migrante que retorna al país de origen con obvios signos de progreso material y "continúa considerando sus ganancias, así como sus inversiones, en términos de los parámetros tradicionales apropiados para su país de origen" (251).[148] Al señalar esta condición política dentro de la migración de retorno quiero enfatizar con ello que hay otros aspectos más allá de los culturales que se desplazan en esa fluctuación entre espacios urbanos, a través de una frontera marítima y otra lingüística, que constituye la relación principal entre Estados Unidos y República Dominicana.

---

[146] Véase de Moya Pons: "Dominican National Identity: A Historical Perspective," y de Torres-Saillant, el volumen ya mencionado *El retorno de las yolas*.

[147] El senador Williams fue sancionado por el Senado de la República Dominicana por "impropias actuaciones" contra María Isabel Soldevila, Margarita Cordero y Norma Shephard, quienes habían denunciado que Williams supuestamente había cometido fraude contra el programa federal estadounidense Medicare. Williams envió varias personas armadas a intimidar a las periodistas para que retirasen las noticias. Véase el artículo del diario digital *7días.com* dirigido por Cordero: "Presentan resolución contra Williams" <http://www.7dias.com.do/APP/article.aspx?id=61685>

[148] Los otros tipos de retorno, según el investigador italiano, son: "retorno por fallo", "retorno por retiro", "retorno de innovación". Más adelante cuando analice *La breve y maravillosa vida de Óscar Wao* se verán otros casos que ilustran algunas de estas categorías en el contexto dominicano.

Es precisamente este movimiento lo que acerca *Dominicanish* a mi teoría de lo rayano. Se podría hablar, tomando prestadas las palabras de Torres-Saillant de una "condición rayana" presente en la persona y en la obra de Báez; al respecto, Mir sostiene: "Es como si Josefina estuviera suspendida en un lugar no definido. En un lugar que le permite transportarse rápidamente entre puntos distantes" (*Dominicanish* 10). Al igual que el rayano, el dominicanyork no pertenece realmente a ninguno de los espacios a los cuales podría asociarse el gentilicio, sino que está a caballo entre ambas culturas, trasladándose entre esos "puntos distantes".[149] Tal y como afirma Néstor E. Rodríguez en su ensayo "Etnicidad, geografía y contigencia en *Dominicanish* de Josefina Báez": "Al abrir las puertas a una teoría de la dominicanidad que no depende de lo geográfico como su carta de naturaleza, *Dominicanish* reafirma el carácter azaroso y gestual del conjunto de interrelaciones en juego en todo proceso de formación identitaria individual o colectiva" (94). A esto se puede agregar lo fragmentario del texto mismo y de la experiencia narrada dentro de él. Mir, al definir *Dominicanish*, apunta que el libro: "Son los fragmentos de la historia de una pequeña niña migrante, una bailarinaescritoraactrizmaestradeyogaartista que escribe todos los días" (*Dominicanish* 11).[150] La fragmentación utilizada por Báez y Mir desafía la linealidad y la unicidad que ha caracterizado las meditaciones ensayísticas sobre la dominicanidad ya señaladas en el capítulo 1 y también las imágenes que sobre los dominicanos existen en los Estados Unidos. Si bien es cierto que Báez plantea maneras diferentes de ser dominicana, al mismo tiempo se presenta como una habitante muy diferente de Nueva York. A pesar de algunas manifestaciones que apuntan a lugares comunes de la retórica de la migración y asentamiento, la obra de Báez también rompe los esquemas que la sociedad receptora tiene sobre los dominicanos habitantes de la urbe norteamericana.

---

[149] Ver las actitudes frente a los rayanos, tanto en Haití como en República Dominicana, ejemplificadas por los comentarios de Balaguer y Price-Mars recogidos en el capítulo 1 de este estudio.

[150] A lo largo de este capítulo y debido a la peculiaridad lingüística de *Dominicanish*, mantendré el bilingüismo presente en el texto original.

Hoffnung-Garskof señala, de manera muy perspicaz, el camino a través del cual los dominicanos empezaron a ser vistos como una especie de inmigrante diferente a los puertorriqueños y a los negros dentro del espacio de la ciudad de Nueva York.[151] Báez desarticula las expectativas de ambas sociedades respecto a su persona y comportamiento mediante una serie de estrategias retóricas y corporales que se manifiestan a través de un texto que cabalga entre la autobiografía y el reportaje.

Antes de entrar al texto que compone la pieza teatral, el libro contiene un "Frontispiece" y un "Pretexto" escritos por Torres-Saillant, el primero en inglés y el segundo en español. La elección de los títulos no me parece nada casual. El frontispicio es la cara principal de un edificio pero también es la página de un libro anterior a la portada, generalmente con el título del libro o un grabado. Estamos al mismo tiempo y mediante el mismo vocablo, frente a una imagen arquitectónica y bibliográfica. Usando la metáfora arquitectónica, cabría preguntarse ¿cuál sería el edificio al que estamos entrando? ¿El edificio de la diáspora o a un piso del edificio dominicano? En su ensayo cultural sobre la identidad puertorriqueña, *El país de cuatro pisos* (1979), José Luis González, de manera sorprendente, excluyó a la diáspora en la configuración del edificio nacional. Estimo importante detenerme un poco en la obra de González debido al lugar preeminente que ocupa el edificio como lugar en la obra de Báez[152] y porque, aún con esa flagrante omisión, "El país de cuatro pisos" sigue constituyendo un excelente acercamiento a la cuestión de la formación de la identidad nacional en el Caribe Hispano.[153]

---

[151] Véase principalmente el capítulo 5 de *A Tale of Two Cities*. "Hispanic, Whatever That's Suppose To Mean".

[152] En su último trabajo, *Levente no. Yolayorkdominicanyork*, los diferentes personajes residen en un edificio ubicado en Nueva York, por lo que podemos afirmar que la imagen del edificio es fundamental en la obra de la autora dominicanyork. Ver: <http://leventeno.blogspot.com/> donde se han publicado muchos de los textos que conforman el libro.

[153] La metáfora de los sustratos para explicar la identidad nacional había sido utilizada anteriormente por Octavio Paz en *El laberinto de la soledad* (1950).

En su interpretación de la cultura puertorriqueña González se inscribe, partiendo de un sustrato marxista, en la tradición del "maestro de la juventud"; esta tradición tiene una rica historia en América Latina desde Simón Bolívar en la "Carta de Jamaica" hasta José Enrique Rodó en *Ariel* (1900). Al igual que Próspero en la obra de Rodó, González se dirige a un grupo de jóvenes quienes le habían preguntado: "¿Cómo crees que ha sido afectada la cultura puertorriqueña por la intervención colonialista norteamericana y cómo ves su desarrollo actual?" (*País* 11). Para dar respuesta a esta pregunta González elabora su teoría de los cuatro pisos de la cultura puertorriqueña; cada piso representa un estrato de la conformación racial y cultural de Puerto Rico y aunque se presentan en sucesión temporal no dejan por ello de ser sincrónicos: primer piso: Los africanos; segundo: la migración extranjera que se dedica al cultivo del café (blancos); tercero: 1898, la invasión norteamericana y cuarto: la industrialización de los años 40 y 50, en los cuales Puerto Rico pasa a ser parte del sistema capitalista norteamericano.

Para González lo norteamericano es incompatible con lo caribeño, y aquí podría estar el origen de su peculiar exclusión de la diáspora puertorriqueña. Lo caribeño, específicamente lo puertorriqueño, en su vertiente popular es "de carácter esencialmente afroantillano" y durante los primeros tres siglos de historia pos-colombina hizo de Puerto Rico "un pueblo caribeño más" (*País* 22). Esta pertenencia a lo caribeño se va a ir degradando, según González, con el proceso de industrialización acelerada que se produce en los años 40 y 50. Es importante destacar que González afirma que algo positivo surgió de la invasión norteamericana de 1898, contrario a cierta historiografía tradicional puertorriqueña que asigna a este evento el origen de los males que aquejan a la isla. Según González, lo positivo fue el desarrollo de la cultura popular puertorriqueña:

> [el] desmantelamiento progresivo de la cultura de la élite puertorriqueña bajo el impacto de las transformaciones operadas en la sociedad nacional por el régimen colonial norteamericano ha tenido como consecuencia, más que la 'norteamericanización' de esa sociedad, un trastocamiento interno de valores culturales. (29)

El ascenso de la cultura de los puertorriqueños de la clase baja se debe a este "trastocamiento". A partir de lo anterior, González monta una crítica al independentismo tradicional puertorriqueño; para él la posición de los independentistas respecto a los puertorriqueños negros y de clase baja que apoyan al anexionismo es una actitud de desconocimiento de la verdadera esencia de la cultura popular y mayoritaria de Puerto Rico, una cultura que, como bien dice González, es esencialmente afroantillana.

La exclusión de la diáspora puertorriqueña del edificio nacional en el análisis de González es más sorprendente si se toma en cuenta que en algunos de sus cuentos sí aparece retratada la dura vida de los puertorriqueños que decidieron establecerse en los Estados Unidos; por ejemplo, en "La noche que volvimos a ser gente", el narrador, al referirse a uno de sus jefes, apunta: "Porque esta gente aquí a veces se imagina que uno viene de la última sínsora y confunde el papel de lija con el papel de inodoro, sobre todo cuando *uno es trigueñito y con la morusa tirando a caracolillo*" (*Cuentos* 118, énfasis mío). La mayoría de los migrantes puertorriqueños que se establecieron en Estados Unidos a partir de los años 50 pertenecían a esa cultura popular y mayoritaria que González identificaba como "afroantillana".

Si extendemos la analogía de González a República Dominicana podríamos dividir los pisos de la siguiente manera: Un primer piso, destruido rápidamente, formado por los taínos; segundo piso: la etapa colonial en la cual se mezclan africanos y españoles, este piso se caracteriza por la esclavitud; tercer piso: los mulatos criollos a partir de la independencia de Haití, y, finalmente, un cuarto piso, formado por la diáspora a partir de los años 60. A través de la figura representativa de Torres-Saillant, como intelectual dominicanyork y el uso de la metáfora arquitectónica, Báez incluye a la diáspora en el edificio dominicano.

En la parte titulada "Pretexto" que escrito así podría tomarse en su sentido principal como una excusa para hacer o no hacer algo, aunque yo prefiero entenderlo como un pre-texto, por ser la parte que antecede a *Dominicanish*, el texto de la pieza teatral; Torres-Saillant hace explícita esa inclusión de la diáspora en la nación dominicana; aunque el crítico es bastante cuidadoso al momento de ofrecer una posible solución al rompecabezas que constituye la identidad dominicana:

> Como ilustración de una teoría de la dominicanidad, esa entidad elusiva que algunas han pretendido definir mediante protocolos de exclusión. Dominicanish ofrece un *marco ontológico abierto donde todo lo que cabe empíricamente en la vida de los compatriotas de las diáspora necesariamente ha de caber en la formulación de lo que somos como nación.* (16, énfasis mío)

Ver a *Dominicanish* como una posible ventana hacia lo que constituye la experiencia de los dominicanos en la diáspora es un excelente punto de partida para acercarse al texto en sí, pero siempre teniendo en cuenta la gran carga de individualidad que Báez presenta. En las grandes teorías tradicionales de la dominicanidad, la ruralidad era lo que se presentaba como cotidianidad; si bien su punto más álgido se alcanzó durante la Era de Trujillo, en la cual el campesinado fue propuesto como la cumbre de lo dominicano, esta representación siguió vigente hasta muy entrado el siglo XX.[154] Tal y como señalé en el capítulo 1, Balaguer, en *La isla al revés*, propone a la población rural de Baní como la máxima representación y esperanza de la dominicanidad en 1983. Báez rompe con todos estos paradigmas al proponer una dominicanidad esencialmente urbana, transnacional y bilingüe.

Esa dominicanidad que presenta Báez tiene eminentemente un carácter de actuación, algo que Antonio Benítez Rojo apuntaba sobre

---

[154] Véase el capítulo 1 de *A Tale of Two Cities*, "From the Burro to the Subway" para un análisis del uso de personajes campesinos en la publicidad y en los programas radiales dominicanos entre las décadas de los 50 y 70. A finales de los años 80 el prestigioso publicista Nandy Rivas creó una campaña para el Ron Barceló con un fuerte acento nostálgico en lo referente a la vida campesina, aún cuando la realidad social del momento era que el 60% de la población dominicana residía en las ciudades. Así también merengues como "Marola" de Luis Días y "Ojalá que llueva café" de Juan Luis Guerra apuntaban, de cierto modo, a una reivindicación del campesinado. Richard Lee Turits en *Foundations of Despotism: Peasants, The Trujillo Regime and Modernity in Dominican History* (2003) desmenuza las relaciones entre Trujillo y el campesinado dominicano señalando como éste último fue parte instrumental en el afianzamiento y sostenimiento del régimen, aún después del inicio del proceso de urbanización a finales de los 50.

la cultura caribeña en sentido general.[155] En el universo de Báez, ser dominicano es actuar de una determinada manera, en respuesta a los estímulos provenientes del exterior: "*Gosh* to pronounce one little phrase one must become another person with the mouth all twisted. Yo no voy a poner la boca así como un guante" (22, énfasis en el original). Al cambiar de lengua, el inmigrante debe transformarse en otra persona, usar otra máscara; esta posibilidad rompe con la unicidad propuesta por el discurso tradicional que ve en la lengua la esencia de la patria dominicana (Henríquez Ureña, Núñez, Peña Batlle, Balaguer). La resistencia inicial de la migrante a las exigencias físicas de la lengua inglesa revelan un intento por mantener su identidad a través del español. La niña que desde pequeña decía "American Bel" y pretendía hablar inglés, al enfrentarse de veras a un proceso de inmersión lingüística se resiste a ello. El inicio de la pieza teatral es un juego de palabras que desdice esa resistencia de la infancia; en este movimiento ya podemos anticipar que la lengua inglesa será adoptada y conquistada: "every sin' is vegetable/vegetable, vegetable/Refrigerator, refrigrator fridge/Comfortable, comfortable, comfortable/Wednesday, sursdei, zerdeis" (21). El paso de la corrección ortográfica de "Wednesday" a la mímica fonética de "sursdei, zerdeis" revela una gran sintonía con la nueva lengua que se aprende en el país receptor.

Pero no es solamente con la lengua con lo que la niña entra en contacto, sino también con la cultura popular estadounidense. El impacto de la televisión y la música va a ser determinante en la formación de la voz poética que discurre a lo largo de *Dominicanish*; en un guiño doble, la narradora afirma: "But first of all baseball has been very very very good to me" (26). Esto remite a Chico Escuela, personaje de Saturday Night Live interpretado por Garret González Morris, quien usaba esta frase, dicha con marcado acento dominicano, pero también podría interpretarse como una alusión a Sammy Sosa bromeando en el 1998, año en el cual el famoso jugador dominicano disparó 66 cuadrangulares en su "carrera" contra Mark McGwire por quebrar la marca de más

---

[155] Ver la introducción de *La isla que se repite*.

"jonrones" en una temporada del beisbol de Grandes Ligas. Al hacer este señalamiento hacia el llamado "deporte nacional" tanto de la República Dominicana como de Estados Unidos, Báez abre otra ventana hacia una dominicanidad que iría mucho más allá de la bandera, el lenguaje o los símbolos patrios.

Si bien el referente que aparece primero es una caricatura de un personaje dominicano en uno de los programas más populares de la televisión estadounidense, lo que será realmente importante en la formación de la adolescente será la música, especialmente el Soul y el Rhythm and Blues: "My teachers the Isley Brothers" (27). Inmediatamente después de esta afirmación, la voz poética recita/replica el éxito principal del conjunto de soul estadounidense: "For the love of you" (1975); en la pieza teatral, el texto es recitado mientras Báez ejecuta parte de la coreografía con la que los Isley Brothers acompañaban sus temas. Junto a ellos, dentro del texto y en la pieza teatral, también se encuentran representantes de la música dominicana en boga en los años 70, como Fausto Rey, pero la voz poética enmarca esta influencia en un pasado temporal y en una lejanía espacial; en Nueva York, la República Dominicana es el pasado: "how I used to die to sing like Fausto Rey/but past is not present/el present is a gift" (30). El juego de palabras entre el regalo y el presente temporal indican la adaptación de la inmigrante.

Una vez completado el proceso de adquisición de la lengua a través de la cultura popular, la voz poética se coloca a la defensiva frente a los ataques tradicionales que surgen en las escuelas norteamericanas respecto a las diferentes tribus, especialmente los llamados "nerds".[156] "I ain't no bilingual nerd. I'm just immersed in/the poetry of the senses. Poetry that/leads to act of love" (32). Su maestría en el uso del inglés conlleva el asombro de los personajes investidos de autoridad: "Mister Juarez, My ESL teacher and later Mrs Kisinsky, my monolingual

---

[156] En el capítulo siguiente analizaré con más profundidad la condición de *nerd* al entrar en contacto con la raza y etnicidad en los Estados Unidos, al referirme a la figura de Óscar Wao.

teacher were/amazed, 'cause I had the vocabulary found/in wet tongues and hookie party goers" (32). La dislocación lingüística que se señala mediante la apelación a ESL (English as Second Language) y el monolingüismo predominante en la sociedad norteamericana se refleja en la inversión de las nociones tradicionales de "aquí" y "allá"; a partir de su llegada a Manhattan la voz poética se coloca decididamente en el espacio urbano de la ciudad de Nueva York sin renunciar a su manera de ser dominicana: "There is La Romana/Here is 107th street ok"; "Back home home is 107 ok/Full fridge full of morisoñando con minute maid" (31). El aquí (home) está signado por la abundancia de bienes materiales (la nevera llena) y la mezcla de elementos estadounidenses y dominicanos (morisoñando con Minute Maid). La traslocación del hogar es otra marca transgresora en este texto ya que desmitifica la muy extendida noción del ansia de retorno del migrante dominicano. En el caso de la niña de *Dominicanish* no hay ninguna nostalgia, ningún deseo de regresar a la República Dominicana de modo permanente. A través de la referencia a la nevera llena y al Minute Maid la voz poética enfrenta, de modo desafiante, algunas de las principales críticas de los nacionalistas dominicanos, tanto de izquierda como de derecha, para negarle a los dominicanyorks su pertenencia a la nación, especialmente su supuesto materialismo a ultranza, pero también el uso del español y el inglés como mezcla creativa y definitoria de una identidad particular. Como muestra de esas críticas, Núñez, desde una posición conservadora y de derechas, apunta:

> En lo que toca al *dominicanyork* puede decirse que su influjo sobre el entronque social dominicano suele modificar los estilos de vida y constituir uno de los horizontes en torno al cual gravita toda la población. Nuevos valores surgen, entre ellos, el uso generalizado del *spanglish*, monserga inter lingüística del emigrante dominicano en Estados Unidos. Importa usos y hábitos norteamericanos como impronta de civilización y de progreso. Aumenta, con arrogante sentimiento de superioridad, las expectativas de consumo y las necesidades de los dominicanos. Destruye con notable éxito los proyectos de vida en Santo Domingo de grandes proporciones de la población. (*Ocaso* 459-60, cursivas en el original)

Por su parte, Hoffnung-Garskof recoge los testimonios de varios izquierdistas para los cuales también los dominicanyorks supuestamente socavaban la cultura local por su énfasis en el materialismo y el deslumbramiento que causaban entre los isleños. En palabras del activista José "Chichí" Ceballos, los dominicanyorks regresaban para "llenar los ojos" de los habitantes de los barrios pobres de Santo Domingo: "¿Por qué regresa el cadenú? Por dos razones: primero para disfrutar, lo que para los dominicanos de esa clase significa mujeres y, más que nada, para crear otra visión de sí mismo, lo que le llamamos aquí: *'llenando los ojos'*" (citado en *Tale* 232, español y énfasis en el original). Como se puede ver ambas posiciones ven en el éxito económico de los dominicanyorks una amenaza a la identidad y la sociedad dominicanas, partiendo de una concepción que realmente tiene sus raíces en la imagen campesina y bucólica que fue impuesta por el trujillismo y sus secuelas durante la segunda mitad del siglo XX. A pesar de todo ello, en la actualidad nadie se atreve a negar la importancia capital de las remesas para la economía dominicana, si bien se le siguen negando muchos espacios sociales a los retornados.

Aunque no hay una explícita apelación al materialismo, no se puede negar que *Dominicanish* resalta el progreso material que experimentan los dominicanos que salen de la isla especialmente cuando se trasladan a países económicamente más desarrollados. La presencia de "morisoñando con Minute Maid" y "Chicken Wings con plátanos fritos" (57) no sólo revelan lo que podría denominarse la "diáspora culinaria", sino también un importante nicho de mercado que en realidad sostiene parte de la economía de la comunidad dominicana en Estados Unidos y que constituye un renglón importante en la economía isleña, me refiero al comercio de los llamados "productos nostálgicos". La mención de estos artículos de consumo y otros más, sobre todo en la pieza "Washington Heights List" es la única concesión a la nostalgia que se permite la voz poética. En esto también se diferencia bastante de lo que es típico de la diáspora dominicana radicada en los Estados Unidos. En concreto, el trasiego de "productos nostálgicos", aunque empieza simultáneamente con la experiencia diaspórica, no ha hecho más que incrementarse en los últimos años. Según el estudio *Tasting Identity Trends in Migrant Demand for Home Country Goods* publicado por la Diaspora Network Agency y la USAID en noviembre del 2008, el 97% de los dominicanos residentes en Estados Unidos compra productos hechos en República Dominicana y el gasto promedio de cada dominicano en "productos nostálgicos" (dulces, ron, leche de coco, refresco Country Club, etc) es de US$793.00 anuales. Lo que esto quiere decir, en términos prácticos y cotidianos, es que los dominicanos residentes en Estados Unidos, específicamente en la llamada "Tri-State Region" (New York, New Jersey y Connecticut), casi no difieren en sus gustos culinarios e higiénicos de los que habitan en la isla. Es por ello que, a pesar de las sutiles diferencias, se puede hablar de una cultura dominicana transnacional que abarca los Estados Unidos y la República Dominicana, en la cual los individuos están en una situación de rayanidad, moviéndose entre los intersticios que dejan los choques entre las concepciones tradicionales de ambas sociedades.

Pero, fuera de las expresiones culinarias, la voz poética de *Dominicanish* no extraña la isla y se da por entendido que el lugar de asentamiento, cuasi permanente, está localizado fuera de La Romana. Es éste uno de los puntos en los cuales Báez se separa de los poetas nuyoricans como Pedro Pietri y Tato Laviera, cuya influencia en la obra de Báez es importante pero creo más enriquecedor resaltar las diferencias existentes y no supeditar el trabajo de Báez únicamente a esta corriente tal y como hace Flores.[157] En "Puerto Rican Obituary," Pietri termina el poema con una comparación entre Puerto Rico y Estados Unidos en la cual el primero es el lugar del cual nunca debieron haber salido Juan, Miguel, Milagros, Olga y Manuel; en el caso de Pietri la voz poética usa una localización inversa a la de Báez: "Aquí Se Habla Español all the time [...] Aquí to be called negrito / means to be called LOVE" (24). Por

---

[157] En cuanto a *Dominicanish*, Flores sostiene que "Los poetas nuyorican Pedro Pietri y Tato Laviera están presentes en todas partes, en el humor *uncanny* y en los giros irónicos, y en la continua identificación con la identidad negra y su respuesta a las indignidades racistas" (191). Dejo el vocablo uncanny intacto por las razones expuestas en las páginas 62-64.

otra parte, el poeta con el cual quizás más afinidad tiene Báez, Laviera, en "Nuyorican," se lamenta de su condición de "nativo nacido en otras tierras" pero sin dejar de resaltar que tiene "un corazón boricua" para al final decirle a ese Puerto Rico que lo rechaza:

> [...] pues yo tengo
> un puerto rico sabrosísimo en que buscar refugio
> en nueva york, y en muchos otros callejones
> que honran tu presencia, preservando todos
> tus valores, así que, por favor, no me
> hagas sufrir, ¿sabes? (53)

Al igual que en el caso de Laviera, la voz poética de Báez se construye un espacio dominicano en Nueva York, pero la suya no es una República Dominicana a la cual se pretenda regresar; más aún, la voz poética se refiere a sí misma con los códigos de la cultura popular estadounidense los cuales reinscribe en modo autobiográfico: "Me, the Dominican miracle in 84th street / in Brandeis representin'" (33).[158]

A pesar de no haber una nostalgia por la isla abandonada la voz poética no cesa de regodearse en las posibilidades que ofrece el español dominicano; si se puede hablar de constancia dentro de *Dominicanish* habría que referirse a la presencia de los juegos de palabras, tanto en español como en inglés, que marcan la ruta autobiográfica de la mujer que nos narra su crecimiento como persona y migrante a partir de la llegada a Estados Unidos. En un despliegue de ingenio, nos deja saber que:

---

[158] "Miracle on 34th Street" (1947) es una de las películas más famosas de la temporada navideña. Es interesante notar que la película gira en torno a la pregunta de la identidad, en ese caso de la identidad de Santa Claus, y cuáles son los parámetros a través de los cuáles se forman las señas particulares que asignan a los humanos sus respectivas identidades. Mediante la mención de su escuela secundaria, Louis D. Brandeis High School, Báez desafía, de manera oblicua, otro de los tópicos que rodean a los dominicanos en Estados Unidos: la baja escolaridad. Brandeis era una escuela principalmente negra en la época en que Báez asistió a ella, quizás ésta sea una de las claves que explique la gran influencia de la cultura popular afro-americana en su producción artística; de acuerdo a Hoffnung-Garskof la población "other Spanish" era solamente de un 11% y estaba compuesta principalmente por dominicanos (277).

> ING the sweetest of actions
> Boy girl loves you she did she does she will
> chi tu chi sa chi be chi mu *chi cho* que bien
> ain't no place I'd rather be than with you yeah
> loving you well three times
> well well well (35, énfasis en el original)

Aquí el gerundio gramatical indica el disfrute pleno de la de la práctica sexual, esto se hace aún más explícito en la representación teatral con el gesto de la mano de Báez indicando el acto en el momento de su ejecución (ver foto más abajo).[159]

Al mismo tiempo, se utiliza un conocido juego infantil para indicar la experiencia sexual (chi mu *chi cho*). El verbo chichar indica en español caribeño el acto sexual y es usado como una especie de eufemismo que reemplaza el verbo singar que es considerado muy vulgar en español dominicano; curiosamente el Diccionario de la Real Academia Española recoge este último y no así el primero.[160] Báez me ha señalado que soy

---

[159] Foto de Giovanni Savino, © giovannisavinophotography.com
[160] <http://lema.rae.es/drae/?val=singar>.

el primero en reparar en este detalle y afirmó que ello se debía a la afinidad que surgía entre los "signos y los símbolos internos del texto por tener un upbringing común;"[161] si bien es cierto que la cercanía con el texto es importante, ello no impide que *Dominicanish* pueda ser valorado y entendido, tal y como efectivamente lo ha sido, por personas provenientes de otras culturas, generaciones y países.

No es solamente a través de los juegos gramaticales que la voz poética transgrede las diferentes concepciones de la sexualidad dominicana, sino que también lo hace mediante la incorporación retórica de la India y sus múltiples religiones, para hacerle mella a la armazón masculina dominicana: "Thanks to the Ganga gracias al ganjes los / *tígeres* (sic) *de Bengala* no enchinchan la sed / el salto del tígere hace rato que no es tántrico / thanks to the ganga *bengal tigers* don't / move me long gone tantric attacks" (38, énfasis en el original).[162] Aquí se afirma la independencia sexual de la mujer dominicana en el exterior, aunque la ruta sea muy diferente a la que recorren las heroínas de las novelas escritas por las autoras de la diáspora dominicana en clave de *Bildungsroman*, me refiero específicamente a novelas como *De cómo las muchachas García perdieron el acento* de Julia Álvarez, o *Soledad* de Angie Cruz, en las cuales la realización personal pasa a través de la educación formal y/o el trabajo asalariado. En *Dominicanish* la ruta es la práctica de la religiosidad india: "Thanks to the Ganga gracias al ganjes".

El discurrir de la voz poética en *Dominicanish* es caótico, tal y como si se remedara el deambular urbano de un caminante sin rumbo fijo, esto será hecho explícito en "Washington Heights List". Al fijar su mirada sobre la diáspora dominicana esta voz recurre a la ya conocida imagen del exilio, pero al citar al Panchatantra descoloca, una vez más, al lector que esperaría una referencia puramente política: "It is said that the poor, the sick, the dreamers/and the fools always go into exile, / *Poor, sick, dreamers and fools exile.*" (40-41, énfasis en el original). El exilio al que se

---
[161] Comunicación personal con la autora vía correo electrónico (10 de septiembre, 2009).
[162] Para no ser redundante, véase Maríñez (156) para un análisis de esta parte de la obra.

refiere Báez no es un exilio político sino económico y, en tanto busca también una mejoría de la vida personal, podría llamársele estético (poor, sick/dreamers and fools). La búsqueda de una mejor vida económica y espiritual es el motivo por el cual se desplazan los dominicanos que podrían ocupar el espacio que abre *Dominicanish*. Al igual que en "Nuyorican" de Laviera: "yo soy tu hijo / de una migración, / pecado forzado/me mandaste a nacer nativo en otras tierras, / por qué, porque éramos pobres, ¿verdad?" (53), en *Dominicanish* el exilio no es impuesto por la política, sino por la economía. Esto es importante porque señala una manera de dejar la República Dominicana diferente a la que prevaleció entre 1966 y 1974 (los primeros 8 años del gobierno de Balaguer), época en la cual la mayoría de los desplazados hacia la ciudad de Nueva York provenían de la izquierda dominicana y buscaban escapar de la durísima represión balaguerista. Si se puede afirmar, tal y como hace Hoffnung-Garskof, que "en los años 60 la renovada experiencia del imperialismo cambió los términos de la pregunta acerca de quién pertenecía a cuál lugar, resucitando la idea de un muro impermeable entre lo que era dominicano y lo que era los Estados Unidos" (96), se debe destacar, entonces, que Báez, a través de su voz poética en *Dominicanish*, destruye ese muro; no hay en la obra de Báez esa reticencia a la integración, se pertenece, sin rubor, a ambos espacios: la voz poética que prevalece a lo largo de *Dominicanish* es la voz de una dominicana que vive y se desarrolla en New York, y que al mismo tiempo es, indiscutiblemente, una neoyorquina que viene de la República Dominicana.

Pero al llegar a Nueva York los dominicanos, ya fueran exilados económicos o políticos, no pudieron escapar de la represión policial aunque ello fuese por motivos diferentes. Si en Santo Domingo muchos eran perseguidos por sus actividades políticas, en Nueva York los dominicanos resultaron víctimas del racismo y de las violencias cotidianas de la vida en el gueto. Hoffnung-Garskof recoge episodios de represión policial en las escuelas públicas a las que acudían los estudiantes dominicanos durante los años 70;[163] por su parte, Báez

---

[163] Véase el capítulo 6: "To Have an Identity Here."

demuestra que las cosas no cambiaron mucho en los veinte años que median entre la época retratada por Hoffnung-Garskof y la década de los 90: *"City glorifying the finest brutality in blue* / City nuestro canto con viva emoción / City a la guerra a morir se lanzó" (42, énfasis en el original). Mediante el uso de las letras del himno nacional dominicano, la voz poética combina las dos ciudades que se reparten su imaginario. Más adelante, en "Washington Heights List" hará explícita la equiparación de la policía de Nueva York de los 90 (que usa uniformes azules y conocidos como "New York's Finest") con la policía dominicana de los años 70: "Quien mató a Kiko García / la maldita policía / Quien mató a Sagrario Díaz / la maldita policía" (55). Cabe destacar que, a pesar de esta igualación retórica, las víctimas de la represión policial son diferentes: José (Kiko) García fue baleado por el oficial Michael O'Keefe en julio de 1992 en el frente de un edificio de Washington Heights lo que provocó varios días de disturbios en el barrio dominicano. El oficial O'Keefe fue absuelto por un gran jurado en septiembre de ese mismo año debido principalmente a los supuestos vínculos de García con la venta de drogas en Washington Heights.[164] Sagrario Díaz era una dirigente estudiantil universitaria que fue baleada el 4 de abril de 1972 durante una invasión de fuerzas policiales a la Universidad Autónoma de Santo Domingo. Díaz falleció diez días después. Es importante acotar que durante la manifestación en la que fue baleada Sagrario Díaz los participantes entonaban el himno nacional dominicano como manera de protestar.[165] Debido a su sexo, Díaz se convirtió en un referente para indicar hasta dónde podía extenderse la brutalidad del régimen balaguerista; sin embargo, a diferencia del asesinato de las hermanas Mirabal doce años antes, la muerte de Sagrario Díaz no hizo mella en el gobierno de Balaguer; el Partido Reformista se mantendría en el poder hasta 1978. A pesar de ello, el hecho de escoger a Díaz como principal

---

[164] <http://www.nytimes.com/1992/09/13/opinion/the-lesson-of-washington-heights.html>.

[165] Véase el artículo de Vianco Martínez "Sagrario y el general" donde se narran las circunstancias de la muerte de la dirigente estudiantil, en el blog de la periodista María Soldevila <http://mariasoldevila.blogspot.ca/2007/09/impunidad-ya-no-ms.html>.

representante de la represión balaguerista es significativo porque, a pesar de su carga simbólica, no era una dirigente política importante como si lo fueron Homero Hernández, Otto Morales o Maximiliano Gómez (El Moreno), a quien la voz poética se refiere directamente en la línea que sigue la mención de Sagrario Díaz "Viene el moreno" (55), sino que era una simple estudiante.[166] A fin de contrarrestar toda esta violencia, que abarca ambos lados de la ecuación migratoria, la voz poética recurre una vez más a la cultura popular, pero esta vez la referencia proviene de New York:

> Suerte que la 107 se arrulla con Pacheco
> Pacheco tumbao añejo
> Pacheco flauta Pacheco su nuevo tumbao el
> maestro el artista Tremendo Cache
> compartido en cruz
> Juntos de nuevo como al detalle Tres de Café y
> dos de azucar Con el swing del tumbao y
> Reculando como Ciguapa (42)

Pacheco y la Fania All Stars ofrecen un refugio frente a las soledades del exilio y a la represión policial. La Fania All Stars con sus músicos y cantantes dominicanos, cubanos, puertorriqueños, judíos y afro-americanos ofrece una metáfora bastante acertada para describir el ambiente en el cual se desenvuelve la voz poética de *Dominicanish*, ya que así como su imaginario cultural está conformado por referencias musicales y cinematográficas provenientes de República Dominicana y Estados Unidos, las manifestaciones concretas de esa identidad diaspórica están compuestas de múltiples agregados (lingüísticos, étnicos, culturales, sociológicos) que se concentran en una sola persona. Ello se hace explícito en las siguientes líneas: "*Me chulié en el hall* / metí mano en el rufo / Craqueo chicle como Shameka Brown / Hablo como Boricua / y me peino como Morena" (43, énfasis en el original). Puertorriqueña y afro-americana se mezclan en la persona de la dominicanyork, al tiempo que el español y el spanglish comparten un mismo espacio lingüístico sin

---

[166] Para un relato novelado de las circunstancias que rodearon la muerte de Maximiliano Gómez y Miriam Pinedo en Bruselas en 1971 véase *El olor del olvido*.

que haya uno por encima del otro.¹⁶⁷ A la par de esa identidad diaspórica que desafía al discurso tradicional dominicano (mediante el spanglish y el "hablar como boricua y peinarse como morena") están un cúmulo de acciones que enfrentan tanto a la comunidad diaspórica que arrastra consigo los comportamientos adquiridos en la República Dominicana, como a la sociedad norteamericana en general: "Jangueo con el pájaro del barrio / Me junto con la muchacha que salió preñá / Salgo con mi ex / Hablo con el muchacho que estaba preso / Garabatié paredes y trenes / City / *I pulled the emergency cord*" (43, énfasis en el original). Esto va más allá de la típica rebeldía juvenil (garabatear paredes y trenes) para convertirse en una transgresión directa de comportamientos comunitarios que aíslan a aquéllos que salen de la norma: el homosexual, la joven promiscua, el delincuente. Mediante el uso reiterado de la primera persona del singular la voz poética los incluye, no sólo dentro de su narrativa personal, sino también, retóricamente, dentro de lo nacional.

Esta incorporación a la narrativa nacional mediante la experiencia personal es el modo principal a partir del cual se puede desenmarañar la trama de referencias, alusiones y juegos de palabras que constituyen el camino de acceso a *Dominicanish* que he trazado aquí. La continuidad de las costumbres de la comunidad diaspórica a pesar de estar desplazada geográficamente se manifiesta a través de la constante mención de los "pantis": "Although zip coded batey / Water Con Edison galore / *Aquí también los pantis se tienden / en el baño*" (45, énfasis en el original). Al concluir el texto que forma parte de la representación teatral la voz poética asume, finalmente, las transformaciones propias de la experiencia migratoria: "Now I'm another person / Mouth twisted / Guiri guiri on dreams / Guiri Guiri business / Even laughing / *Laughing in Dominicanish*

---

[167] Néstor E. Rodríguez, en su blog "Los años de Odradek", sostiene, a propósito de estos versos, lo siguiente: "En el texto de Báez ambos modismos ["chuliarse" y "meter mano"] sirven para remarcar la multiplicidad de vectores y el carácter indefinido del sujeto poético. Igualmente, la confesión de que la hablante se peina "como morena" tiene el efecto de exaltar una herencia racial que en República Dominicana la inmensa mayoría de las mujeres tiende a ocultar a toda costa". <http://schnuckelchen.blogspot.com/2007_07_01_archive.html>.

/ There's no guarantee" (47, énfasis en el original). Más adelante, agrega: "*Here I am chewing English / and spitting Spanish*" (49, énfasis en el original). La niña que al principio no quería "poner la boca como un guante" ahora se ha convertido en una neoyorquina de ascendencia dominicana; habita plenamente un espacio físico y cultural diferente al de su origen isleño y, al mismo tiempo, pertenece, de manera oblicua, a la comunidad y cultura dominicanas.

Con la cita anterior termina el texto de la presentación teatral de *Dominicanish* pero no así el libro. En esta parte, quiero hacer referencia a mi experiencia como espectador de la pieza el 7 de noviembre de 2009 en el Harlem Stage Theater en la ciudad de Nueva York. La pieza terminó con el trompetista Ross Huff interpretando "Compadre Pedro Juan" mientras Báez ejecutaba movimientos de la danza Kuchipudi al son de la música. Una vez más esta pieza musical entra en el análisis rayano de la dominicanidad;[168] en el caso de *Dominicanish* el tono es de celebración pero sin dejar de ser transgresor. Claudio Mir en su intervención antes citada apuntaba que una de las cosas que más chocó en la presentación de la pieza en República Dominicana en el año 2001 y que aún sigue causando sorpresa es que: "el movimiento del cuerpo de Josefina no implica movimiento de caderas, no es un movimiento 'dominicano'". Si seguimos a Yuval-Davis en *Gender and Nation* y aceptamos que el cuerpo de las mujeres se convierte en representación de la nación, entonces la gestualidad y los movimientos de Báez al ejecutar su pieza transgreden explícitamente lo que se entiende como la corporalidad dominicana. Más allá de "peinarse como morena" esta dominicanyork baila como india pero no es la "india" dominicana reivindicada por los merengues y poemas. Julia A. Sellers en *Merengue and Dominican Identity* afirma que sus entrevistados dominicanos sostenían que: "El bailar merengue está en nuestra sangre" y al intentar aprender a bailar el ritmo los dominicanos le señalaban a la investigadora norteamericana "*Cadera, cadera, cadera*" (2). Tal y como apunta Sellers el merengue, debido principalmente a la

---

[168] Ver el capítulo 3 donde analizo las implicaciones de la inclusión de "Compadre Pedro Juan" en la novela *Cosecha de huesos*.

política cultural trujillista, se convirtió en el ritmo nacional dominicano desplazando a otros ritmos autóctonos y, a partir de ahí, se ha convertido en un símbolo muy importante para la diáspora dominicana:

> Los inmigrantes dominicanos a Estados Unidos y Puerto Rico han recreado, en miniatura, su patria al incorporar elementos de la cultura dominicana, específicamente el merengue. De esta manera están mejor equipados para enfrentar a las presiones sicológicas asociadas con la migración. Más aun, el merengue sirve como una poderosa marca de identidad al separar a los dominicanos de los norteamericanos y de otros migrantes latinos. (6)

Báez más que intentar separar elementos los une: The Isley Brothers, Kuchipudi y "Compadre Pedro Juan" son todos parte integral de la persona y personalidad de esta dominicanyork que le narra al espectador/lector su experiencia y de este modo le ofrece una visión diferente a la que ofrecen las representaciones tradicionales de la migración en la sociedad norteamericana, pero también a lo que se entiende como una dominicanyork en la República Dominicana. Ahora cabe detenerse un poco en el aspecto de género en la obra de Báez y su afirmarse rotundamente como una dominicanyork.

Como ya vimos anteriormente el término dominicanyork lleva una carga peyorativa y, al apropiarse de él y convertirlo en celebración y término positivo, Báez se inserta en la lucha política por la identidad, una lucha que equipara su uso de dominicanyork al uso de "queer"(maricón/marica) para reivindicar los grupos marginalizados en la sociedad norteamericana por su preferencia sexual (homosexuales, lesbianas, bisexuales y transexuales). Al respecto Judith Butler en el capítulo "Critically Queer" de su libro *Bodies that Matter* (1993) apunta lo siguiente:

> Cuando el término ha sido usado como un paralizante insulto, como la interpelación mundana de una sexualidad patologizada, ha producido al usuario del término como el emblema y el vehículo de la normalización; la ocasión de su expresión, como la regulación discursiva de las fronteras de legitimidad sexual. La gran parte del mundo heterosexual siempre ha necesitado lo maricón que ha buscado repudiar a través de la fuerza performativa del término. (223)

Si cambiamos el término 'maricón' por 'dominicanyork' tendremos exactamente la misma situación: una supuesta dominicanidad pura, auténtica es producida a través del uso del término peyorativo para marcar al dominicano procedente de los Estados Unidos, que es singularizado por su vestimenta o accesorios ("cadenú") o sus costumbres (vecinos o alumnas no deseadas). Usando el concepto de interpelación de Louis Althusser, Butler señala que cuando se habla de un término peyorativo no existe un yo anterior a la interpelación de la sociedad: "Por el contrario el "yo" solo surge a través del ser llamado, interpelado, para usar el término de Althusser, y esta constitución discursiva tiene lugar antes del "yo", es la invocación transitiva del 'yo'" (225). La afirmación de Báez "yo soy una Dominican York" solo es posible una vez ha sido interpelada por la sociedad dominicana de la isla como una desviación de lo que supuestamente debe ser la dominicanidad. A través de la repetición constante del insulto éste adquiere su fuerza peyorativa y alcanza su objetivo de avergonzar al sujeto al cual se dirige (*Bodies* 226) pero una vez el término es apropiado por la insultada y es repetido constantemente con una afirmación radical en primera persona comienza a adquirir una dimensión positiva y deriva entonces en un arma política que podría servir para una reclamación de derechos políticos, económicos y sociales.

Pero tal y como reconoce Butler el uso positivo de los términos peyorativos tiene un límite:

> La esperanza de autodeterminación que el autonombrarse alimenta es paradójicamente rebatida por la historicidad del nombre mismo: por la historia de sus usos que uno nunca controla, pero que limitan el mismo uso que ahora simboliza la autonomía; por los esfuerzos futuros de desplegar el término contra la corriente de los nuevos términos peyorativos y que excederán el control de aquellos que buscan marcar el curso de los términos en el presente. (*Bodies* 228)

La solución que propone Butler es que el término peyorativo debe dar paso a otros que tengan más efectividad política: "Este dar paso podría muy bien convertirse en necesario a fin de acomodar —sin domesticar— las discusiones democratizadoras que han redefinido y seguirán redefiniendo los contornos del movimiento en modos que nunca pueden ser totalmente previstos" (228). Al igual que el de Butler, mi acercamiento se encuentra en una encrucijada. La autora no señala cuáles podrían ser estos posibles términos que sustituirían a "marica"; en mi caso al proponer rayano como el término para acercarse a un análisis de las manifestaciones de la dominicanidad en el siglo XXI, tengo que reconocer que este término también conlleva su carga peyorativa ,pero tiene la ventaja frente a 'dominicanyork' que prácticamente ha desaparecido del discurso público dominicano y está listo para una resignificación positiva que podría impactar la comprensión de la identidad dominicana. Así rayano se convertiría en un término con el cual se le haría frente al discurso esencialista de la dominicanidad porque al ser un término que viene de mucho más atrás en el tiempo se puede reconfigurar sin despertar el fuerte rechazo que aún genera el término dominicanyork. Butler termina su ensayo, y de paso su libro, recordando que los actos discursivos performativos escapan a las intenciones del autor, lo que se aplica tanto al uso de dominicanyork por parte de Báez como a mi propio intento de establecer rayano en una nueva significación:

> Los efectos de las palabras performativas, entendidas como producciones discursivas, no concluyen al final de un determinado pronunciamiento o declaración, la entrada en vigor de una legislación, el anuncio de un nacimiento. El alcance de su significabilidad no puede ser controlado por el que pronuncia o escribe, dado que estas producciones no son de la propiedad de quien las emite. Ellas continúan significando a pesar de sus autores y muchas veces en contra de las mas añoradas intenciones de éstos. (*Bodies* 241)

Yendo más allá de las intenciones de Báez al escribir y presentar *Dominicanish:* una reacción contra las diferentes representaciones del sujeto dominicano tanto en Nueva York como en Santo Domingo; es innegable que el texto se ha convertido en una herramienta a través de la cual se puede analizar la vida cotidiana de una comunidad dominicana radicada fuera de los límites geográficos controlados por el Estado dominicano. El libro continúa más allá de los textos con los cuales termina la pieza teatral con una serie de poemas agrupados bajo el título "Dominicanish, it's unending source list." Es aquí dónde se encuentran recogidos "Washington Heights List" y "Letanía de la decencia". Ya he hecho referencia a "Washington Heights List" en lo que toca a la brutalidad policial; ahora me quiero detener en lo que este poema representa dentro de una narrativa de la experiencia caribeño-hispana en la ciudad de Nueva York. Específicamente, considero fructífero comparar "Washington Heights List" con "Beware of Signs" de Pedro Pietri, poema que se encuentra en *Puerto Rican Obituary*, ya que ambos recogen diferentes momentos de la migración caribeña a la ciudad norteamericana y apuntan a visiones diferentes.

Si entendemos con Michel de Certeau que: "A diferencia de Roma, Nueva York nunca ha aprendido el arte de envejecer al conjugar todos los pasados. Su presente se inventa, hora tras hora, en el acto de desechar lo adquirido y desafiar el porvenir" (103), ambos poemas representan entonces "fotografías" de una cierta etapa en el discurrir migratorio de estas comunidades. Publicado en 1974, *Puerto Rican Obituary* es uno de los textos fundacionales del movimiento Nuyorican y en él Pietri, a través de una voz poética que al tiempo que expresa nostalgia por Puerto Rico y su lengua se pronuncia a través del idioma de la sociedad norteamericana, denuncia los males que trae consigo la migración a los Estados Unidos: pobreza extrema, racismo, falta de solidaridad, explotación, consumismo. Pietri, especialmente en el poema que da título al libro, recoge las vicisitudes de los puertorriqueños desplazados hacia Nueva York por el proceso acelerado de migración que tuvo lugar durante los años 50 en la isla: "They worked / They were always on time / They were never late / They never spoke back / when they were insulted...They worked / and they died / They died broke / They died owing / They died never knowing / what the front entrance / for the first national city bank looks like" (1). Si bien aquí se percibe la alienación laboral a la que se ven sometidos los emigrantes económicos, es en "Beware of Signs" donde ello colude con la experiencia urbana. Los puertorriqueños, al caminar por la ciudad, se ven en la situación señalada por de Certeau:

> Es abajo al contrario (*down*), a partir del punto donde termina la visibilidad, donde viven los practicantes ordinarios de la ciudad. Como forma elemental

de esta experiencia, son caminantes, *Wandersmänner*, cuyo cuerpo obedece a los trazos gruesos y a los más finos [de la caligrafía] de un 'texto' urbano que escriben sin poder leerlo. (105)

Pero ese texto urbano está señalado en el poema de Pietri por la presencia de los letreros / signos / símbolos (signs) que deberían servir de advertencia a los migrantes pobres. La voz poética intercala los letreros y anuncios con la representación fonética de la manera de pronunciar el español de los anglohablantes. El poema de Pietri advierte a los inmigrantes acerca de la explotación capitalista que se cierne sobre ellos y los incita a mantenerse alertas contra el sistema y el idioma que lo representa. Al mismo tiempo los letreros y las palabras son un intento por parte de la economía capitalista dominante de integrar a los migrantes al sistema económico. Pietri comienza dirigiéndose directamente a su interlocutor: "Beware of signs that say / "Aqui Se Habla Español" / Dollar Down Dollar A Week / until your dying days" (17), para luego pasar a la realidad que viven cada día los caminantes que pasan frente a los comercios:

> BUEYNOS DIASS
> COMO ESTA YOUSTED?
> AQUI SAY FIA
> MUEBLAYRIA
> Y TELEVICION SETS
> ROPAS BARRATOS
> TRAJES Y ZAPATOS
> PARA SUSHIJOS
> AND YOUR MARIDOS
> NUMAYROSAS COSA
> PARA LA ESPOSA (17)

Luego de continuar con este estilo por dos páginas, la voz poética resume la grafía original y vuelve a dirigirse a su interlocutor:

> Beware of signs that say
> "Aqui Se Habla Español"
> Do not go near those places
> of smiling faces that do not smile
> and bill collectors who are well trained
> to forget how to hablar espanol
> when you fall back on those weekly payments

> Beware! Be wise! Do not patronize
> Garbage is all they are selling you
> Here today gone tomorrow merchandise
> You wonder where your bedroom set went
> after you make the third payment
> Those bastards should be sued
> for false advertisement
> What they talk no es espanol
> What they talk is alotta BULLSHIT (18-19)

Aquí la voz poética sugiere una retirada del consumo capitalista que promulga la ciudad como modo de defender una identidad y la pertenencia a un lugar. En 1973, el momento en el cual Pietri escribe su poema, la vida económica de Nueva York, especialmente, en los barrios donde residían los dominicanos y los puertorriqueños era tal y como la presenta el poeta nuyorican: los negocios que se dirigían hacia el público migrante eran propiedad de norteamericanos de segunda y tercera generación.

Para los años 90 ya la situación había cambiado notablemente. Si asignamos eso que de Certeau denomina "un valor de conocimiento" a la "enunciación peatonal" (111), en "Washington Heights List", cuyo origen explícito está en el deambular de Josefina Báez por las calles que conforman el área de Washington Heigths mientras llevaba a cabo un trabajo etnográfico (Maríñez 158), encontramos una cartografía urbana que nos señalará no sólo la transformación que ha sufrido el área de Washington Heights/Inwood, sino también el creciente poder económico de la comunidad dominicana asentada en Nueva York. En el poema de Báez el migrante ya se ha adueñado del espacio urbano que antes ("Beware of Signs") pertenecía a negociantes que hablaban español "machacao" tal y como se le llama en el hablar dominicano.[169] En "Washington Heights List" los migrantes están integrados dentro de la economía capitalista de la metrópolis y se benefician de ella:

---

[169] En el poema "Tata", Pietri sostiene que el hecho de que su abuela no hablara inglés a pesar de vivir en USA por décadas es signo de inteligencia.

> Se rentan cuartos. Llamen a Santos.
> Santos Santos Santos es el Señor.
> Si sus hijos no se van a recortar, por favor no los traiga.
> A Santo Domingo 159 ida Puerto Plata.
> Cambio hoy 12.50
> Se cuidan niños y se buscan a la escuela. Señora seria.
> Se alquila habitación a dama que trabaje.
> Que se vaya Balaguer
> Viajes al aeropuerto.
> En paz descanse.
> Quién mató a Kiko García.
> La maldita policía.
> Quien mató a Sagrario Díaz.
> La maldita policía.
> Viene el moreno.
> Se apuntan números pa' Santo Domingo.
> Palé sólo los miércoles.
> 10 plátanos por un dollar.
> Se hacen bizcochos al estilo dominicano. (55)

Si en lo económico los dominicanos se han integrado a la economía norteamericana, en lo cultural siguen manteniendo una serie de esquemas mentales y prácticas cotidianas que remiten a la isla y a esa concepción rural de la dominicanidad. Por medio de una serie de transgresiones explícitas reveladas en "Letanía de la decencia" Báez expresa su rechazo a este modo de construir la dominicanidad en el exterior de la isla y lo hace desde el punto de vista femenino:

> Me senté en concreto caliente
> y no me dió [sic] flor blanca.
> Comí limón agrio y no me hizo
> daño al desarrollo. Me lavé la cabeza con la luna
> y no me dió [sic] hemorrágia [sic].
> Jugué con los varones.
> Caminé en sal.
> Reculé como Cigüapa
> A San Antonio lo llamé por su apodo.
> Usé los pantis de ir al médico.
> Usé la loza de la visita.
> Compré un apartamento a quien no era el dueño.
> El super se está tirando a la culona
> del quinto piso.
> Hago morir-soñando con minute maid. (61)

Mediante esta serie de actitudes, Báez desmonta las tradiciones específicamente dirigidas a controlar el cuerpo y el comportamiento social femeninos. Pero no todo es rechazo, Báez reivindica la sabiduría medicinal tradicional, generalmente en manos de las mujeres: "Sabran [sic] mucho su inglés pero en el "medical center" / no saben cuando uno tiene un entuerto; si un muchacho / está anortao. Y mucho menos saben la cura. / No saben de ensalmos" (63).[170] A lo largo del texto la voz poética se rebela constantemente contra la socialización que se le impone en ambas sociedades con las cuales se relaciona. Esta rebeldía, dirigida especialmente contra la sociedad dominicana, es al mismo tiempo, producto de esa misma socialización. En su ensayo "Transnational Changing Gender Roles: Second-generation Dominicans in New York City" Nancy López analiza las causas por las cuales las migrantes dominicanas de segunda generación ascienden a niveles más altos de educación que los hombres. López señala que estas diferencias se deben principalmente a los efectos de la socialización que experimentan las mujeres en Nueva York; allí ellas procesan su experiencia vital a través de "un marco de referencia transnacional en el cual ellas evalúan consistentemente sus oportunidades de educación y empleo en contraste con las experiencias de sus madres como trabajadoras de bajos ingresos que no tuvieron oportunidades para educarse" (181).

Por esta razón el éxito escolar es primordial para las migrantes dominicanas de segunda generación: es la garantía de adquirir independencia económica y liberarse de la opresión patriarcal; de no repetir en ellas mismas las experiencias de sus madres y abuelas. López recoge declaraciones en las cuales las mujeres relatan cómo no les era permitido jugar en las calles o asistir a juegos de béisbol, a diferencia de sus hermanos o primos (183). En contraste, los indicadores educativos de los hombres migrantes de segunda generación son totalmente opuestos a los de las mujeres y López atribuye esto al mismo proceso

---

[170] Deive define "anortar" del siguiente modo: "Entre campesinos, contraer los niños la diarrea verde por su exposición innecesaria, según creencia popular, al aire de la noche" (25). "Anorte" es, según el mismo autor, "diarrea verde" (25).

de socialización mediante el cual los hombres están "liberados" de las labores domésticas (189) y se pueden dedicar a recorrer las calles, practicar deportes, concentrarse en el trabajo manual o enrolarse en el ejército (191). Los hombres hacen esto sin articular el "marco de referencia transnacional" señalado anteriormente debido a que "los hombres establecen su sentido de hombría a través de la preocupación con afirmar su masculinidad mediante el distanciamiento de la vida hogareña" (191); estas diferencias se reflejan no solo en la asistencia escolar y la obtención de títulos, sino también en el ámbito penal: esos muchachos son los que más adelante van a constituir el grueso del número de los que son deportados a República Dominicana después de cumplir condenas penitenciarias en Estados Unidos, una vez en la isla serán "depurados" por la Policía Nacional y etiquetados como "deportaos".

Báez, migrante dominicana criada en Estados Unidos y de clase proletaria, se presenta como un paradigma diferente a la imagen que existe en República Dominicana sobre los que habitan específicamente en Nueva York, pero como ya he señalado también desafía a la comunidad dominicana en Estados Unidos que rechaza a quienes se meten en problemas con la ley: "Hablo con el muchacho que estaba preso" (43). En el imaginario isleño el dominicanyork es un hombre joven, con baja educación y se presenta en dos estereotipos que representan dos momentos históricos determinados: el "cadenú" que "llenaba los ojos" en los 80 y el "deportao" que surge con fuerza a partir de los años 90. Sin embargo, Báez no es la única que ha acometido la tarea de representar la otra cara de la migración femenina dominicana a los Estados Unidos, por ejemplo, Loida Maritza Pérez en *Geographies of Home* presenta "[…] la lucha de una mujer afro-dominicana para asumir su identidad y su familia pobre, proletaria y disfuncional, en Brooklyn, Nueva York" (Bonilla 201). No obstante, en la República Dominicana ni la obra de Báez ni la de Pérez son muy conocidas por lo que la principal representación de la mujer dominicana que migra hacia los Estados Unidos sigue siendo la que ofrece Julia Álvarez en *De cómo las muchachas*

García perdieron el acento: una dominicana de piel clara y clase alta cuya familia tiene que migrar por razones políticas.[171]

Al ser *Dominicanish* un texto que podría definirse como "rizomático" en el sentido de Deleuze y Guattari (Maríñez 152), cada línea, tal y como he demostrado aquí, remite a un sistema de referencias que a su vez se conecta con otros más para urdir una trama de representaciones que da una imagen multifacética de la dominicanidad. El texto y la pieza constituyen uno de los principales modos de contrarrestar, desde una perspectiva femenina y proletaria, lo que se entiende por dominicanidad en La Española y en Manhattan. Sin embargo, ésta no es la única lectura posible de la relación que surge en la frontera que separa/une los Estados Unidos y la República Dominicana. En el capítulo final, y con el análisis de *La breve y maravillosa de Óscar Wao*, me acercaré, desde otro ángulo, a la conflictiva relación que se puede establecer entre masculinidad y dominicanidad cuando ambas categorías son puestas en entredicho por las comunidades a las cuales pertenece el personaje y esto es presentado desde las perspectiva de un narrador y un autor masculinos.

---

[171] Véase "Transnational Consciousness: Negotiating Identity in the Works of Julia Alvarez [sic] and Junot Díaz" de Jaira Bonilla en *Dominican Migration: Transnational Perspectives*.

Capítulo 5

"How very un-Dominican of him" (and her): género y nación en *La breve y maravillosa de Óscar Wao*

Debo empezar este capítulo estableciendo algunas diferencias en la recepción crítica que ha tenido *La breve y maravillosa de Óscar Wao*[172] porque ello coincide con lo que hasta ahora ha sido mi planteamiento principal, a saber, que en el siglo XXI, la cultura e identidad dominicanas deben ser vistas a través del prisma de lo rayano. Como se ha visto, este término, aunque surge de la materialidad de la frontera terrestre, sirve también como herramienta para describir una serie de representaciones culturales que, teniendo a la República Dominicana como eje, abordan las relaciones con Haití y los Estados Unidos pero vistas no desde el centro que constituyen las relaciones políticas y comerciales, sino desde los márgenes en los cuales se encuentran, literal y figurativamente, los dominicanyorks y los rayanos en tanto individuos. En otras palabras, lo rayano, como instrumento teórico, supera los límites geográficos y lingüísticos en los cuales el imaginario tradicional isleño pretende encapsular la identidad dominicana y sus representaciones.

En los Estados Unidos, la novela ha recibido los más altos galardones incluyendo el Premio Pulitzer 2008. Cabe notar aquí, por la relevancia que tiene para los fines de este capítulo, que el jurado otorga dicho premio: "A una distinguida obra de ficción escrita por un autor americano que, preferiblemente, trate sobre la vida americana".[173] Esto es importante porque revela la naturaleza dual de la novela de Junot Díaz; como arguyo

---

[172] En adelante *Óscar Wao* en cursiva servirá para diferenciar la novela del personaje: Óscar Wao.
[173] Véase: <http://www.pulitzer.org/citation/2008-Fiction>.

en este capítulo, *Óscar Wao* es una novela "rayana." Pertenece, no sin problemas, tanto a la cultura dominicana como a la estadounidense.[174]

Sin embargo, a pesar de la elogiosa recepción que la novela ha tenido en la crítica norteamericana, en República Dominicana la misma ha sido sumamente variada.[175] Las reacciones y comentarios van desde la óptica positiva de un Segundo Imbert quien la llama "novela dominicanyork" y agrega: "Junot Díaz inaugura la novela "dominicanyork" –ya se presentía en algunos de sus cuentos– y se convierte en la voz profunda y sentimental de *esa singular porción de la dominicanidad, que no es ni deja de ser absolutamente nuestra*" (énfasis mío);[176] hasta la condena de Diógenes Céspedes, quien ve en dicha obra "un triple fracaso". Vale la pena que me detenga en el juicio de Céspedes por ser éste uno de los críticos literarios que goza de mayor visibilidad en la isla:[177]

> ¿Por qué simboliza la novela de Junot Díaz un triple fracaso? Porque a través de sus 335 páginas en inglés y las 350 en la traducción de Achy Obejas, el personaje principal, Óscar Wao, y su cortejo de personajes secundarios, simboliza el fracaso de la sociedad dominicana, el de la diáspora que tal sociedad engendra con vigor después de 1966 y el de la escritura que no puede convertirse en la transformación del lenguaje propio de la sociedad dominicana que quedó en la isla ni en el de la diáspora que plantó su tienda en los Estados Unidos, ya que tal lenguaje es un híbrido mezcla de inglés y español.

El crítico dominicano parte de una concepción del lenguaje sumamente estrecha que le impide apreciar los ingeniosos juegos de

---

[174] Por su parte, Efraín Barradas afirma que: "La breve y maravillosa de Óscar Wao es una novela profundamente dominicana" (100).

[175] Ya se ha hecho una adaptación teatral de la novela: "Fukú Americanus", escrita por Sean San José y dirigida por él y Marc Bamuthi Joséph, para el Intersection for the Arts y la compañía Campo Santo, en San Francisco, California. Fue estrenada el 14 de mayo de 2009.

[176] Ver: <http://www.hoy.com.do/opiniones/2008/7/24/241054/Novela-dominicanyork>.

[177] Céspedes mantiene una columna semanal en el suplemento cultural Areíto, uno de los pocos que aún sobreviven en la isla. Véase <http://www.hoy.com.do/areito/2009/4/18/274229/Novela-de-Junot-Diaz-expone-triple-fracaso>.

palabra y giros lingüísticos que utiliza Díaz. A pesar de su juicio apodíctico, Céspedes no aporta ninguna prueba que, desde el texto mismo, justifique la condena. Para él el solo hecho de la hibridez lingüística es motivo de censura; por otro lado, tampoco toma en cuenta el hecho de que la novela está escrita en un inglés magnífico que abarca múltiples registros y acentos, y que la presencia de las palabras en español sin estar marcadas en cursivas o traducidas remite al lector a la realidad cotidiana de lo que es la vida en New Jersey, New York, Connecticut, o Massachusetts, donde reside la mayoría de la población dominicana en Estados Unidos. Mediante este recurso narrativo Díaz, en un movimiento que podría calificarse como descolonizador, le da el mismo *status* al español y al inglés en la diégesis.

Luego de despachar en siete líneas una novela merecedora de uno de los más importantes premios norteamericanos, Céspedes termina su artículo con las siguiente palabras: "He aportado un método de lectura no solamente para la traducción, sino para lo político, lo histórico y lo social de la obra. No necesito pasar al capítulo uno y a los siguientes para evidenciar lo que he escrito hasta ahora. Ningún análisis debe ser exhaustivo". En este capítulo me propongo justamente efectuar ese análisis exhaustivo que Céspedes desprecia, y demostraré no solo que la novela de Díaz no es un fracaso, sino que además merece un lugar privilegiado dentro del canon dominicano. Ello así porque *Óscar Wao* trata esos asuntos que Suárez ha señalado en *The Tears of Hispaniola* y que, según ella, están casi siempre presentes en la literatura de la diáspora: "[…] la borradura de historias subalternas, violación, esclavitud infantil, violencia intrafamiliar y sexismo, la invisibilidad de grupos particulares […]" (9). Díaz a través de sus personajes, principalmente los femeninos, intenta dar respuestas a estos silencios y borraduras que han eliminado a los subalternos de la Historia.[178] Díaz aporta una manera nueva de ver la historia dominicana y, como veremos, lo logra a través del uso de recursos

---

[178] Frank Moya Pons ha intentado remediar esta situación con la publicación de *La otra historia dominicana* (2008) en la cual intenta iluminar áreas oscuras de la historia dominicana a través de los grupos subalternos o poco representados, incluyendo a la diáspora que reside en Estados Unidos.

retóricos literarios que subvierten lo que se da por sentado tanto en la literatura como en la historiografía dominicanas que se produce en la isla.

Al adentrarnos en el análisis del libro se debe destacar la inclusión, como epígrafe, de un poema de Derek Walcott. Allí la voz poética propone una disyuntiva para un individuo del margen como es el caribeño: " No soy más que un negro pelirrojo enamorado del mar, / recibí una sólida educación colonial, / de holandés, de negro y de inglés hay en mí, / así que o no soy nadie o soy una nación" (*Wao* s.n.). La persona caribeña, en lo planteado por Walcott, solo puede definirse como colectivo (nación);[179] si aplicamos esta visión a lo rayano, veremos que la confluencia cultural que se produce debido al choque entre Occidente y el Caribe da como resultado unos individuos que reproducen en su vida diaria las consecuencias de estos choques.[180] Al concluir la lectura de la novela entendemos que lo que Díaz propone es algo que podríamos llamar una nación rayana, que se desarrolla en los puntos en los cuales convergen las múltiples fronteras que componen el sujeto diaspórico dominicano; una nación que se expresa, en el caso de *Óscar Wao*, en inglés estándar, español, Spanglish y 'Negropolitan'.[181]

Se puede argüir entonces que la novela propone nuevas maneras de ser dominicano y al mismo tiempo aporta un modo diferente de

---

[179] Esta visión de los individuos caribeños como representantes de la nación se acerca mucho a la lectura de la literatura del Tercer Mundo como alegoría que presenta Fredric Jameson en "Third World Literature in the Era of Multinational Capitalism".

[180] Aquí sigo al Edouard Glissant de *Caribbean Discourse* (1989) cuando afirma que el Caribe es una entidad discursiva diferente a Occidente al que califica como un proyecto, no un lugar (2). Asimismo, el pensador martiniqueño concluye que el Caribe es una zona que irradia diversidad, que no impone una cultura (261). La fluidez con la que se mueven los personajes de *Óscar Wao* transversalmente entre las dos culturas y sus diferentes manifestaciones es una muestra de ello. Lo mismo podría decirse de los personajes rayanos que aparecen en *Cosecha de huesos*, véase la cita de la página 79 que aparece en el capítulo 3.

[181] Este término ha sido usado por muchos de los publicistas y reseñantes de la novela, como ejemplo de ello, véase: <http://www.amazon.com/Brief-Wondrous-Life-Oscar-Wao/dp/product-description/1594489580>. Para un análisis de la cultura 'negropolitan', véase "Basquiat le négropolitain" de Giovanni Joppolo.

representar la experiencia migratoria de la comunidad dominicana en los Estados Unidos frente las críticas recibidas tanto en la sociedad receptora como en la emisora. Por un lado, desmonta la imagen de narcotraficantes, prostitución y abandono escolar que caracterizó la representación de los dominicanos en Estados Unidos a lo largo de los años 90; y por el otro, les muestra a los dominicanos de la isla que los residentes en los Estados Unidos no han perdido del todo las raíces que los unen a la patria de la cual provienen ellos mismos o sus padres. Por lo que, al responder la pregunta de para cuál comunidad política es importante este libro, podemos afirmar que para ambas, porque conduce a un diálogo en términos diferentes a los establecidos hasta el momento de su publicación. Al menos la comunidad estadounidense la ha acogido como una representación más o menos fidedigna de lo que es ser un tipo específico de la segunda generación de dominicanos en el siglo XXI. Ya hemos visto cómo la ha recibido cierta crítica dominicana importante.

Efraín Barradas, a pesar de haberse detenido solamente en el prólogo de la novela, traza un mapa con el cual los futuros investigadores podrán acercarse a ella. Hay dos aspectos señalados por el crítico puertorriqueño en los cuales me gustaría detenerme. El primer aspecto es el que tiene que ver con el fucú[182] y el otro con Yunior como narrador cervantino. Para Barradas, el prólogo puede leerse: "[...] como un manifiesto de una nueva narrativa dominicana y caribeña. Aquí el autor presenta su plan de trabajo y, más aún, –me atrevo a postular– propone una especie de poética que no se llega a poner en práctica en la novela pero que trasciende su propia obra" (101), a partir de ahí, Barradas construye su concepto del "realismo cómico". Para Barradas, Díaz propone "una nueva versión de la vieja propuesta carpentieriana" (106) y ésta consiste en usar el humor para enfrentarse con la Historia. Barradas propone el humor como el modo principal de leer la novela, un humor que califica de "desacralizante" (108), y esto es una manera muy innovadora de acercarse a una novela dominicana debido a la ausencia de lo humorístico en la narrativa dominicana canónica. Como bien señala Barradas, con la excepción de

---

[182] Véase Barradas, 108, para una explicación sobre las diferentes grafías.

Juan Antonio Alix y Miguel D. Mena (106), el humor es muy raro en la literatura dominicana, Díaz lo lleva al centro de la novela dominicana más importante de la primera década del siglo XXI.

Pero también el prólogo puede leerse como una alegoría del Génesis, y así se colocaría dentro de la misma línea que el Manuel Rueda de *Cantos de la frontera*. Díaz, a pesar de ser un escritor formado en los Estados Unidos, al enfrentarse a la historiografía dominicana tampoco puede escapar a lo que podría llamarse "el síndrome de los orígenes". Santo Domingo, en la propuesta que se adelanta en *Óscar Wao*, sigue siendo "La Primada de América," pero esta vez en un plan más trágico que épico, trazando así una historiografía que subvierte el orden y presencia de los elementos raciales que tradicionalmente son presentados como los que dan origen a la nación dominicana:

> Dicen que primero vino de África, en los gritos de los esclavos; que fue la perdición de los taínos, apenas un susurro mientras un mundo se extinguía y otro despuntaba; que fue un demonio que irrumpió en la Creación a través del portal de pesadillas que se abrió en las Antillas. *Fukú americanus,* mejor conocido como fukú, en términos generales, una maldición o condena de algún tipo; en particular, la Maldición y Condena del Nuevo Mundo (*Wao* 15)

Al igual que José Luis González en *El país de cuatro pisos,* Díaz propone al elemento africano como la base de la sociedad dominicana y así coloca a los esclavos en el origen de la maldición, mientras que los habitantes originales, los taínos, son también víctimas del fucú que los elimina rápidamente de la historia nacional. A partir de 1492 con la llegada de los españoles, la maldición reinará sobre la isla e inclusive se extenderá a otros pueblos.

Existe una gran similitud entre lo que escribe Díaz y el famoso libro *Fukú* de Yevgueny Yevtushenko. El poeta ruso escribió dicho libro luego de una visita a la República Dominicana en 1985; el texto fue considerado subversivo por las autoridades soviéticas y tuvo que ser leído y aprobado por Mikhail Gorbachov (8). Mediante una voz poética que a ratos es claramente autobiográfica y mezclando prosa con poesía, Yevtushenko ofrece no sólo una visión de la República Dominicana y su realidad a mediados de los años ochenta, sino que hace un repaso de la historia americana. La voz poética se dirige a un público ruso para explicar lo que es el fucú con las siguientes palabras:

> Los esclavos rompieron sus grilletes
> y corrieron a los botes,
> pero entre las ramas una trampa los esperaba.
> Fukú no es ingenuidad.
> Fukú es un tabú
> sobre un nombre que ha traído desventura.
> Usas el nombre y sobrevendrán problemas--
> ésa es la función de dicho nombre.
> Como la herrumbre de la retribución,
> fukú como por entre grilletes,
> y el primer "¡Fukú!"
> invocado en esta tierra
> fue sobre los huesos del genovés,
> quien vino a podrirse con su espada a su lado. (44-45)

Como se puede apreciar, el poeta ruso establece también el fucú en el origen de la vida histórica de la isla; tanto los pobladores originales como aquellos traídos en cadenas desde África son víctimas de la maldición pero, al mismo tiempo, Colón, a quien no se puede mencionar por su nombre, es quien primero cae bajo el embate de la mala suerte o la fatalidad. Al final del libro, la voz poética, que puede identificarse con Evtushenko mismo, emite una letanía de maldiciones (echa fucú) sobre aquellos que ve como los opresores: "A todos los que esparcieron hambre de cuerpos y almas –/"¡Fukú!" [...] A todos los Eróstratos, castrados, apresadores, colgadores– "¡Fukú!" / [...] Jack Ruby es más famoso que Bosch./Pero la fama de las falsas entidades/es inexistente,/y si a algún tonto se le ocurre alguna vez apretar el botón,/el planeta gemirá/su última palabra con un alarido: "¡Fukú!" (133-136).

Las similitudes entre el texto de Yevtushenko y el prólogo de *Óscar Wao* son evidentes, pero debemos ir más allá para entender en su justa dimensión el simbolismo del fucú dentro de la novela. Deive define el fucú como: "Mala suerte, fatalidad" (95). Pero también el fucú puede vincularse al concepto más general del "mal de ojo". En efecto, el mal de ojo tiene como efecto el atraer calamidades o infortunios sobre la persona que es víctima de su influjo. Así podemos vincular dos conceptos dominicanos que tienen gran importancia dentro de la novela: el fucú y el "azare". "Azarar" en español dominicano es "Ejercer maleficio, dar mala suerte o acarrear desgracia" (Deive 30).

En "Curanderismo and Childhood Ilnessess," Rivera y Wanderer definen el mal de ojo (Mal ojo) como:

> [...] una enfermedad que es producida por alguien que mira admirativa o codiciosamente, pero sin tocar, el niño de otra persona. Las miradas fijas, codiciosas o la atención desmedida crean un 'vínculo antinatural' que agota la voluntad de la víctima. Se cree que estos individuos nacen con una mirada fuerte o un poder especial y que inconscientemente proyectan una fuerza sobre individuos más débiles como los niños que carecen de fortaleza física y espiritual. La persona que causa *mal ojo* usualmente lo hacen de manera involuntaria o inintencional y, por tanto, no se le asigna ningún estigma a este individuo. Como resultado *mal ojo* se ve como una cualidad adscrita. *Mal ojo* es asociado algunas veces con la magia negra y la brujería (363, en español en el original)

El mal de ojo atrae también el fucú y éste es contagioso; tal y como apuntan Lundius y Lundhal en su estudio sobre el Oliborismo en Palma Sola, la región de San Juan de la Maguana donde se desarrolló este movimiento religioso:[183]

> Las personas afectadas por *fucú* eran evitadas por los otros y hasta se evitaba hasta mencionar el nombre de las personas estigmatizadas con el *fucú*. El *fucú* se considera contagioso y puede contribuir a cualquier cosa desde la mala suerte hasta la muerte del la persona que se considera infectada por él. Sin embargo, un individuo que ha contraído *fucú* puede ser simplemente el portador de una fuerza maligna, transmitiéndola a los otros sin ser afectado él mismo. Como en el caso de la *gracia*, no solamente las personas puede ser infectadas por el *fucú*, sino también los animales y las cosas (cursivas y español en el original, 373)

Por tanto el fucú podría ser la consecuencia no sólo de la mala suerte o la fatalidad, sino también de la envidia, del deseo expreso de hacer el mal a alguien y/o del ser portador de 'azare', ser un azaroso. Ambos

---

[183] Para un extenso estudio local sobre Palma Sola y el Oliborismo, véase *Palma Sola: opresión y esperanza: su geografía mítica y social* (1991) de Lusitania Martínez.

conceptos, fucú y 'azare' están firmemente arraigados en el imaginario cultural dominicano. Según Balaguer, el propio Trujillo, un firme creyente en el fucú, envió a Rodolfo Paradas Veloz, quien, además de manco, era notable por ser acarreador de fucú, como embajador ante el Vaticano a fin de hacer daño a Juan XXIII (Lundius y Lundhal 591). Trujillo veía al Papa como su enemigo luego del viraje de la Iglesia Católica contra su tiranía, viraje que culminaría con la famosa pastoral de enero de 1960.[184] En la novela de Díaz, todo un país, a lo largo de su historia, es víctima del fucú. Al mismo tiempo, se puede afirmar que el deseo de Trujillo por la hija de Abelardo, para mantenernos dentro de la definición de mal de ojo expuesta anteriormente, es lo que le echa el fucú a los Cabral, del mismo modo se puede decir que el deseo de los españoles por la isla es su maldición. Por tanto Trujillo no sólo es el villano principal en una novela que debe tanto a los cómics, sino que también es un "azaroso": "Nadie sabe si Trujillo era subordinado o amo de la Maldición, pero estaba claro que entre ellos había un acuerdo, que eran *panas*" (*Wao* 17).

Es importante destacar la presencia de Trujillo en una novela diaspórica como ésta porque revela el alcance y la fuerza que conservan los efectos políticos, sociales y culturales de la tiranía trujillista. Incluso una generación alejada temporal y espacialmente de la isla sufre las consecuencias directas (el fucú) de los treinta años del gobierno de Trujillo.[185] En la literatura dominicana, tanto la que se produce dentro como fuera de la isla, en inglés o en español, son escasas las producciones

---

[184] Esta carta pastoral, leída en todas las iglesias el 25 de enero de 1960, marcó el fin de la estrecha relación entre la Iglesia Católica y la tiranía trujillista que seis años antes había alcanzado su punto culminante con la firma del Concordato que elevó la religión católica a religión oficial y que, hasta hoy día, le otorga a dicha denominación religiosa privilegios en los impuestos, subvenciones estatales, control sobre la construcción de infraestructuras y la equiparación de los matrimonios católicos con los civiles. Está de más decir que ninguna otra iglesia disfruta de semejante trato en la República Dominicana.

[185] De acuerdo al narrador de la novela no solamente los dominicanos son afectados por el fucú, también lo sufren otros como la familia Kennedy por la implicación de los Estados Unidos en los planes que culminaron con el asesinato de Trujillo: "¿De dónde coñazo piensan que viene la supuesta Maldición de los Kennedy?" (*Wao* 18).

importantes que escapan al tema de Trujillo, una excepción es, como se vio, *Dominicanish*, en la cual el enemigo político es Balaguer. Pero, a diferencia de otras narraciones en las cuales se evidencia un cierto temor por la figura de Trujillo aun cuando se le denuncie, Díaz, tal y como ha señalado acertadamente Barradas, recurre al humor para demoler el discurso y la iconografía trujillista (105). Este humor es palpable desde su descripción de Trujillo en la primera nota de la novela. Esta larguísima nota es sumamente importante porque prepara al lector para una voz que, a todo lo largo de la novela, le va a ir supliendo unos comentarios históricos, sociales o culturales que sitúan la acción.[186] La nota está dirigida a "[...] aquellos a quienes les faltan los dos segundos obligatorios de historia dominicana", y describe a Trujillo como "Mulato con ojos de cerdo, sádico, corpulento; se blanqueaba la piel, llevaba zapatos de plataforma y le encantaban los sombreros al estilo Napoleón. Trujillo (también conocido como El Jefe, El Ladrón de Ganado Fracasado y Fuckface)" para luego proceder a dar una síntesis apretada del modo de gobernar de Trujillo ("llegó a disponer del país como si fuera una colonia y él su amo") para finalizar, una vez más, con Santo Domingo como el origen de los males del continente americano: "[...] la creación de la primera cleptocracia moderna (Trujillo fue Mobutu antes que Mobutu fuera Mobutu)" y al mismo tiempo reconocerle a Trujillo "[...] la forja del pueblo dominicano en una nación moderna (logró lo que no pudieron hacer los entrenadores de las fuerzas militares americanas durante la ocupación" (*Wao* 16-17).

Una vez más se puede ver que el elemento subversivo está no solo en el humor con que trata a Trujillo, sino en el orden que se asigna a los hechos históricos: la mención de la creación del estado capitalista moderno durante la dictadura de Trujillo, tema que ha generado varios volúmenes de historia, es despachado en dos líneas al final de una nota al pie de

---

[186] En el uso de este recurso Díaz se asemeja al escritor puertorriqueño Edgardo Rodríguez Juliá en su novela *La noche oscura del Niño Avilés*, en la cual se utilizan las notas al pie para contar la historia del cimarronaje en el Puerto Rico del siglo XVII. En la tradición norteamericana, Díaz ha sido comparado con David Foster Wallace (véase *Infinite Jest*) por su uso de este mismo recurso.

página. Más importante aún es la figura de Trujillo como "azaroso" lo que se puede asimilar al italiano *jettatore*. Respecto a este último término, E. DeMartino afirma: "El *jettatore* es 'el individuo que sin darse cuenta y sistemáticamente introduce el desorden en la esfera moral, social y natural de la realidad y es aquel que, *como agente del destino*, hace que las cosas siempre salgan mal'" (citado en Appel 25, cursivas en el orginal). Al asimilar a Trujillo con el "azare" en mi lectura de la novela de Díaz, también estoy haciendo una inversión de la visión teleológica que ha permeado los análisis sobre Trujillo y su continuador Balaguer. Ambos gobernantes se veían a sí mismos como "instrumentos del destino", para utilizar la bien conocida frase de Balaguer, quien en su discurso de ingreso a la Academia Dominicana de la Historia concluía de la siguiente manera:

> El más ligero análisis de la historia nacional revela, por consiguiente, que sólo a partir de 1930, esto es, después de cuatrocientos treinta y ocho años del Descubrimiento, es cuando el pueblo dominicano deja de ser asistido exclusivamente por Dios para serlo igualmente por una mano que parece tocada desde el principio de una especie de predestinación divina: la mano providencial de Trujillo.[187]

Si Trujillo y, por extensión, Balaguer, es un instrumento del destino lo es en los términos expuestos por DeMartino, en el sentido de ser un azaroso que sólo trajo calamidades al pueblo dominicano en general y a la familia de Óscar Wao en particular. Pero hay, además, otra implicación más seria en esta asimilación de Trujillo con el fucú y con el mal de ojo. Al leer completamente la novela nos damos cuenta de la carga de fatalismo y sus consecuencias políticas prácticas. Tal y como señala Appel en su conclusión:

> Pero *el mal de ojo es políticamente conservador*; provee una explicación del desorden social basada en la naturaleza de la condición humana. *El desorden no es atribuido a un conjunto particular de condiciones históricas y económicas y por lo tanto no hay manera de alterar la situación.* El hombre [sic] debe resignarse a su destino y solo puede intentar protegerse contra el mal de ojo (27, énfasis mío)

---

[187] El discurso completo, originalmente leído el 14 de noviembre de 1954 se puede encontrar en el portal de literatura dominicana Cielonaranja: <http://www.cielonaranja.com/balagueradios.htm>.

Esto explica el porqué algunos pueden caracterizar a *Óscar Wao* como una "novela neopesimista" en palabras de Ramón Tejada Holguín. Tejada Holguín ha acuñado este neologismo para señalar que el pesimismo de Díaz es diferente al que tradicionalmente se le ha atribuido en el análisis cultural dominicano a autores como Américo Lugo y José Ramón López. Según el sociólogo y escritor dominicano, lo que hace diferente el pesimismo de Díaz es su énfasis no ya en lo racial o lo alimentario, sino en el machismo y la carencia de instituciones, pero la conclusión es la misma: República Dominicana no es una nación organizada.[188] Al ser preguntado por la periodista Ruth Herrera respecto a ello, Díaz respondió que consideraba a la novela optimista y que el fucú no eliminaba el libre albedrío:

> Todos en el libro tienen que hacer una elección. Lo mismo sucede aquí en Santo Domingo. Uno tiene que elegir ser amable o ser cruel; ser gentil o corrupto; elegir ayudar, degradar, participar, borrar. Las fuerzas históricas, ya sea en forma de fucú o capitalismo, guían nuestras elecciones, pero no las hacen por nosotros. En mi novela el fucú no toma las decisiones por nadie. Solo hace horribles las consecuencias de las malas elecciones.[189]

A pesar de la respuesta de Díaz, la sensación de fatalismo es apabullante y, como se verá, la solución no provendrá de las instituciones, sino de los individuos.

El prólogo de la novela además de ser un manifiesto, tal y como lo plantea Barradas, se puede inscribir dentro de los *beginnings* estudiados por Said en *Beginnings: Intention and Method*. Said afirma que: "Muy frecuentemente, especialmente cuando la búsqueda de un comienzo es seguida dentro de un marco moral e imaginativo, los comienzos presuponen el final–o más bien, lo implican […]" (41). Said hace una distinción entre *beginnings* (comienzos) y *origins* (orígenes), así el prólogo de la novela plantea un inicio histórico: 1492 (comienzo), junto a un elemento que podríamos calificar como mágico y teleológico: fucú (origen). De este modo la maldición y sus secuelas proveen al texto de una estructura

---

[188] Ramón Tejada Holguín. Correo electrónico al autor. 27 ago. 2008.
[189] La entrevista aparece en el blog *Desde el País de Alicia* de Ramón Tejada Holguín.

circular, tal como se puede apreciar a medida que se avanza en la lectura de la misma. Por su parte, Torres-Saillant se pregunta en *An Intellectual History of the Caribbean*: "¿Qué literatura y pensamiento pueden surgir de una civilización que es consciente de su comienzo catastrófico?" (7). En respuesta a la pregunta del crítico dominicanyork se puede afirmar, sin tapujos, que *Óscar Wao* es un ejemplo de ese tipo de literatura consciente de sus inicios trágicos. El comienzo de la novela y el de la historia dominicana coinciden no solo temporalmente, sino también en cuanto a lo catastrófico, que se manifiesta en el fucú y sus consecuencias. También, tal y como afirma el narrador, la novela misma es un talismán contra el fucú que amenaza borrar la memoria del pasado e intenta conjurarla mediante la mención continua de la palabra mágica "zafa": "Apenas escribo estas palabras y me pregunto si este libro no es una especie de zafa: mi propio conjuro de protección" (*Wao* 21).

El otro aspecto que Barradas resalta en su análisis sobre el prólogo de la novela es el estatus de Yunior como narrador. A pesar de no ser la única voz en la novela, Óscar y su hermana Lola ocupan grandes porciones de la misma; Yunior es la voz que se dirige al lector directamente tanto a través de la historia principal como de las notas al pie de página. El crítico puertorriqueño menciona someramente que "[...] el prólogo es un juego de espejos de tonos cervantinos que intenta crear un sentido de verosimilitud que va más allá del texto mismo [...]" (102). Propongo que esta característica del narrador (cervantino) va mucho más allá del prólogo y se manifiesta en la novela misma.

Las similitudes entre el narrador de *Óscar Wao* y los múltiples narradores de *Don Quijote*, especialmente, Cide Hamete Benengueli, son muchas. Yunior comete varios errores en sus notas al pie que son sus apelaciones directas al lector; así, por ejemplo, Yunior pone el nombre de la universidad estatal como UASD en 1959, cuando ésta aún se llamaba Universidad de Santo Domingo y faltarían todavía 3 años para que llevara ese nombre (*Wao* 126), pero también al igual que *Don Quijote* la novela se va haciendo frente a nuestros ojos: "Uno de los lugares favoritos de Trujillo, según me contó mi mamá cuando el manuscrito estaba casi completo" (*Wao* n15, 130). Al igual que Cide Hamete Benengeli, Yunior es consciente de sus propios errores, como cuando revela que se equivocó en el capítulo 1, al presentar a Óscar bailando el popular "baile del perrito" en 1974: "¡Perdónenme, historiadores del baile popular, perdónenme!" o que en su primer borrador Samaná era Jarabacoa, pero fue informado por "[...] Leonie, experta residente en todas las cosas domo, quien precisó que en Jarabacoa no hay playas [...]" (*Wao* n17, 147). Del mismo modo que el narrador cervantino, Díaz introduce personas reales (Leonie Zapata Silvestre) como elementos correctores de la ficción; compárense las citas anteriores con el conocido pasaje del capítulo XXVII de la segunda parte de *Don Quijote*, en el que Cide Hamete explica el origen de sus múltiples equivocaciones y dislates, y se defiende de estas acusaciones achacando los errores estructurales a sus impresores: "[...] por no haberse puesto el cómo ni el cuándo en la primera parte por culpa de los impresores, ha dado en qué entender a muchos, que atribuían a poca memoria del autor la falta de emprenta" (738); aquí se refiere Cide Hamete al robo del rucio de Sancho. De este modo, Díaz, siguiendo la tradición cervantina, crea un narrador poco fiable pero verosímil.[190] Tal y como apunta Julia Kristeva:

> Lo verosímil no tiene más que una característica constante: quiere decir, es un sentido. A nivel de lo verosímil, el sentido se presenta como generalizado y olvidadizo de la relación que lo había determinado originariamente: la relación lenguaje/verdad objetiva. El sentido de lo verosímil no tiene objeto fuera del discurso, la conexión objeto-lenguaje no le concierne, la problemática de lo verdadero y lo falso no le atañe. Lo verosímil no conoce; sólo conoce el sentido que, para lo verosímil, no necesita ser verdadero para ser auténtico. (65)

Díaz se apoya en datos históricos y análisis socioculturales sólidos (aun cuando su narrador yerre en cuanto a algunas fechas y personajes) para lograr una atmósfera de verosimilitud que, junto con lo humorístico y desfachatado del tono general, va a estar presente en la narración de la vida de Óscar y su familia y conducirán al lector a lo largo de una

---

[190] Para un análisis de la verosimilitud en Cervantes y en el Siglo de Oro en general, véase *La verosimilitud en el Siglo de Oro: Cervantes y la novela corta* (2002) de Rogelio Miñana; para la teoría de la novela en Cervantes es imprescindible *The novel according to Cervantes* (1989) de Stephen Gilman.

reconstrucción de la historiografía nacional dominicana que despoja del aura de poder a figuras emblemáticas como Trujillo, su hijo Ramfis y a Balaguer.

Al entrar ya en la novela propiamente dicha, el narrador parte de la niñez de Óscar, en un principio que se ajusta a las convenciones de la biografía, además cada capítulo está marcado por intervalos cronológicos claramente delimitados. Esto ahonda el efecto de verosimilitud al conferir marcadores temporales que rodean lo narrado. La novela empieza con una descripción de la masculinidad dominicana y cómo Óscar no se ajusta a ella:

> Nuestro héroe no era uno de esos dominicanos de quienes todo el mundo anda hablando, no era ningún jonronero ni ningún bachatero fly, ni un playboy con un millón de conquistas. Y salvo una época temprana de su vida, nunca tuvo mucha suerte con las jevas (qué *poco* dominicano de su parte) (*Wao* 25, énfasis en el original)

Pelotero, bachatero o playboy son las ocupaciones deseadas por la masculinidad dominicana y el éxito con las mujeres la prueba principal de que se es un hombre. Una vez más Díaz juega con las realidades sociales dominicanas y las expectativas que éstas generan.[191] Los dominicanos más admirados y exitosos son los peloteros y los bachateros, inclusive son reconocidos por las altas autoridades y recibidos por los presidentes de la república.[192] El hecho de que éstos sean los modelos a imitar ha

---

[191] Para un análisis exhaustivo de las actitudes y nomenclatura que constituyen la representación de la masculinidad en la República Dominicana, véase "Power games and totalitarian masculinity in the Dominican Republic" de Antonio de Moya en *Interrogating Caribbean Masculinities: theoretical and empirical analyses* (2004).

[192] Como muestra, véase la nota de prensa de la Presidencia de la República Dominicana donde se anuncia la condecoración de varios peloteros: <http://www.presidencia.gob.do/app/article.aspx?id=8854>. También debe destacarse que en su disco compacto *Generation Next* Aventura, el más exitoso grupo de bachata dominicano, grabó la canción "No lo perdona Dios," una condena contra el aborto donde el cantante se lamenta: "Eso que has cometido no lo justifica Dios./Le has quitado la vida a un niño sin razón./*Quizás pudiera ser un pelotero, un bachatero o algo más*/Y no lo sabrás, porque la vida tú le has quitado" (énfasis mío).

sido criticado por personas que ven en ello un desprestigio para el país.[193] Óscar Wao no encaja dentro de ninguno de estos moldes. Más bien Óscar es de una masculinidad diferente, de hecho podría afirmarse que la de Óscar es una a-masculinidad para los estándares dominicanos. El inicio de la formación de la masculinidad es bastante temprano; luego de presentar, anacrónicamente, a Óscar bailando el lascivo "baile del perrito," el narrador nos informa que ya a los 7 años Óscar tenía "novias" y aprovecha esta oportunidad para introducir una vuelta de tuerca a la reflexión dominicana sobre la formación del carácter violento de los varones en esa sociedad. Al ser "botado" por la noviecita de turno, Óscar rompe a llorar a lo que su madre responde de la siguiente manera: "Cuando Óscar lloriqueó: Las muchachas, Mamá de León casi estalló ¿Tú ta llorando por una muchacha? Y puso a Óscar de pie con un jalón de oreja. ¡Mami, ya! gritó su hermana, ¡déjalo ya! Su mamá lo tiró al piso. Dale una galleta, jadeó, a ver si la putica esa te respeta" (*Wao* 29).

La mujer refuerza e impone el estereotipo masculino y el abuso contra las mujeres. El hecho de que Beli Cabral, la madre de Óscar, ha sido una mujer abusada hace esta escena mucho más poderosa. Más adelante el narrador reporta que la madre le decía a Óscar, cuando éste insistía en quedarse en la casa leyendo: "No eres una mujer para quedarte en la casa" (*Wao* 23).[194] La atípica masculinidad de Óscar Wao, según Yunior, tiene diferentes orígenes y el principal sería la ausencia de una figura masculina: "Si él hubiera sido otro tipo de varón, habría tomado en cuenta lo de la galleta. No era sólo que no tuviese un modelo de padre que lo pusiese al tanto de cómo ser macho, aunque ése también era el caso, sino que carecía de toda tendencia agresiva y marcial [...]" (*Wao* 15). Díaz

---

[193] Véanse las declaraciones de la cantante lírica dominicana Marianela Sánchez: "Este país es de prostitutas y peloteros": <http://www.hoy.com.do/alegria/2007/11/27/114151/Marianela-Sanchez-Este-pais-es-de-prostitutas-y-peloteros>.

[194] La traducción de Obejas es poco precisa en esta parte. La traductora cubana, traduce "You ain't a woman to be staying in the house" por "¡Sal a jugar! le ordenaba por lo menos una vez al día. Pórtate como un muchacho normal", lo que soslaya la perspectiva de género presente en el original.

introduce una variante importante en la narrativa diaspórica dominicana: alude directamente al padre ausente. En muchas de las novelas escritas por mujeres en la diáspora dominicana, la figura del padre está presente principalmente como una fuerza conservadora, por ejemplo, *De cómo las chicas García perdieron el acento*; sin embargo, hay otras novelas como *Soledad* (2001) de Angie Cruz, en la cual los personajes masculinos están ausentes, ya sea producto de una muerte violenta (el padre de Soledad) o una incapacidad física (el abuelo), aunque no se aluda explícitamente a los resultados de esa ausencia. En *Óscar Wao* el padre de los de León está ausente y el abuelo (Abelardo Cabral) es pusilánime y cobarde. Por lo que se podría afirmar que solo se invoca la figura del padre para resaltar los aspectos negativos de la socialización dominicana, ya sean sociales, políticos o raciales; al referirse a que la madre de Óscar tuvo un novio afro-americano, desafiando las convenciones raciales de la comunidad dominicana, el narrador apunta: "ella era la única dominicana old school que él conocía que había salido con un moreno, hasta que el padre de Óscar le puso punto final a ese capítulo particular de la Fiesta Mundial Africana" (*Wao* 35).

Óscar Wao es un chico marginal por partida doble: es marginado como "un-Dominican" en lo referente al tipo de masculinidad que exhibe y, por el otro lado, es marginado dentro de su escuela y grupo etario por su gusto por la ciencia ficción y su desdén por los deportes en general, en resumen, por ser un "nerd." Yunior también es un nerd, pero lo oculta: "Quizá si -como yo- hubiera podido ocultar tu otakunidad, la cosa hubiera sido más fácil pero no podía [...] *no podía pasar por Normal no importaba cuánto lo hubiera deseado*" (*Wao* 36, énfasis mío). Este doble aislamiento pesa sobre la vida de Óscar y el narrador no deja de remacharlo, una y otra vez:

> ¿Quieres saber de verdad cómo se siente un X-Man? Entonces conviértete en un muchacho de color, inteligente y estudioso, en un ghetto contemporáneo de los Estados Unidos ¡Mamma mía! Es como si tuvieras alas de murciélago o un par de tentáculos creciéndote en el pecho. (*Wao* 22)

La antropóloga norteamericana Mary Bucholtz sostiene que ser un nerd es ser "hiperblanco" (86). Esta "hiper-blanquidad" se manifiesta dentro de los nerds, según Bucholtz, más allá de la vestimenta que es caracterizada una y otra vez en docenas de películas de Hollywood y shows de televisión, por la hipercorrección lingüística:

> Esta identidad, el nerd, está racialmente marcada precisamente porque los individuos se niegan a involucrarse en prácticas culturales que se originan a lo largo de líneas raciales y en vez de ello construyen sus identidades adhiriéndose cercanamente a los recursos simbólicos de una blanquidad extrema, especialmente usando los recursos del lenguaje. (88)

En el caso de Óscar esta combinación (negrura y "nerdiness") es un obstáculo prácticamente insalvable al momento de relacionarse con las mujeres o con otros miembros de la sociedad que lo rodea: "Por más que quisiera, no le era posible cultivar una amistad para nada ya que era muy bobo, súper cohibido y (si se va a creer a los muchachos del barrio) súper *extraño* (tenía el hábito de usar palabras grandes que había memorizado el día antes" (*Wao* 31, cursivas en el original).

Esta masculinidad atípica que se observa en Óscar es emparejada con la feminidad rebelde de Lola, que es la narradora del capítulo siguiente, el cual arranca con un pasaje en cursiva en el que el narrador cuenta cómo Lola es informada por su madre acerca del cáncer de mama que la afecta y la reacción de la hija frente a la noticia: *"Tú también cambias. No enseguida, pero cambias. Y es en ese cuarto de baño donde todo empieza. Donde tú comienzas"* (*Wao* 69, cursivas en el original). El comienzo de Lola no está envuelto como el de Óscar en las representaciones sociales del sexo biológico, sino en el conocimiento del cuerpo femenino en su vulnerabilidad.[195] Con la creación de Lola y Beli como personajes fuertes, bien delineados y además, vinculando lo corporal y lo femenino, Díaz responde directamente a los críticos que, como Suárez, lo habían acusado de reproducir los patrones machistas tanto de la sociedad dominicana como de la diáspora radicada en Estados Unidos.

---

[195] De acuerdo a Judith Butler: "Género es la estilización repetida del cuerpo, un conjunto de actos que se repite dentro de un marco muy rígido que se consolida a lo largo del tiempo para producir la apariencia de sustancia, una especie de ser natural" (*Gender* 33). Una de las formas en que se manifiesta la rebeldía de Lola es mediante los diferentes cambios que le da a su cabellera, que va desde el pelo largo más abajo de la cintura a cortárselo al cero (*Wao* 69).

Pero Díaz añade otra capa a su retrato de las mujeres de la diáspora, sobre todo en lo que concierne a la figura de la madre. Yendo mucho más allá del tradicional enfrentamiento entre madre e hija, entre una generación y otra: "Ella era mi mamá dominicana del Viejo Mundo y yo su única hija, la que había criado sola, sin ayuda de nadie, lo que significaba que era su deber aplastarme" (*Wao* 71), Díaz va a presentar a la diáspora también como una institución que repite los patrones de la sociedad emisora. Esta diáspora retratada por Díaz no sólo recupera el país emisor como algo que podríamos denominar "nostalgia positiva" –Washington Heights y su cultura culinaria, por ejemplo– sino como "nostalgia negativa" que se manifestará en la violencia intrafamiliar y la reproducción de estereotipos raciales y nacionalistas. Más aún, y ahondando en las diferentes formas de socialización que se presentan en una comunidad proletaria trasladada a otra sociedad, Díaz pone en boca de Lola la siguiente afirmación: "Se podría decir que era una madre ausente; *si no estaba en el trabajo, estaba durmiendo*, y cuando estaba despierta parecía que lo único que hacía era gritar y golpear" (*Wao* 70, énfasis mío). El padre está físicamente ausente pero la madre, debido a la pobreza y la marginación, no está realmente presente y descarga su frustración en los hijos. Ninguno de los de León recibe comentarios positivos por parte de la madre; cuando, anteriormente y en medio de uno más de sus desengaños amorosos Oscar le preguntó a su madre: "¿Soy feo? Ella suspiró. Bueno, hijo, a mí no te pareces". A lo que el narrador acota, generalizando: "¡Los padres dominicanos! ¡Qué joyas!" (*Wao* 45). También Lola es víctima de estos comentarios, pero a diferencia de Oscar, ella no lo asume totalmente:

> Pero no voy a aparentar tampoco lo que no es. Por mucho tiempo, permití que dijera lo que quisiera de mí y, lo que es peor, durante mucho tiempo le creí. Yo era fea, no valía nada, era una idiota. Desde los dos hasta los trece años, le creí y, porque le creí, fui la hija perfecta. (*Wao* 72)

Esta actitud de la madre es lo que va alimentando la rebeldía de Lola y su deseo de escapar, no sólo del lugar en el que se encuentra, sino también de la lengua que se identifica con la dominicanidad: "Quería la vida que veía cuando miraba *Big Blue Marble* de niña, la vida que me llevó a tener amigos por correspondencia y a coger los atlas de la escuela y traerlos a casa. La vida que existía más allá de Paterson, más allá de mi familia, *más allá del español*" (*Wao* 55, último énfasis mío). Dejar de hablar español es dejar de ser dominicana, es escapar de la comunidad dominicana, sus costumbres y parámetros, los cuales incluyen el silencio frente al abuso sexual del cual son víctimas las niñas y las mujeres:

> Cuando me sucedió lo que me sucedió a los ocho años y por fin le conté lo que él me había hecho, *me dijo que me callara y dejara de llorar*, y así lo hice: cerré la boca y apreté las piernas y también la mente, y al año no podría haber dicho cómo era ese vecino ni cómo se llamaba. (*Wao* 72, énfasis mío)

El trauma es ocultado mediante el silencio impuesto por las figuras femeninas, así también el abuso es perpetrado por ellas. Mediante estas estrategias narrativas Díaz desplaza y recompone los tipos que había mostrado en *Negocios*. Si allí el padre era el torturador y engañador sistemático, aquí es la madre la que tortura y reproduce los patrones racistas y excluyentes de la sociedad emisora. En el universo de Díaz no hay vacas sagradas. El mismo silencio que oculta el abuso sexual se aplica a la manera en la cual se lidia con la rebeldía adolescente y sus manifestaciones; cuando Lola se escapa de la casa finalmente obtiene la callada por respuesta: "Así son los blancos. Pierden un gato y hacen sonar la alarma y hay titulares en primera plana, pero nosotros, los dominicanos, perdemos una hija y puede que ni cancelemos la cita en el salón" (*Wao* 81). De este modo, el personaje, quizás inadvertidamente, a pesar de su deseo de escapar de la comunidad, termina identificándose con la misma: "nosotros, los dominicanos" será una constante tanto de Lola como de Óscar a pesar de que ambos crecen y se desarrollan fuera de la isla. Cuando finalmente Lola visita la isla lo hace en calidad de castigo por escaparse de la casa (*Wao* 86 y siguientes). Santo Domingo es un exilio para los dominicanyorks que se portan mal y una vez allí, Lola experimenta en carne propia lo que ya había experimentado Óscar en Don Bosco High: "Si era dificilísimo ser gótica en Paterson, imagínense ser una dominicanyork en una de estas escuelas privadas en la RD. No hay muchachas más insoportables que éstas" (*Wao* 86). Asimismo, en una de las pocas veces en que Díaz cae en estereotipos, la amiga de Lola, es "Rosío [sic] la becada de Los Mina" (86). De esta manera oblicua, Díaz apunta al rechazo institucional que experimentan los dominicanyorks de ambos sexos, pero especialmente las chicas, en las escuelas privadas en República Dominicana. Al igual que la exclusión inmobiliaria señalada en el capítulo anterior, las causas para justificar el rechazo de estudiantes provenientes de las escuelas públicas de Nueva York, van desde las supuestas "extrañas costumbres" de los varones hasta una alegada promiscuidad sexual de las hembras.[196]

Al pasar de Lola a su madre, Belicia Cabral, como foco de la narración, la voz vuelve a ser la de Yunior. La acción se sitúa cronológicamente en el final de la Era de Trujillo. El período escogido tiene una gran carga simbólica si se piensa en los sucesos históricos que tuvieron lugar en los años que sirven de parámetro a "Los tres desengaños de Belicia Cabral". Se narra lo sucedido en la vida del personaje desde el 1955, año en el cual se celebró la Feria de la Paz y Confraternidad del Mundo Libre para celebrar los 25 años de la dictadura, hasta 1962, año tumultuoso, en el cual se celebrarían las primeras elecciones democráticas luego del ajusticiamiento de Trujillo, pero también es el año en el cual comienza con fuerza el éxodo dominicano hacia la ciudad de Nueva York.[197] El narrador destaca la naturaleza prácticamente forzosa del éxodo al denominar a República Dominicana "la isla de nuestro desahucio" (*Wao* 93).

Al presentar a Belicia Cabral el narrador ajusta una serie de cuentas con el pasado histórico de la República Dominicana, especialmente en lo referente a Balaguer: "Era el Baní encantador de épocas pasadas, hermoso y respetuoso. Una ciudad famosa por su resistencia a todo lo que fuera negro y, sin embargo fue allí donde residió el personaje más prieto de nuestra historia" (*Wao* 94). Balaguer, en *La isla al revés*, había presentado a

---

[196] Véase el estudio de Stephen W. Searfoss "Untapping the Potential of Education-Driven Return Migration in the Dominican Republic", 2001 (inédito) para un análisis de las percepciones que en las escuelas privadas dominicanas se tienen sobre los estudiantes provenientes de Nueva York.

[197] Es significativo que 1962 es el año en que transcurre la mayor parte de la acción de *Sólo cenizas hallarás*, (*bolero*), que como destaqué en el capítulo anterior, trata de las vicisitudes de algunos de los personajes para conseguir una visa para Estados Unidos.

Baní como la ciudad que servía como baluarte contra la "haitianización" de República Dominicana por su población mayoritariamente "blanca".[198] Pero más importante aún, tanto en la diégesis de la novela como en lo referente al pasado inmediato de la isla, el narrador menciona "la página en blanco" para referirse al silencio acerca del principio de la vida de Belicia Cabral: "Antes de 1951, nuestra huérfana había vivido con otra familia adoptiva, gente monstruosa si van a creer los cuentos, un período oscuro en su vida al cual ni ella ni su madre hacían referencia jamás; *era su propia página en blanco*" (*Wao* 94, énfasis mío). No hay nota para explicar el término "página en blanco". Pero más adelante, al describir al expresidente dominicano, a quien el narrador llama El demonio Balaguer, El Ladrón de Elecciones y El Homúnculo, se hace más explícita la referencia: "Joaquín Balaguer era un negrófobo, una apologista del genocidio, un ladrón electoral y un asesino de la gente que escribía mejor que él, es notorio que ordenó la muerte del periodista Orlando Martínez" (*Wao* 106). El asesinato de Orlando Martínez, ocurrido el 17 de marzo de 1975, ha sido el único crimen de los múltiples cometidos en "los doce años" (1966-1978) en el cual se ha condenado a los asesinos materiales. El propio Balaguer en su libro *Memorias de un cortesano de la Era de Trujillo* insertó una página en blanco en la que prácticamente se incriminaba en el asesinato del periodista:

> Esta página se inserta en blanco. Durante muchos años permanecerá muda, pero un día hablará, para que su voz sea recogida por la historia. Callada, como una tumba cuyo secreto a voces se levantará, acusador, cuando el tiempo permita levantar la losa bajo la cual permanece yacente, la verdad. Su contenido se deja en manos de una persona amiga que, por razones de edad está supuesta a sobrevivirme y que ha sido encargada por mí de hacerlo público algunos años después de mi muerte. (295)

---

[198] "Baní, región inicialmente poblada por un grupo de familias de origen canario, nos ofrece un testimonio de lo que sería la sociedad dominicana si desde 1809 se hubiera seguido, respecto a la población blanca del país, una política semejante a la que en 1563 se inauguró para conservar en su mayor pureza a la población indígena. El núcleo constituido por la sociedad banileja es la flor de la República. Somáticamente es la zona menos mezclada del país y tanto en la ciudad como en la mayoría de los campos vecinos se conserva intacta la tradición castellana" (*Isla* 61).

Mediante la maniobra retórica descrita anteriormente el narrador de *Óscar Wao* vincula el abuso sufrido por Beli (también debemos recordar el sufrido por Lola) y el silencio alrededor del mismo con la impunidad que protege a los autores intelectuales y materiales de la represión política que diezmó la izquierda dominicana durante los años 60 y 70, y que también provocó el desplazamiento de los izquierdistas que sobrevivieron a la ciudad de Nueva York. El tropo de la página en blanco reaparecerá al final de la novela.

La niñez de Belicia está marcada por el abuso físico y la discriminación racial. Al ser enviada a vivir con una familia que reside en otra ciudad, Belicia es metida en una jaula para pollos y quemada (*Wao* 144). Tal y como destaca Suárez en su análisis de *Negocios*: "La violencia contra las mujeres y "los Otros" expuesta en estos cuentos resalta el daño sicológico infligido en niños y niñas, los cuales, al llegar a adultos, reproducen la misma violencia" (117). Éste el caso de Belicia que va a repetir ese patrón de abuso en sus propios hijos. Tanto en *Negocios,* como en *Óscar Wao* la narrativa de Díaz está dirigida no sólo a la denuncia del abuso, sino también a mostrar que, en muchos casos, las víctimas terminan convirtiéndose en victimarios y si en algunos de los cuentos de *Negocios* como "Aurora," podemos ver cómo Yunior imita el comportamiento violento y degradante hacia las mujeres que exhibe su padre, en *Óscar Wao* es la madre quien reproduce los patrones machistas. Esta característica coloca a Beli dentro de una tradición literaria en la cual se presenta a "la madre fálica", donde la mujer, generalmente viuda, divorciada o abandonada por el marido, ocupa el lugar masculino.[199] Sin embargo, en el caso de la madre de Beli, al ser conminada por los vecinos y familiares para que la golpee a fin de someterla a la obediencia es incapaz de ello precisamente por el abuso al cual la niña fue sometida:

> La Inca no sabía ya qué hacer con ella; todos los vecinos le aconsejaron que le diera una paliza que la dejara hecha un guiñapo (es posible que hasta tengas que matarla, le dijeron con pesar), pero La Inca no podía explicar lo que había

---

[199] Un ejemplo paradigmático sería el de Bernarda Alba en la obra de Federico García Lorca, *La casa de Bernarda Alba*.

significado para ella encontrar esa niña quemada, encerrada en un gallinero tantos años atrás, cómo se le había metido dentro del alma ese espectáculo y cambiado todo, de modo que ahora no tenía fuerza para alzarle la mano. (*Wao* 128)

Esta reproducción de los patrones de la sociedad dominicana no se extiende solamente a la madre de Óscar y Lola, sino también a los hijos que tienden a lo mismo. Al narrar su experiencia como novio de Lola, Yunior va a mostrar al lector las consecuencias de haber sido criado sin padre y dentro de una cultura machista; al darse cuenta de que Oscar tiene alguna posibilidad de tener un mínimo éxito con las mujeres, apunta lo siguiente: "Pero por supuesto que le tenía envidia al hijoeputa. Un corazón como el mío, *que nunca conoció ningún afecto de niño*, es ante todo terrible" (*Wao* 200, énfasis mío). Yunior se está refiriendo aquí a su reacción mezquina cuando surge la posibilidad de que Oscar pueda "darse un culo". El padre ausente está siempre presente dentro de una masculinidad formada en la ausencia de afectividad. En otra instancia que revela lo arraigado de los prejuicios, esta vez los raciales, Lola, al terminar su breve relación con Yunior, revierte a uno de los estereotipos de la sociedad dominicana, la poca inteligencia de las personas de color, y lo hace con una frase lapidaria: "Yo soy prieta, Yuni, dijo, pero no soy bruta" (*Wao* 183).

El personaje de Lola, junto al de su madre Beli, constituye uno de los grandes aciertos de la novela de Díaz, porque, como ya he señalado, responde a la crítica que algunos estudiosos como Suárez habían levantado contra *Negocios* y su representación de los personajes femeninos.[200] Sin embargo, con personajes como Lola e Ybón, Díaz se mete dentro de la piel de las mujeres y ofrece varias perspectivas que retratan, de manera simbólica, la mujer dominicana actual: Lola y Beli como las sobrevivientes del abuso sexual patriarcal y la discriminación racial; Ybón, como ejemplo de la otra cara de la mujer migrante (existe un paralelo entre Beli e Ybón como dos etapas de la migración femenina dominicana). Beli es un personaje que representa la antítesis del modelo de madre abnegada que tanto la sociedad dominicana como la norteamericana pretenden

---

[200] Véase la cita completa de Suárez en el capítulo 2, página 98.

imponer. Beli no desaprovecha ninguna oportunidad para destruir la autoestima de sus hijos. Al ir a Santo Domingo de visita, mientras Lola se encuentra allí viviendo debido a su escapada de la casa, asesta otro golpe a la autoestima de su hija:

> Y entonces el gran momento, el que toda hija teme. Mi mamá me examinaba de arriba a abajo. Nunca había estado en mejor forma, nunca me había sentido más hermosa y deseada en mi vida, ¿y qué dijo la desgraciada ésa? Coño, pero tú sí eres fea. Y esos catorce meses...desaparecidos. Como sin nunca hubieran existido. (*Wao* 222)

Beli, por tanto, respecto a Oscar preserva el machismo e intenta instaurarlo en él; en cuanto a Lola, no sólo degrada la autoestima de la mujer más joven, sino que intenta mantenerla dentro de los parámetros morales de la nación dominicana tal y como se entiende dentro del pensamiento conservador. Aquí cabe destacar lo que apunta Nira Yuval-Davis en cuanto a las mujeres como "reproductoras de la nación":

> A pesar de que usualmente, si no siempre, dentro de los sistemas de sexo y género en sus sociedades los hombres son dominantes, las mujeres no son solamente víctimas pasivas, ni siquiera objetos, de las ideologías y las políticas dirigidas a controlar su reproducción. Por el contrario, muchas veces son las mujeres, especialmente mujeres de más edad, a quienes se les otorgan los papeles de reproductoras culturales de "la nación" y son envestidas con el poder de determinar cuales son el comportamiento y la apariencia "apropiados" y cuales no, y de ejercer control sobre otras mujeres que pueden ser señaladas como "desviadas". Como generalmente esto es la principal fuente de poder social de las mujeres, ellas se ven involucradas profundamente en ello. (37)

Éste es precisamente el caso de Beli, su manera de ejercer poder es oprimiendo a sus hijos, tomando así el lugar dejado por el padre. Podría argumentarse que Díaz propone que no importa el sexo de la persona que ejerce el poder; una vez que se detenta éste, la evolución natural tiende al abuso y la opresión. En este caso ello se manifiesta a través de la violencia física y sicológica que ejerce la madre sobre los hijos.

Pero si Díaz presenta a los personajes femeninos como sobrevivientes del abuso y de la opresión (aun cuando sea para terminar reproduciendo estos mismos patrones como en el caso de Beli), en cuanto a los personajes masculinos es menos indulgente. Con la excepción de Oscar y Yunior el otro personaje masculino de importancia es Abelardo Cabral, el padre de Belí, a quien se le dedica un capítulo completo. En un movimiento de 180 grados respecto a su retrato de la masculinidad en *Negocios*, aquí la figura masculina es lastimosa, carente de los atributos de la masculinidad dominicana reivindicada por el discurso patriarcal que imagina la nación (y a la mujer que la representa) como el lugar defendido por "hombres de valor".

A pesar de que el capítulo está enmarcado temporalmente en 1944-1946, se inicia con una referencia a la casa de Abelardo en el año 1937, el año de la masacre de haitianos y domínico-haitianos por parte del gobierno de Trujillo. El narrador señala que Abelardo y su familia disfrutaban de sirvientes: "(de la variedad rayana)" (*Wao* 226). En las extensas notas al pie en este capítulo no se especifica qué es ser "de la variedad rayana" pero sí se explica en qué consistió la masacre y la reacción de Abelardo a la misma y, de paso, se inventa un nuevo verbo (*perijiling*/perejiliando) con una alusión mordaz a los que hoy día son llamados Amigos de Haití (Canadá, Estados Unidos y Francia):

> Por ejemplo, en 1937, mientras Los Amigos de la República Dominicana estaban perejiliando hasta la muerte a los haitianos y domínico-haitianos y a los dominicanos que parecían haitianos, mientras se gestaba, de hecho, el genocidio, Abelard mantuvo la cabeza, los ojos y la nariz bien metidos en los libros (dejó que su esposa se ocupara de esconder a sus criados y no le preguntó nada sobre el asunto) y cuando los sobrevivientes llegaban tambaleándose a su clínica con atroces machetazos, los trataba como mejor podía sin hacer ningún comentario sobre lo espantoso de las heridas. Actuaba como si se tratara de un día cualquiera. (*Wao* 229)

El personaje masculino se muestra pasivo, mientras que es el personaje femenino el que toma la iniciativa de arriesgar la vida y bienes en proteger a los inocentes. La misma situación se presenta en *El Masacre se pasa a pie*; en aquel texto la figura de la maestra Ángela Vargas es la que tiene la valentía de enfrentarse al régimen trujillista y escapar de la isla. Al comentar las cartas que le envía el narrador a Ángela éste apunta:

> En cada carta hay más angustia. ¡Debo salir! Salir de este suplicio. Con altanería valiente, Angela me dice: 'Debemos salir a toda costa, incluso para que tomes un barco y te vayas al extranjero, aunque te pierda yo'. Cuando releo estas líneas me siento acusado. *Veo que Angela Vargas, la ex maestrilla de 'El Almácigo', tiene una fuerza de decisión que a mí me falta.* (175, énfasis mío)

Mientras la esposa de Abelardo esconde a los sirvientes y éste trata de mantener una actitud de indiferencia, el narrador de *Óscar Wao* aborda la experiencia de la matanza y aprovecha para exponer su propia visión de la frontera domínico-haitiana, una totalmente diferente a la expuesta por Prestol Castillo en *Paisajes y meditaciones de una frontera*:

> Y en cuanto a la frontera con Haití, que había sido fluida durante toda la historia —*y que siempre había sido más bacá que frontera*— el Ladrón de Ganado Fracasado se convirtió en una especie de Dr. Gull en *From Hell*; adoptó el credo de los arquitectos dionisios, aspiraba a ser un arquitecto de la historia, y mediante un espantoso ritual de silencio y sangre, machete y perejil, oscuridad y negación *impuso una verdadera frontera entre los dos países, una frontera que existe más allá de los mapas, que está grabada en la historia y la imaginación del pueblo*. (238, énfasis mío)

Como se puede observar, el narrador se acerca a la visión planteada por el historiador Richard Lee Turits en su artículo antes mencionado: la matanza de haitianos y domínico-haitianos impuso una frontera allí donde no la había. Debe destacarse la imagen que utiliza el narrador en la novela: bacá. Un bacá es una figura del imaginario dominicano que tiene la virtud de cambiar de forma; Deive lo define de la siguiente manera: "Espíritu maligno con apariencia de animal que protege las propiedades del dueño" (31). Pero en la novela de Díaz el énfasis no está en el aspecto protector del bacá sino en su habilidad de cambiar de forma, de esta manera se apunta hacia la fluidez de la región fronteriza, fluidez que se ve interrumpida con la matanza de 1937, medio por el cual se impone una frontera dura.

Pero la violencia del trujillato no se extendía únicamente hacia los haitianos o los enemigos políticos, sino que abarcaba también las esposas e hijas de los colaboradores y funcionarios del régimen. Este bien conocido dato de la tiranía es recreado en la novela con el episodio que provoca la caída en desgracia de Abelardo Cabral. Al negarse a llevar a su hija Jacquelyn a una fiesta en la cual estaría presente Trujillo, Abelardo incurre en la ira del tirano y es sentenciado a prisión y despojado de sus bienes (*Wao* 241-257). A partir de aquí cae un fucú sobre la familia de Abelardo,[201] pero incluso esto el narrador lo deja a la discreción del lector: "Entonces ¿qué fue?, se preguntarán ustedes. ¿Un accidente, una conspiración o un fukú? La única respuesta que puedo darles es la menos satisfactoria: tendrán que decidirlo ustedes mismos" (*Wao* 257).

La desgracia de los Cabral es recibida con silencio, de este modo, se puede argumentar que el asunto Cabral, tal y como se retrata en este capítulo simboliza la nación dominicana bajo la dictadura:

> Los Cabral que sobreviven tampoco son de mucha ayuda; en torno a todos los asuntos relacionados con el encarcelamiento de Abelard y la posterior destrucción del clan, *se produce en la familia un silencio que se alza como un monumento a las generaciones,* que hace inescrutables todos los intentos de reconstrucción narrativa. Un susurro aquí y allá, pero nada más. (*Wao* 257, énfasis mío)

No obstante, la reconstrucción narrativa es esencial para recuperar la memoria y poder así combatir y superar el trauma. Yunior, a través de dicha reconstrucción, es quien se va a encargar de llenar "las páginas en blanco" de los Cabral. Lo que propone Díaz es que la historia dominicana reciente está repleta de páginas en blanco que sólo pueden ser llenadas a partir de la reconstrucción narrativa de la ficción o del testimonio tal y como sucede en *El Masacre*. Las novelas recientes sobre los doce años de Balaguer y la izquierda, como *Charamicos* de Ángela Hernández, *Dile adiós a la época* de Manuel Matos Moquete y *El olor del olvido* de Freddy Aguasvivas, son una respuesta a la página en blanco de *Memorias de un Cortesano*. Por lo que se puede argumentar que desde la literatura se intenta dar la respuesta que no se encuentra ni en la historiografía ni en el sistema político dominicano actual. *Óscar Wao* es un conjunto de respuestas a los silencios dominicanos, la novela es una lucha intra-

---

[201] Mervyn Nicholson en *Male Envy: The Logic of Malice in Literature and Culture* (1999) sostiene que el principal emblema de la envidia es el mal de ojo. Véase principalmente el capítulo 1: "The Scene of Male Envy."

dominicana, una reescritura de los mitos tanto fundacionales (indios y españoles mezclados armoniosamente en la figura de Enriquillo) como nacionalistas tradicionales (los dominicanos como los antagonistas de los haitianos, la incompatibilidad de ambas nacionalidades y, en el caso de Manuel Núñez, la de los dominicanyorks y los de la isla). Solamente en la historia oral está la memoria dominicana reciente y la literatura no es más que un intento de rescatar esta historia y sistematizarla:

> También es extraño que ninguno de los libros de Abelard, ni los cuatro que escribió ni los cientos que tenía, sobreviviera. Ni en un archivo, ni en una colección privada. Ni uno. Todos perdidos o destruidos. Cada papel que tenía en la casa fue confiscado y se dice que quemado. Espeluznante, ¿no? No queda una sola muestra de su letra [...]*Pero, hey, es sólo un cuento, sin evidencia sólida, el tipo de vaina que sólo le encanta a un nerd.* (*Wao* 260, énfasis mío)

El estado de lo escrito en la historia de Abelardo representa la precariedad de los documentos escritos en la historia dominicana en lo referente al pasado más reciente. Tanto así que en el año 2007, el Archivo General de la Nación no se atrevía a dar acceso general al Archivo del Palacio Nacional en lo referente a la Era de Trujillo, todo ello por temor a qué pensarían los familiares de los que allí se mencionan.[202] Más aún, los libros de historia dominicana generalmente no se ocupan detalladamente de la historia contemporánea. El texto principal, *Manual de Historia Dominicana* de Moya Pons solo hace un análisis somero del período que va de 1961 a 1990 cubriéndolo en tres capítulos sumamente cortos y que en el momento de la publicación del texto causaron controversia.

El silencio es una constante pública y privada; al narrar el principal episodio de abuso sufrido por Belicia cuando era niña: fue quemada en la espalda por su padre putativo como castigo por querer asistir a la escuela (*Wao* 269), la niña entierra su abuso en silencio:

> De hecho, a mi entender, con excepción de unos momentos clave, no creo que Beli volviera a pensar de nuevo en esa vida. *Se entregó a la amnesia que es tan común en las islas,* cinco partes negación, cinco partes alucinación negativa.

---

[202] Ver el artículo de Ángela Peña al respecto titulado "Ese es un archivo que tiene de todo", publicado el 9 de septiembre de 2007.

> Se entregó a la energía de las Antillas. Y con ella se forjó de nuevo. (*Wao* 272, énfasis mío)

Esta nueva Belicia, una sobreviviente que se forja a sí misma a partir del silencio y la supresión de la memoria, no puede, sin embargo, escapar a las consecuencias del trauma y lo reproduce en su relación con su hija, aun después de convertirse, a los ojos del narrador, en La Reina de la Diáspora (275). ¿Qué nos dice el que La Reina de la Diáspora sea una mujer abusada que se convierte a su vez en abusadora de su hija? Díaz mantiene aquí su aserción de que la diáspora dominicana no está exenta de aquellos vicios que plagan a la comunidad isleña; su visión de la comunidad dominicanyork, ya expuesta parcialmente en *Negocios*, es sumamente descarnada. Y esta visión no descarta la realidad del elemento nostálgico de la población dominicana radicada en los Estados Unidos. Pero al referirse a la afectividad que une a los emigrantes con República Dominicana, curiosamente el narrador no hace alusión al retorno navideño tan celebrado en canciones populares como "Volvió Juanita" de Milly y Los Vecinos o al retorno permanente como, más recientemente, han celebrado Rita Indiana y los Misterios en "La hora de volvé", sino que se refiere al retorno veraniego, que está marcado por las vacaciones estudiantiles y laborales:

> Cada verano Santo Domingo pone el motor de la Diáspora en reversa y hala a todos los hijos expelidos que puede. Los aeropuertos se traban con gente demasiado arreglada; los cuellos y los portaequipajes gimen bajo el peso acumulado de las cadenas y los paquetes de ese año, y los pilotos temen por sus aviones —sobrecargados más allá de lo concebible— y por sí mismos. Los restaurantes, bares, clubs, teatros, malecones, playas, centros turísticos, hoteles, moteles, habitaciones adicionales, barrios, colonias, campos e ingenios repletos de quisqueyanos del mundo entero. Como si alguien hubiera dado una orden general de evacuación al revés: ¡Todo el mundo a casa! ¡A sus hogares! (*Wao* 285)

Pero este narrador no deja de poner el dedo en la llaga y recordar que, a pesar del retorno provisional de los que llama, parafraseando a Silvio Torres-Saillant, "los hijos expulsados", la sociedad dominicana tiene muchos puntos oscuros: Es un *party* grande; un bonche grande para todos salvo para los pobres, los prietos, los desempleados, los enfermos, los haitianos, sus niños, los bateyes y los carajitos que a ciertos turistas canadienses, americanos, alemanes e italianos les encanta violar... sí, señor, no hay nada como un verano en Santo Domingo. (*Wao* 286)

Aquí debemos recordar que en *Dominicanish* también se hace alusión a estos márgenes de la nación dominicana pero allí estos constituyen el cuerpo de los exiliados: "It is said that the poor, the sick, the dreamers/ and the fools always go into exile,/ *Poor, sick, dreamers and fools exile*" (40-41, énfasis en el original); en *Óscar Wao* aquéllos que estarían marcados para el exilio aún no han podido salir.

Quizás el punto más oscuro de la sociedad dominicana, para el narrador de *Wao*, es el antihaitianismo que se sigue manifestando en ciertos sectores de la diáspora dominicana. El narrador nos pone de frente a un personaje que contradice vivamente las aseveraciones de intelectuales como Torres-Saillant y Moya Pons respecto a la posibilidad de que la comunidad dominicana en el exterior se sensibilizara en cuanto al racismo que sufren los haitianos en la República Dominicana. Al referirse a los pedigüeños que abundan en las calles de Santo Domingo, el narrador señala: "[...] los racimos de vendedores ambulantes en cada semáforo (tan prietos, observó él, mientras su mamá decía con desprecio, Malditos haitianos)" (*Wao* 287). Pero esto es puesto en boca de una migrante de primera generación; la segunda generación no carga con estos estigmas, como se evidencia en la empatía de Óscar y en las amigas haitianas de Lola.

Beli regresa al país con Óscar y Lola de vacaciones y disfruta de las ventajas que les ofrece la disparidad de ingresos, pero al ir a cenar a un restaurante de la Zona Colonial: "[...] después que su mamá los llevara a todos a comer en la Zona Colonial y los camareros los miraran con recelo (Cuidao, Mami, dijo Lola, seguro creen que tú eres haitiana [...] y ella contestara, La única haitiana aquí eres tú, mi amor)" (*Wao* 290). A pesar de la riqueza material la negrura de piel sigue siendo una barrera difícil de superar para los dominicanos en general. La bonanza económica está representada por la casa que Beli le construye a su madre. La casa de la abuela es "la casa que la Diáspora había construido" (*Wao* 292) y es una muestra de la importante aportación económica de la diáspora a la economía insular, el hecho de que la vecina de la Inca sea Ybón presenta la oportunidad de ahondar en las diferentes vertientes de la migración femenina dominicana.

Al introducir el personaje de Ybón, en un aparte titulado "La Beba", se la describe como "una puta semiretirada" pero el énfasis se pone una vez más en el color de la piel: "Ella era una de esa mulatas doradas que los caribeños francófonos llaman chabines, las que mis panas llaman chicas de oro, tenía el pelo enredao, apocalíptico, ojos de cobre y estaba a un pariente blanco de ser jabá" (*Wao* 293). Ybón también posee una casa construida por la diáspora: "(La mamá de Óscar había comprado la casa con turnos dobles en sus dos trabajos. Ybón compró la suya con turnos dobles también, pero en una vidriera en Amsterdam)" (*Wao* 293). Aquí se ejemplifica los dos estratos de la diáspora femenina dominicana de una manera casi caricaturesca: la emigración femenina hacia Europa se caracteriza por la prostitución; mientras que la que va hacia los Estados Unidos se refugia en los trabajos mal pagos. Sin embargo, para la abuela y la madre de Óscar hay una gran diferencia en el modo en el cual se ha adquirido el bienestar material: "¿Sabes que esa mujer es una PUTA? ¿Sabes que compró esa casa CULEANDO?" (*Wao* 296), ejemplificando así las divisiones existentes aún entre los mismos migrantes de retorno.

Debido a su relación con Ybón, Óscar es golpeado rudamente por dos policías bajo las órdenes del capitán que es novio de ésta y es dejado por muerto en un cañaveral; Clives, el taxista, lo rescata con la ayuda de unos braceros haitianos: "[…] fue a un batey cercano y reclutó a unos braceros haitianos para que lo ayudaran, lo que le tomó algo de tiempo, porque los obreros temían que, si dejaban el batey, sus supervisores les dieran una paliza tan terrible como la que le acababan de dar a Óscar" (*Wao* 313). La presencia del cañaveral y los haitianos es importante como imagen alegórica. Mediante este recurso, Díaz "haitianiza" la diáspora dominicana en Estados Unidos, de cierto modo validando el refrán dominicanyork respecto a los Estados Unidos: "Nosotros somos los haitianos de aquí".

El narrador hace explícita la conexión al poner en boca de los policías el siguiente diálogo: "*¿Tú no te criaste por aquí?, preguntó Grundy a su amigo más prieto*. Mamagüebo estúpido, me crié en Puerto Plata. ¿Estás seguro? *Me parece que hablas un poco de francés*" (*Wao* 310, énfasis mío)

De la paliza, Óscar sólo puede recordar "[...] la imagen de una figura como un Aslan de ojos dorados que intentaba hablarle" (*Wao* 315), ya anteriormente había soñado con una mangosta que conversaba con él; la mangosta en el universo de la novela representa la salvación. En la cultura del Caribe anglófono, especialmente en Jamaica, la mangosta es vista como representación del animal astuto que sobrevive en un medio hostil. En la novela *Abeng* (1984) de Michelle Cliff la voz narrativa señala el origen de la presencia de la mangosta en el Caribe (el animal fue traído por los dueños de ingenios para combatir a las serpientes y otras plagas) y luego de dar varios ejemplos de la astucia del animal apunta lo siguiente:

> Esta era la naturaleza de la mangosta –de todos los animales en Jamaica él parecía ser *el verdadero sobreviviente*. Se podría decir, claro está, que dado que los terratenientes blancos habían importado la mangosta, ellos eran responsables por las muertes de los cerdos, pollos, pájaros y serpientes; *pero la gente usualmente culpaba esta rápida e iracunda criatura, que era nocturna y rara veces vista* (114, énfasis mío)

De acuerdo a ciertas interpretaciones esta representación apunta a una masculinidad de supervivencia pero también marca la relación con las mujeres tal y como se ejemplifica en las letras de la canción tradicional "Sly Mongoose":[203]

> Mongoose come inna the old man's kitchen
> Bring out one of his big, fat chickens
> Put it inna his vest coat pocket
> Sly Mongoose
> Sly Mongoose
> Oh you don't know your name
> Sly Mongoose
> Oh you ain't got no shame. (Manning)

---

[203] Comunicación electrónica con Eve Hawthorne, Directora del Programa de Estudios Caribeños, Howard University.

Óscar no es el único personaje que es visitado por la mangosta, Beli, cuando se está recuperando de la paliza que le dan en un cañaveral los personeros de la hermana de Trujillo, es testigo de la aparición de la mangosta: "Así que cuando Beli iba y venía entre la vida y la muerte, a su lado apareció una criatura que habría sido una mangosta amistosa de no ser por los ojos dorados de león y el negro absoluto de la piel" (*Wao* 165). Díaz une la figura de la mangosta a la del bacá que ya usó para definir a la frontera domínico-haitiana, el bacá además de ser un animal que cambia de forma es también protector de su dueño. Una vez más podemos hacer uso de la categoría sicológica de lo "uncanny", pero esta vez desde el otro ámbito señalado por Freud en su ensayo: el de la repetición y lo doble.[204] No solo es "uncanny" la presencia, en circunstancias no familiares, de la mangosta, sino que también lo es su repetición en las vidas de la madre y el hijo. La mangosta en *Óscar Wao* representa, en cierto sentido, el reverso del papel que le asigna la tradición caribeña, donde se le ve como un elemento extraño introducido para hacer el bien (matar serpientes en los cañaverales) y termina haciendo mal (comiéndose los pollos y las gallinas). La escritora Margaret Cezair-Thompson en su novela *The Pirate's Daughter* (2008) se desvía de la interpretación masculina tradicional respecto a la mangosta. Una de las protagonistas, Ida, es constantemente interpelada por su abuela negra Oni, que es descendiente de cimarrones (esclavos que huyeron de la plantación): "¿Eres niña o mangosta?" (26). Ante la pregunta, Ida siempre responde "niña" hasta que un día decide responder "mangosta" y Oni la conmina: "¡Mangosta! Entonces te vienes a la montaña conmigo" (74). Ida siempre sospecha que hay algo oculto tras la pregunta de Oni (68); la respuesta vendrá de manera oblicua: Ida termina sus días de vuelta en la casa de Oni en las montañas, lugar de

---

[204] Como señalé anteriormente en el capítulo 1, lo rayano (personificado en el domínico-haitiano y en el dominicanyork) se inscribe dentro de lo "uncanny" debido a que es lo familiar que regresa luego de haber sido suprimido por un mecanismo de represión sicológica. Freud apunta que uno de los temas que caracteriza lo "uncanny" es: "[…] la constante recurrencia de la misma cosa –la repetición de las mismas señales o rasgos característicos o vicisitudes, de los mismos crímenes o aun de los mismos nombres a través de varias generaciones consecutivas" (234).

los cimarrones, luego de que su marido perdiera toda la riqueza que disfrutaron.

En *Óscar Wao* la mangosta protege a los más débiles contra la violencia extrema desatada por las fuerzas de los celos y la posesión; en ambos casos, tanto Beli como Óscar son salvajemente golpeados por estar vinculados amorosamente con las parejas de otras figuras de poder (la hermana de Trujillo en el caso de Beli, un capitán de la policía en el caso de Óscar), contra éstos aparece como figura sanadora la mangosta. Se debe recordar que el narrador describe a la mangosta "como un Aslan," una referencia al león Aslan en la saga de Narnia del escritor C. S. Lewis, que es interpretado generalmente como una alegoría de Jesucristo.[205] Este uso de la imagen de la mangosta como protectora aparece también en otras obras de la ciencia-ficción caribeña como se puede apreciar en la novela del escritor grenadino residente en los Estados Unidos, Tobias S. Buckell, *Sly Mongoose* (2008) en la que un grupo militar especializado cuyos miembros son entrenados como defensores planetarios es denominado "mongoose-men".

Beli y Óscar no sólo tienen en común el ser visitados por la mangosta/bacá, sino que debido a la violencia física extrema a la que fueron sometidos en el cañaveral ambos son "haitianizados". El término "haitianización" debe entenderse en el sentido de "niggerization" que usa Cornel West:[206]

> Los malvados ataques terroristas sobre civiles inocentes el 11/9 sumieron al país en la tristeza. Nunca los americanos de *todas* las clases, colores, regiones, religiones, géneros y orientación sexual se sintieron inseguros, desprotegidos, sometidos a violencia caprichosa y odiados. Sin embargo, haber sido designado y tratado como "nigger" en América por más de 350 años ha sido sentirse inseguro, desprotegido, sometido a violencia caprichosa y odiado (20, énfasis en el original)

---

[205] Véase especialmente *The Lion, The Witch and the Wardrobe* (2009).
[206] Prefiero dejar el término tal y cual lo usa West para indicar el uso de la reapropiación de un término peyorativo que ya había señalado respecto a dominicanyork en el capítulo anterior.

El proceso de "haitianización" sufrido por Óscar y Beli une simbólicamente al dominicanyork y al domínico-haitiano en cuanto a su condición de víctimas de la violencia del poder y señala el destino común que comparten ambas migraciones. Por su parte, en la teoría historiográfica tradicional, representada en los últimos tiempos por Manuel Núñez en *El ocaso de la nación dominicana*, se hace esta conexión para denigrarlos y excluirlos del discurso de la nación.

Finalmente, Óscar encuentra la muerte a manos de los policías en el mismo cañaveral (*Wao* 331) y una vez más el silencio y la impunidad son las respuestas que da la sociedad dominicana al trauma y la violencia: "Cuatro veces la familia contrató abogados pereo nunca se presentaron cargos. La embajada no ayudó y el gobierno tampoco. Tengo entendido que Ybón todavía vive en Mirador Norte [...]" (*Wao* 333). Esa violencia expulsa, esta vez simbólicamente, a la única sobreviviente de la familia de León Cabral: "Lola juró que nunca volvería a ese país tan terrible. En una de nuestras últimas noches de novios, dijo, Diez millones de trujillos, eso es todo lo que somos" (*Wao* 333). Díaz, en lo que considero una de las llamadas de atención más inteligentes de la novela, deja la página 338 en blanco, y continúa su narración en la página 339 sin subtítulo o número alguno. Es significativo que la línea final de la página 337 sea: "Todo lo que hacemos es hablar de Óscar" refiriéndose a los encuentros de Yunior y Lola. Esta página en blanco es, al igual que la página en blanco de Balaguer, el lugar donde habita la impunidad que protege a los asesinos de Oscar.

No obstante su pesimismo y de lo descarnado de su visión respecto a la República Dominicana la novela termina en varias notas positivas. Al referirse a la hija de Lola, Yunior señala:

> Miren a la niña: la hermosa muchachita, la hija de Lola. Morena y evidentemente lista: en palabras de su bisabuela, La Inca, una jurona [...] Pero colgados de su cuello, tres azabaches: el que Óscar llevó de bebé, el que Lola llevó de bebé y el que La Inca le dio a Beli cuando llegó al Refugio. Magia poderosa de los Ancianos. Tres barreras protectoras contra el Mal. (*Wao* 339)

El apelativo "jurona" es también una referencia a la mangosta que aparece de manera regular para salvar tanto a Beli como a Óscar. La hija de Lola es símbolo de la lucha contra el fucú, es la mangosta que va a salvar a los dominicanyorks de su destino de violencia y exclusión:

> Pero, un día, el Círculo fallará. Como siempre ocurre con los Círculos. Y oirá por primera vez la palabra *fukú*. Y soñará con el Hombre Sin Rostros. No ahora, pero dentro de poco. Si es la hija de su familia –como imagino que es–, un día dejará de tener miedo y vendrá en busca de respuestas [...] Y tal vez, sólo tal vez, si tiene tanta inteligencia y valor como espero que tenga, tomará todo lo que hemos hecho y todo lo que hemos aprendido y añadirá sus propias ideas y pondrá fin a la historia. (*Wao* 339-341)

El rompimiento del círculo maldito es obra de un individuo salvador, no de una reorganización de la sociedad dominicana, de la cual no se espera nada ("diez millones de trujillos"). Al final y en otro de los giros cervantinos de la novela, Yunior recibe una carta de Óscar, enviada antes de su asesinato y, es a través de este recurso indirecto que nos enteramos que éste finalmente pudo perder su virginidad con Ybón. Las palabras finales del libro son: "¡Así que esto es de lo que todo el mundo siempre está hablando! ¡Diablo! Si lo hubiera sabido. The beauty! The beauty!" (*Wao* 344). De esta manera Yunior rinde homenaje a dos textos clásicos de la literatura en inglés y los coloca en un contexto dominicano. Al horror del coronel Kurtz en *El corazón de las tinieblas* se opone la belleza de Óscar, pero también, al igual que Molly Bloom en *Ulises*, se termina el libro invocando el acto sexual.

Óscar Wao está repleta de este tipo de referencias intertextuales al canon de la literatura en inglés, especialmente del género ciencia-ficción. El principal intertexto es la trilogía *El señor de los anillos* de J. R. R. Tolkien. Esto se puede apreciar en el nombre con que designa a Trujillo: Sauron (*Wao* 16) o cuando compara el fucú con la maldición de Morgoth (*Wao* 19), así como el mundo de los cómics. Otro intertexto importante es la novela de Mario Vargas Llosa, *La fiesta del chivo* (2000), Cabral es el mismo apellido de la protagonista de la novela de Llosa, Urania y también el apellido del senador que propuso bautizar a Santo Domingo como Ciudad Trujillo, Fermín Cabral. Al igual que en el caso de Urania, la personalidad de Beli es resultado de la Era de Trujillo. Pero la manera en la cual ambas mujeres lidian con el trauma que causa la violencia en sus vidas es totalmente diferente; Urania es una mujer de éxito profesional y sin hijos, Belicia es su opuesto, y en vez de intentar superar el trauma como hace Urania al volver a Santo Domingo y enfrentar a su padre pusilánime, Belicia transmite el trauma a sus hijos, principalmente a Lola.

También se debe anotar que la novela se inserta dentro de una vertiente de la narrativa estadounidense que se ocupa del desarrollo de la vida de los inmigrantes en Estados Unidos. La novela de Díaz se puede colocar, en este aspecto, junto a *The Mambo Kings Play Songs of Love* (1990) de Oscar Hijuelos, primera novela escrita por un latino en ganar el premio Pulitzer, como un retrato de la adaptación de los latinos a la sociedad estadounidense. Este aspecto conecta la obra de Díaz con la tradición literaria estadounidense del *Bildungsroman* masculino en el siglo XX presente en autores como Philip Roth en la cual se pone el énfasis en la vida sexual del protagonista, aunque en el caso de Óscar Wao el énfasis está en la ausencia de aquélla. En otros aspectos, *Óscar Wao* acusa otras características interesantes como son su extenso archivo de referencias al género de la ciencia ficción y la combinación de éste con el hablar y el folklore dominicano lo que ha motivado el que hayan surgido sitios web como "The Annotated Oscar Wao" para así poder edificar más a los lectores. Críticos culturales como Sam Anderson en su artículo "When Lit Blew into Bits", luego de catalogar a *Óscar Wao* como "la novela que marca los dos mil", apunta:

> El resultado es un espanglish cargado tan densamente de referencias extratextuales (los Espectros del Anillo, Le Corbusier, la esposa de Joseph Conrad) que prácticamente requiere la internet como un apéndice no oficial. Este libro hubiera podido ser patrocinado por Google y Wikipedia; uno tiene que consultarlas constantemente o simplemente rendirse ante la inmensidad del conocimiento que uno no posee, lo cual, claro está, tiene su propio placer.

La breve y maravillosa de Óscar Wao al tiempo que es una novela inmersa dentro de una amplia tradición estadounidense, también, tal y como he demostrado en este análisis, ajusta cuentas con la historiografía y la sociedad dominicanas a través de un personaje que encarna la segunda generación de dominicanos residentes en el exterior, de aquellos para los cuales República Dominicana es un referente solamente simbólico y no siempre positivo.

Conclusión

Los cuatro textos analizados en este estudio apuntan a una nueva manera de entender la identidad dominicana en el siglo XXI. Esta identidad está, hoy más que nunca, marcada por la movilidad, el desplazamiento, el exilio y la transnacionalidad. Desde sus orígenes, la República Dominicana ha sido receptora y emisora de migrantes pero nunca en el número y frecuencia como los experimentados a partir de la segunda mitad del siglo XX. Haití como país que envía emigrantes hacia República Dominicana y Estados Unidos como receptor de inmigrantes dominicanos son los polos que enmarcan el análisis que he realizado; esta relación triangular encuentra su representación literaria en *El Masacre se pasa a pie*, *Cosecha de huesos*, *Dominicanish* y *La breve y maravillosa de Óscar Wao*.

Los tres países mencionados juegan una parte sumamente importante en la configuración de lo rayano. Esta característica diferencia a lo rayano de las metáforas analizadas en el capítulo 2: la gallera, el contrapunteo o las lágrimas y rupturas, en el sentido que no soslaya la importancia del Estado-nación en la formación y/o consecuencias de la identidad, ya sea nacional o transnacional. En este sentido, lo rayano responde positivamente a lo que Shalini Puri ve como la principal debilidad metodológica de las teorías de la hibridez y la transnacionalidad: "[...] la represión del estado-nación como un eje clave de poder y producción, una represión que imposibilita que las teorías en cuestión comenten sobre la ausencia de ciertas naciones en sus consideraciones" (29-30). Esta debilidad teórica es precisamente la que evita mi análisis porque lo rayano está firmemente anclado en tres Estados-nación y lidia con las consecuencias de esta situación en la representación literaria de individuos que son producto del cruce fronterizo.

La otra debilidad de las teorías antes mencionadas, de acuerdo al análisis de Puri, es el ocultamiento del llamado Tercer Mundo dentro de los análisis culturales procedentes de la hibridez o el transnacionalismo: "El problema no es que la experiencia diaspórica o de minorías en el primer mundo es el objeto de estudio; el problema surge cuando esos estudios simultáneamente, invocan, se presentan como y reemplazan el estudio de la experiencia de la minoría y de los subalternos en el tercer mundo" (39); lo rayano, en este análisis en particular, lidia tanto con el tercer mundo dentro del primero (*Dominicanish*, *Óscar Wao*) como las experiencias de las minorías subalternas tercermundistas dentro del tercer mundo (*El Masacre*, *Cosecha*).

Con el tropo de lo rayano como paradigma he desarrollado un acercamiento teórico que permitirá enfrentarse con los textos que, como los analizados aquí, son productos de o se refieren al cruce de fronteras físicas, lingüísticas y/o de género. A pesar de que me he concentrado exclusivamente en la producción escrita en español e inglés, lo rayano también servirá para acercarse a otras obras similares a las que he analizado aquí y que podrían estar escritas en otros idiomas como el francés, el kreyol o el italiano, expandiendo de este modo el *canon* literario dominicano. Pero más allá de destacar las consecuencias trágicas del estado de biculturalismo inherente a las personas rayanas (*El Masacre*, *Cosecha*); de permitirnos acercarnos a la formación de una mujer negra y proletaria de la diáspora radicada en Nueva York (*Dominicanish*) o de mostrarnos cómo la historia dominicana de la isla tiene consecuencias en la segunda generación de la diáspora (*Óscar Wao*), hay algo que todos estos textos tienen en común y que solo he señalado someramente hasta ahora: constituyen una crítica, con diferentes grados de eficacia, a los efectos del capitalismo en sus diferentes etapas en la República Dominicana y también sobre las poblaciones diaspóricas radicadas en Estados Unidos.

Podría afirmarse que tanto *El Masacre* como *Cosecha* apuntan a la vulnerabilidad de los trabajadores migrantes en las zonas limítrofes de países sometidos a las presiones de una reestructuración capitalista forzosa y acelerada. En 1937 tanto la República Dominicana como Haití recién salían de una larga dominación militar norteamericana: ocho años (1916-

1924) en el caso dominicano, diecinueve (1915-1934) en el caso haitiano. Las consecuencias de este dominio fueron, a pesar de sus similitudes en lo político (el establecimiento de gobiernos dóciles en ambos lados de la frontera), dispares en cuanto a lo económico. El gobierno de Trujillo fue el real impulsor de un estado capitalista moderno en la República Dominicana (pago total de la deuda externa, establecimiento de la moneda nacional, creación del Banco Central y sobre todo, la formación de una industria nacional diversa), mientras que en Haití los sucesivos gobiernos de Sténio Vincent (1930-1941), Élie Lescot (1941-1950), Paul Magloire (1950-1956) y finalmente la dictadura de los Duvalier, padre e hijo (1957-1986) no obtuvieron los mismos resultados. A consecuencia de ello, y desde muy temprano en la Era de Trujillo, el flujo de mano de obra barata ha sido siempre de Haití hacia la República Dominicana con las consecuencias que ello trae tanto en el país emisor (alivio de la presión laboral) como en el país receptor (impulso al crecimiento económico sostenido).

Prestol Castillo retrata de manera fiel la economía fronteriza y cómo ésta dependía casi totalmente de la mano de obra haitiana al reportar la reacción de Da. Francina, dueña de la posada de Dajabón, al enterarse de la muerte de su ayudante, Moraime Luis: "Estos buenos trabajadores limpiaban una tarea de tierra por diez centavos […] y a veces por una carga de batata […]" (*Masacre* 49).[207] Por su parte, Danticat apunta a la vulnerabilidad de las clases trabajadoras y cómo éstas son expulsadas de su país de origen para así aliviar la presión laboral, al tiempo que ofrece una cierta explicación sobre la animadversión existente entre ambas poblaciones depauperadas:

> 'Si tanto de nosotros estamos aquí es porque nuestro gobierno nos ha abandonado —empezó de nuevo Tibon, pero nadie le contestó—. Quieren librar el país de pobres vendiéndolos como braceros […] La ruina de los pobres es su pobreza —siguió Tibon—. Sea quien sea, al pobre sus vecinos lo despreciarán siempre. Si uno se queda mucho en la casa, es de lo más natural que el vecino se canse y llegue a odiarlo'. (179)

---

[207] Una tarea de tierra equivale a 629 metros cuadrados.

Si bien ambos libros se concentran en la región fronteriza y sus habitantes es importante señalar que la mayor parte de los trabajadores haitianos estaba empleada en la industria azucarera y, a pesar de algunos incidentes aislados, los haitianos que se encontraban en los bateyes no fueron tocados por el gobierno de Trujillo. El imperativo económico no permitió que se llevase hasta las últimas consecuencias el ansia de exterminio xenofóbico del trujillismo. Luego de la masacre, el gobierno de Vincent siguió supliendo a la dictadura dominicana de braceros para el corte de caña. Aquí cabe anotar que de marzo a septiembre de 1937 el gobierno cubano deportó más de 25,000 haitianos de vuelta a su país de origen creando una situación sumamente delicada para el gobierno de Vincent.[208]

El Masacre se refiere a una economía rural sostenida por la mano de obra barata proveniente de Haití; *Dominicanish*, de manera oblicua, y *Óscar Wao*, directamente, aluden a la contribución dominicana a la economía avanzada de la metrópolis imperial. El abandono por parte del propio gobierno señalado en *Cosecha* también impulsará a las clases trabajadoras dominicanas a emigrar masivamente hacia los Estados Unidos a partir de la caída de Trujillo en 1961. Producto de este éxodo la ciudad de Nueva York no solo se convertirá en la segunda ciudad más importante de la economía dominicana, el lugar desde el que se enviarán remesas económicas cuantiosas y hacia donde se exportarán productos dominicanos en grandes cantidades, sino también en el lugar emisor de un nuevo sujeto que va a insertarse dentro de la sociedad dominicana a partir de la década de los 70 del siglo XX: el dominicanyork.

A través de "Washington Heights List" Josefina Báez muestra la inserción de los dominicanos en la economía y el paisaje de Nueva York pero también señala la contribución que aquellos desde "allá" hacen a la economía de la isla. El período histórico que abarca Báez es particularmente importante en la economía dominicana. Tal y como

---

[208] Véase "Undesirable aliens: race, ethnicity, and nationalism in the comparison of Haitian and British West Indian workers in Cuba, 1912-1939" de Marc C. McLeod.

señala Carlos Dore Cabral en su ensayo "Las migraciones internacionales en el Caribe":

> La crisis económica de los años 1980 inaugura lo que se puede considerar una nueva etapa de flujos poblacionales en la región caribeña. Como es sabido, en esa década esta área se enfrenta a múltiples dificultades, de las que se destacan un serio y dramático estancamiento de la producción agrícola, la conocida cadena de baja salarial, aumento del desempleo e incremento del costo de la vida, así como la reducción de los gastos públicos para servicios sociales. Eso, junto a (o por) la necesidad obligada de pagar la deuda externa. (*Problemas* 193)

Las consecuencias del estancamiento de la producción agrícola se ven retratadas en la narrativa de Junot Díaz. La madre de Yunior a pesar de haber emigrado a la ciudad y trabajar en una fábrica de chocolate no puede mantener a sus hijos y tiene que enviarlos al campo donde tampoco hay trabajo (*Negocios* 3). Una vez el padre emigra hacia los Estados Unidos la pobreza se hace mayor en el período de espera, el período que, tal y como retrata el título del cuento, se caracteriza por estar "Aguantando". En "Instrucciones para citas con trigueñas, negras, blancas o mulatas" se pueden apreciar las vicisitudes económicas que afectan a la comunidad dominicana en los Estados Unidos y que obligan a sus miembros a vivir de la asistencia gubernamental ("saca el queso del gobierno de la nevera").

La comunidad dominicana es una de las más pobres en los Estados Unidos. Las últimas cifras disponibles revelan una gran disparidad en cuanto a la percepción que se tiene sobre los dominicanos en la diáspora en la narrativa conservadora de Núñez y otros y la realidad de la vida de aquellos en los Estados Unidos. De acuerdo al estudio "The Latino Population of New York City, 1990-2010" el ingreso anual por familia para los hispanos/latinos era de US$45,300; dentro de esta categoría los dominicanos nacidos fuera de los Estados Unidos solo tenían un ingreso de US$40,200 anuales, en comparación a los US$81,300 para los blancos no hispanos (30). Al segmentarse por sexo el ingreso resulta que las mujeres dominicanas, cabeza de familia y migrantes nacidas fuera de los Estados Unidos, solo ganaban US$27,000 anuales (32). Lo que estas cifras revelan es que dentro de la pobreza hispano-latina en Nueva York los dominicanos constituyen uno de los grupos más pobres (solamente los puertorriqueños tuvieron unos ingresos más bajos, US$39,000) y una de las principales causas de ello es que, tal y como apuntan Torres-Saillant y Hernández: "[...] la mayoría de los migrantes dominicanos en Estados Unidos son trabajadores devaluados, debido a sus bajos logros académicos" (*Dominican-Americans* 36). Esto tiene un impacto muy grande en las posibilidades y expectativas de la comunidad. Ese bajo rendimiento académico inicial solo comienza a ser superado en la segunda y tercera generación: el porcentaje de dominicanos que no se había graduado de la escuela secundaria pasó de 60% en 1990 a 40% en 2010 (Bergad 27). Aun así este alto porcentaje de individuos con escasa educación formal es una de las causas de la alta tasa de pobreza de la población dominicana en Nueva York: 28% en la población en general y 38% para los niños menores de 14 años (Latino Population 37).

Sin embargo, no se puede negar que debido a la disparidad entre las economías estadounidense y dominicana aun estos magros ingresos se convierten en pequeñas fortunas cuando se pasa de dólares a pesos. Es en *Óscar Wao* donde podemos apreciar estas diferencias de manera notoria. Al señalar que "la casa que la Diáspora había construido" se hizo gracias al esfuerzo de Beli trabajando dos turnos en dos trabajos, Díaz remacha este intercambio desigual. En el espacio temporal asignado en este capítulo de la novela (1992-1995) la economía dominicana empezaba a salir de la aguda recesión de 1989-1991 y se embarcaba en lo que sería un período de crecimiento sostenido (1996-2001) pero aun así la tasa de cambio entre el dólar estadounidense y el peso dominicano giraba alrededor del 14 x 1 lo que permitía a los migrantes de retorno estar en una posición ventajosa respecto a sus pares en la isla. Es también durante esta época que el flujo de remesas hacia la República Dominicana se intensifica. Pero esta visión de la novela de Díaz desde lo dominicano tiene que ser complementada con el punto de vista estadounidense. *Óscar Wao* se inscribe dentro de la literatura norteamericana como una novela importante para la narración de la experiencia americana (véase la declaración del jurado del Premio Pulitzer 2008). De este modo, la novela es también una crítica a los efectos del capitalismo posindustrial norteamericano sobre su propia clase proletaria, al tiempo que refuerza uno de los mitos del llamado "sueño americano": el que "quiere" puede llegar a tener éxito. Si bien los de León (Oscar y Lola) consiguen ascender socialmente (tienen acceso a educación superior) esto es fruto de los múltiples sacrificios hechos por la madre Beli, en lo que sería el único aspecto rescatable de este personaje, sus dos turnos en sus dos trabajos y sus ahorros. Díaz no permite que sus lectores pasen por alto que sus personajes son miembros de las clases trabajadoras norteamericanas y que, además de las discriminaciones raciales y sexuales, sufren, principalmente, explotación económica.

Si los dominicanyorks pueden, a pesar de su pobreza en los Estados Unidos y debido a la disparidad económica, disfrutar de ciertas ventajas económicas dentro de la sociedad dominicana no es igual para los domínico-haitianos quienes se encuentran en el fondo de la escala económica de un país muy pobre de por sí. Carlos Ayacx Mercedes ha señalado que entre las causas por las cuales esto es así está el patrón de exclusión de la sociedad dominicana basado en la etnia y el color de piel (43). Mercedes establece una distinción importante entre ciudadanos haitianos no ciudadanos de la República Dominicana y domínico-haitianos, esto así porque aunque se confunden ambas categorías dentro del imaginario dominicano el tratamiento tiene diferencias sutiles en cuanto a las manifestaciones de la discriminación. Tal y como reporta Carlos Dore Cabral, al detener a un grupo de domínico-haitianos, quienes presentaron sus papeles de identidad dominicanos, los soldados respondieron, al tiempo que rompían los papeles: "la cédula es dominicana, pero tú eres haitiano" ("Dominicanos" 62). Para estos soldados dominicanos la persona física está totalmente divorciada de la personalidad jurídica y ello se debe a la apariencia física de la primera.

Lo rayano tal y como lo he expuesto aquí no solamente le da una nueva significación a un viejo vocablo dominicano casi en desuso sino que puede convertirse, más que en una herramienta de análisis literario, en una categoría para analizar la situación social, económica y política de los dos grupos humanos que han tenido una gran presencia, aunque no haya sido reconocida aún, en la conformación de la dominicanidad en el siglo XXI. Esta presencia no está solamente en el terreno de lo cultural (la influencia de la comunidad dominicana en los Estados Unidos en el auge de la bachata y el merengue de calle es innegable), sino también en lo económico (la mano de obra haitiana y domínico-haitiana ha sido vital en el desarrollo económico de la República Dominicana, principalmente en el área de la construcción lo que a su vez ha cambiado la fisonomía urbana de la sociedad dominicana). En el terreno de lo político, sin embargo, la situación es desigual porque mientras los dominicanyorks aun cuando no hayan nacido ni vivido en el territorio de la isla tienen acceso a la nacionalidad dominicana, los domínico-haitianos, a pesar de ser residentes en el territorio que los vio nacer, no disfrutan de tal derecho. Si bien, tal y como sostiene acertadamente Puri: "contrario a muchos de los recuentos metropolitanos de hibridez, la historia caribeña revela entonces que el estado no necesita oponerse o sentirse amenazado por la hibridez, sino que puede reclamar que emerge de ella y que puede ser, de hecho, un agente de hibridación" (47), no se puede negar que, al igual que la mayoría de los discursos tradicionales latinoamericanos que lidian con la identidad, el discurso dominicano también está basado en la mezcla de razas/culturas/etnias pero solamente un tipo de hibridez se privilegia (español/indígena) mientras se descartan como no deseables otros híbridos como el rayano y el dominicanyork.

Por último, lo rayano será una herramienta eficaz para acercarse a producciones de la literatura dominicana tales como *Erzulie's skirt* (2006) de Ana-Maurine Lara, en la cual se narra la historia de amor de una pareja lesbiana, compuesta por una dominicana y una domínico-haitiana; *Papi* (2004) de Rita Indiana Hernández, donde se presenta, desde la perspectiva de una niña, la vida de un dominicanyork que se mueve entre Estados Unidos y República Dominicana, o *Winterness* (2012) de Juan Dicent, libro de cuentos que narra las vicisitudes y peripecias de los migrantes tanto recién llegados en "Instrucciones para primera nieve", o como los que retornan a la isla y allí se enfrentan a las expectativas de aquellos que no se han marchado aún en "My Uncle's First Jeans". También servirá para arrojar nueva luz sobre textos ya conocidos como los producidos por escritoras dominicanas de la diáspora, o analizar la producción de escritores haitianos, tanto de Haití como de sus diásporas (República Dominicana y Estados Unidos) que lidien con los temas aquí tratados.

Obras citadas

El Abencerraje (novela y romancero). Francisco López Estrada, ed. 13ra ed. Madrid: Cátedra, 2002.

Agamben, Giorgio. *Medios sin fin: notas sobre la política*. Antonio Gimeno Cuspinera, trad. Valencia: Pre-Textos, 2001.

_____ *Signatura rerum: Sobre el método*. Flavia Costa, Mercedes Ruvituso, trads. Barcelona: Anagrama, 2010.

Aguasvivas, Freddy. *El olor del olvido*. Santo Domingo: s.n., 2001. Impreso.

Alvarez, Julia. *De cómo las muchachas García perdieron el acento*. Mercedes Guhl, trad. revisada por Ruth Herrera. Nueva York: Vintage, 2007.

_____ "Doña Aída, with Your Permission." *Callaloo* 23/3 (2000): 821-3.

Anderson, Benedict. *Imagined Communities: Reflections on the Origin and the Spread of Nationalism*. Londres: Verso, 2006.

Anderson, Sam. "When Lit Blew into Bits." *New York Magazine* .6 dic 2009. <nymag.com/arts/all/aughts/62514/>. 19 dic. 2012.

"The Annotated Oscar Wao." <www.annotated-oscar-wao.com>. 19 dic. 2012

Anzaldúa, Gloria. *Borderlands: The New Mestiza = La Frontera*. 3ra ed. San Francisco: Aunt Lute Books, 2007.

Appel, Willa. "The Myth of Jettatura." *The Evil Eye*. Clarence Maloney, ed. Nueva York: Columbia UP, 1976. 17-27.

Austerlitz, Paul. *Merengue: Dominican Music and Dominican Identity*. Philadelphia: Temple UP, 1997.

Aventura. *Generation Next*. Sony International, 1999.

Báez Evertsz, Franc. *Braceros haitianos en la República Dominicana*. 2da ed. Santo Domingo: Instituto Dominicano de Investigaciones Sociales, 1986.

Báez, Josefina. *Dominicanish*. Nueva York: Ay Ombe T., 2000. Impreso.

_____ *El Ni'e*. <leventeno.blogspot.com>. 19 dic. 2012.

_____ *Levente no. Yolayorkdominicanyork*. Nueva York: Ay Ombe T., 2011. Impreso

Balaguer, Joaquín. "Dios y Trujillo: Una interpretación realista de la historia dominicana." *Cielo Naranja*. <www.cielonaranja.com/balagueradios.htm>. 28 dic. 2012.

_____ "Dos epístolas esclarecedoras: La política dominicana frente a Haití." *La frontera de la República Dominicana con Haití*. Ciudad Trujillo, R.D.: La Nación, 1946. 155-162.

_____ *La isla al revés: Haití y el destino dominicano*. Santo Domingo: Corripio, 1995.

_____ *La realidad dominicana: semblanza de un país y un régimen*. Buenos Aires: Imprenta Ferrari Hermanos, 1947.

_____ *Memorias de un cortesano de la "Era de Trujillo"*. Santo Domingo: Corripio, 1988.

Balaguer: La herencia del tirano. René Fortunato, dir. Palau Films, 1998.

Balaguer: La violencia del poder. René Fortunato, dir. Palau Films, 2002.

Balibar, Ettienne. "The Nation Form: History and Ideology." *Race, Nation, Class : Ambiguous Identities*. Londres: Verso, 1991. 86-106.

Barradas, Efraín. "El realismo cómico de Junot Díaz: notas sobre *La breve y maravillosa vida de Óscar Wao*." *The Latin Americanist* 53/1 (2009): 99-111.

Bartlow Martin, John. *El destino dominicano: la crisis dominicana desde la caída de Trujillo hasta la guerra civil*. Santo Domingo: Editora de Santo Domingo, 1975.

_____ *Overtaken by Events: The Dominican Crisis from the Fall of Trujillo to Civil War*. Nueva York: Doubleday, 1966.

Baud, Michiel. "'Constitutionally White': The Forging of a National Identity in the Dominican Republic". *Ethnicity in the Caribbean: Essays in Honor of Harry Hoetink*. Gert Oostindie, ed. Londres: Macmillan Caribbean, 1996. 121-151.

Bellegarde, Dantes. *La nación haitiana*. Santo Domingo: Sociedad Dominicana de Bibliófilos, 1984.

Benítez Rojo, Antonio. *La isla que se repite*. Barcelona: Editorial Casiopea, 1998.

Bergad, Laird W. *The Latino Population of New York City, 1990-2010*. Nueva York: Center for Latin American, Caribbean and Latino Studies, The City University of New York: 2011.

Beverley, John. *Subalternity and Representation : Arguments in Cultural Theory*. Durham: Duke UP, 1999.

_____ *Testimonio: On the Politics of Truth*. Minneapolis: U of Minnesota P, 2004.

Blanchot, Maurice y Ann Smock. *The Writing of the Disaster= L'écriture Du Désastre*. Lincoln: U of Nebraska P, 1995.

Bonilla, Jaira. "Transnational Consciousness: Negotiating Identity in the Works of Julia Alvarez y Junot Díaz". *Dominican Migration: Transnational Perspectives*. Ernesto Sagás y Sintia E. Molina, eds. Gainsville: UP of Florida, 2004. 200-230.

Bosch, Juan. *De Cristóbal Colón a Fidel Castro: El Caribe, frontera imperial*. Madrid: Alfaguara, 1970.

_____ *Trujillo; causas de una dictadura sin ejemplo*. Lima: Librería Las Novedades, 1959.

Brotherton, David C. y Luis Barrios. *Banished to the Homeland: Dominican Deportees and Their Stories of Exile*. Nueva York: Columbia UP, 2011.

Bucholtz, Mary. "The Whiteness of Nerds: Superstandard English and Racial Markedness." *Journal of Linguistic Anthropology* 11/1 (2001): 84-100.

Butler, Judith. *Bodies That Matter: On the Discursive Limits of "Sex."* Nueva York: Routledge, 1993.

_____ *Gender Trouble: Feminism and the Subversion of Identity*. Nueva York: Routledge, 1990.

Candelario, Ginetta E. B. *Black Behind the Ears: Dominican Racial Identity from Museums to Beauty Shops*. Durham: Duke UP, 2007.

Caro-López, Howard. *Socio-Economic and Cost of Living Indicators Among Foreign and Domestic-Born Latino Nationalities in the New York Metropolitan Area, 2005*. Nueva York: Center for Latin American, Caribbean and Latino Studies, The City University of New York, 2007.

Certeau, Michel de. "Andares de la ciudad". *La invención de lo cotidiano I. Artes de hacer*. Alejandro Pescador, trad. Luce Giard, ed. México: Universidad Iberoamericana, 2000. 103-122.

Cervantes Saavedra, Miguel de. Francisco Yndurain, ed. *Don Quijote de La Mancha*. Barcelona: Juventud, 2000.

_____ *La Numancia*. Madrid: Aguilar, 1964.

Césaire, Aimé. *Cahier d'Un Retour Au Pays Natal*. París: Présence africaine, 1960.

Cerase, Francesco P. "Expectations and Reality: A Case Study of Return Migration from the United States to Southern Italy." *The International Migration Review IMR* 8/2 (1974): 245-262.

Céspedes, Diógenes. "Novela de Junot Díaz expone triple fracaso". *Hoy*. 18 abril 2009, sec. Areíto. <www.hoy.com.do/areito/2009/4/18/274229/Novela-de-Junot-Diaz-expone-triple-fracaso>. 19 dic. 2012.

Clime, Danilo P. *Manuel Arturo Peña Batlle o en búsqueda de la Hispanoamérica posible*. Santo Domingo: Instituto para el Estudio de la Conducta Política, 2006.

Conrad, Joseph. *Heart of Darkness: An Authoritative Text, Backgrounds and Sources, Criticism*. Robert Kimbrough, ed. Nueva York: Norton, 1971.

Coupeau, Steeve. *The History of Haiti*. Westport, CT: Greenwood Press, 2008.

Crassweller, Robert D. *Trujillo: The Life and Times of a Caribbean Dictator*. Nueva York: The MacMillan Company, 1966.

Cruz, Angie. *Soledad*. Nueva York: Simon & Schuster, 2001.

Cuello, José Israel. *Documentos del conflicto domínico-haitiano de 1937*. Santo Domingo: Taller, 1985.

Danticat, Edwidge. *Cosecha de huesos*. Marcelo Cohen, trad. Bogotá: Norma, 1999.

Davis, Martha Ellen. *El vodú dominicano como religión y medicina populares*. Santo Domingo: Universidad Autónoma de Santo Domingo, 1987.

Deive, Carlos Esteban. *Diccionario de dominicanismos*. Santo Domingo: La Trinitaria/Manatí, 2006.

_____ *Vodú y magia en Santo Domingo*. Santo Domingo: Fundación Cultural Dominicana, 1988. Impreso.

Díaz Quiñones, Arcadio. *Sobre los principios: los intelectuales caribeños y la tradición*. Bernal, Argentina: Universidad Nacional de Quilmes, 2006.

Díaz, Junot. *La breve y maravillosa de Óscar Wao*. Ochy Obejas, trad. Santo Domingo: Alfaguara, 2008.

_____ *Negocios*. Eduardo Lago, trad. Santo Domingo: Alfaguara, 2010.

Dore Cabral, Carlos. "La inmigración haitiana y el componente racista de la cultura dominicana (apuntes para una crítica a "La Isla Al Revés")". *Ciencia y Sociedad* X/1 (1985): 61-70.

_____ "Los dominicanos de origen haitiano y la segregación social en la República Dominicana". *Estudios Sociales* 68/20 (1987): 57-80.

_____ *Problemas sociológicos de fin de siglo*. Santo Domingo: FLACSO, 1999.

Dorsainvil, Jean Chrisostome. *Manual de historia de Haití*. Santo Domingo: Sociedad Dominicana de Bibliófilos, 1979.

Duany, Jorge. "Racializing Ethnicity in the Spanish-Speaking Caribbean: A Comparison of Haitians in the Dominican Republic and Dominicans in Puerto Rico." *Latin America and Caribbean Ethnic Studies* 1/2 (2006): 231-48.

Eagleton, Terry. *After Theory*. Nueva York: Allen Lane, 2003.

Fabian, Johannes. *Time and the Other: How Anthropology Makes its Object*. Nueva York: Columbia UP, 1983.

Fischer, Sibylle. *Modernity Disavowed: Haiti and the Cultures of Slavery in the Age of Revolution*. Durham: Duke UP, 2004.

Flores, Juan. *The Diaspora Strikes Back: Caribeño Latino Tales of Learning and Turning*. Nueva York: Routledge, 2008.

Foucault, Michel. "Prefacio a la transgresión". *De lenguaje y literatura*. Isidro Herrera Baquero, trad. Barcelona: Paidós, 1994.

Franco Pichardo, Franklin J. *Los negros, los mulatos y la nación dominicana*. Santo Domingo: Nacional, 1969.

Freud, Sigmund. "The Uncanny". *The Standard Edition of the Complete Psychological Works of Sigmund Freud*. Vol. 17. Londres: Hogarth Press, 1955, 217-252.

Galíndez Suárez, Jesús. *La Era de Trujillo; un estudio casuístico de dictadura hispanoamericana*. Santiago de Chile: Pácifico, 1956.

Galván, Manuel de Jesús. *Enriquillo*. Madrid: Cultura Hispánica, 1996.

García Lorca, Federico. *La casa de Bernarda Alba*. María Francisca Vilches de Frutos, ed. Madrid: Cátedra, 2005.

Gautreaux, Martín P. "Cartas al Director". *Última Hora*. s/f.

Gil, Lydia M. "*El Masacre se pasa a pie* de Freddy Prestol Castillo ¿Denuncia o defensa de la actitud dominicana ante "El Corte?" *Afro-Hispanic Review* 16/1 (1997): 38-44.

Gilman, Stephen. *The Novel According to Cervantes*. Berkeley: U of California P, 1989.

Glissant, Edouard. *Caribbean Discourse.* J. Michael Dash, trad. Charlottesville: UP of Virginia, 1989.

Glowinski, Michal y Uliana F. Gabara. "Document as Novel". *New Literary History* 18.2 (1987): 385-401.

Goldberg, Elizabeth Swanson. *Beyond Terror: Gender, Narrative, Human Rights.* New Brunswick: Rutgers UP, 2007.

González, José Luis. "El país de cuatro pisos". *El país de cuatro pisos y otros ensayos.* San Juan: Huracán, 2001. 11-42.

_____ "La noche que volvimos a ser gente". *Cuentos: Stories from Puerto Rico.* Kal Wagenheim, ed. Princeton: Markus Wiener Publishers, 2008.

Grimaldi, Víctor. *Golpe y Revolución: el derrocamiento de Juan Bosch y la intervención norteamericana.* Santo Domingo: [s.e.], 2000.

Hartlyn, Jonathan. *The Struggle for Democratic Politics in the Dominican Republic.* Chapel Hill: U of North Carolina P, 1998.

Heinl, Robert Debs, Nancy Gordon Heinl, and Michael Heinl. *Written in Blood: The Story of the Haitian People, 1492-1995.* Lanham, MD: of America, 2005.

Hernández, Ángela. *Charamicos.* Santo Domingo: Cole, 2003.

Hernández, Ramona y Francisco L. Rivera-Batiz. *Dominicans in the United States: A socioeconomic Profile, 2000.* New York: The CUNY Dominican Studies Institute at City College, 2003.

Hernández, Rita Indiana. *Papi.* Santo Domingo: 2004.

Herrera, Ruth. "En el corazón del mito americano existe el mito domincano". *Desde el País de Alicia.* >desdeelpaisedealicia.blogspot.com/2008/09/el-fuk-no-toma-las-decisiones-por-nadie-html>.

Hijuelos, Oscar. *The Mambo Kings Play Songs of Love*. Nueva York: Harper & Row, 1990.

Hoffnung-Garskof, Jesse. *A Tale of Two Cities: Santo Domingo and New York After 1950*. Princenton: Princenton UP, 2007.

Ibarra Ríos, Julio. "Radar Nacional." *El Nacional de Ahora* 1981.

Imbert, Segundo. "Novela 'Dominicanyork'". *Hoy* . 24 julio 2008. <www.hoy.com.do/opiniones/2008/7/24/241054/Novela-dominicanyork>.

Incháustegui Cabral, Héctor. "La raya en el corazón." *De literatura dominicana siglo veinte*. Santo Domingo: Banco de Reservas de la República Dominicana y Sociedad Dominicana de Bibliófilos, 2007. 211-228.

Inoa, Orlando. *Azúcar, árabes, cocolos y haitianos*. Santo Domingo: FLACSO, 1999.

_____ *Bibliografía haitiana en la República Dominicana*. San Juan: Centro de Investigaciones Históricas, Facultad de Humanidades, Universidad de Puerto Rico, Recinto de Río Piedras, 1994.

_____ *Los cocolos en la sociedad dominicana*. Santo Domingo: Helvetas, 2005.

Jameson, Fredric. "Third-World Literature in the Era of Multinational Capitalism." *Social Text* 15 (Autumn 1986): 65-88.

Joppolo, Giovanni. "Basquiat Le Négropolitain." *Opus International* 116 (1989): 54-5.

Joyce, James. *Ulysses*. Declan Kiberd, ed. Nueva York: Penguin, 2000.

Julián Pérez, Luis. *Santo Domingo frente al destino*. Santo Domingo: Editora Taller, 1989.

Katz, Jonathan M. "Enojado por reconocimiento a Pierre". *Clave digital*.<https://www.clavedigital.com/Noticials/Articulold_Articulo=13395>. 23 oct. 2009.

Klor de Alva, Jorge. "Colonialism and Postcolonialism as (Latin) American Mirages." *Colonial Latin American Review* 1/1-2 (1992): 3-23.

Kristeva, Julia. "La productividad llamada texto". *Lo verosímil*. Buenos Aires: Tiempo Contemporáneo, 1972. 63-92.

Lara, Ana-Maurine. *Erzulie's Skirt*. Washington, DC: RedBone Press, 2006.

Laviera, Tato. *AmeRícan*. Houston: Arte Público Press, 1985.

Levinas, Emmanuel. "Time and the Other." *The Levinas Reader*. Oxford, UK: Blackwell, 1996. 37-58.

Lewis, C. S (Clive Staples). *The Lion, the Witch and the Wardrobe: A Celebration of the First Edition*. Nueva York: Harper Collins, 2009.

Lockward, Alanna. *Marassá y la Nada*. Santo Domingo: Editorial Santuario, 2013.

López, Nancy. "Transnational Changing Gender Roles: Second-Generation Dominicans in New York City." *Dominican Migration: Transnational Perspectives*. Ernesto Sagás y Sintia E. Molina, eds. Gainsville: UP of Florida, 2004. 177-200.

López-Calvo, Ignacio. *God and Trujillo : Literacy and Cultural Representations of the Dominican Dictator*. Gainesville: UP of Florida, 2005.

Lundius, Jan y Mats Lundahl. *Peasants and Religion : A Socioeconomic Study of Dios Olivorio and the Palma Sola Movement in the Dominican Republic.* Mats Lundahl, ed. Nueva York: Routledge, 1999.

Lyons, Bonnie. "An Interview with Edwige Danticat." *Contemporary Literature* XLIV/2 (2003): 183-98.

Machado, Antonio. *Campos de Castilla.* Madrid: Biblioteca Nueva, 1998.

Maeseneer, Rita de. *Encuentro con la narrativa dominicana contemporánea.* Madrid: Iberoamericana, 2006.

Malcolm X. "Message to the Grass Roots." *American Identities: An Introductory Textbook.* Lois P. Rudnick, Judith E. Smith, and Rachel Lee Rubin, eds. Malden, MA: Blackwell Publishing, 2005. 119-125.

Manigat, Sabine. "Haiti: The Popular Sectors and the Crisis in Port-Au-Prince." *The Urban Caribbean : Transition to the New Global Economy.* Alejandro Portes, Carlos Dore y Cabral, and Patricia Landolt, eds. Baltimore: Johns Hopkins UP, 1997. 87-123.

Manning, Sam. "Sly Mongoose". *Calypso Pioneers, 1912-1937.* Rounder, 1998.

Marcallé Abreu, Roberto. *Contrariedades y tribulaciones en la mezquina y desdichada existencia del señor Manfredo Pemberton.* Santo Domingo: MC, 2006.

Maríñez, Sophie. "Poética de la relación en *Dominicanish* de Josefina Báez". *La Torre* 10/35 (2005): 149.

Martin, John Bartlow. *Overtaken by Events; the Dominican Crisis from the Fall of Trujillo to the Civil War.* Nueva York: Doubleday, 1966.

Martínez, Lusitania. *Palma Sola: opresión y esperanza (su geografía mítica y social).* Santo Domingo: CEDEE, 1991.

Martínez, Samuel. "Not a Cockfight: Rethinking Haitian-Dominican Relations." *Latin American Perspectives* 30/3 (2003): 80-101.

Martínez, Vianco. "Sagrario y el general." <http://mariasoldevila.blogspot.ca/2007/09/impunidad-ya-no-ms.html>.

Martínez Vergne, Teresita. *Nation & Citizen in the Dominican Republic, 1880-1916*. Chapel Hill: U of North Carolina P, 2005.

Martínez-San Miguel, Yolanda. *Caribe Two Ways: Cultura De La Migración En El Caribe Insular Hispánico*. San Juan: Callejón, 2003.

Mateo, Andrés L. "Cosecha de huesos I". *Listín Diario* 3 abril 2002: <www.listin.com/do/antes/030402/cuerpos/opinion/opi3.htm>. 25 oct. 2009.

Matibag, Eugenio. *Haitian-Dominican Counterpoint: Nation, State and Race in Hispaniola*. Nueva York: Palgrave, 2003.

Matos Moquete, Manuel. *Dile adiós a la época*. Santo Domingo: Cocolo, 2002.

McAlary, Mike. "Washington Heights' Deadly Dominican Connection." *New York Post* S6 sept. 1992: 3.

McLeod, Marc C. "Undesirable Aliens: Race, Ethnicity, and Nationalism in the Comparison of Haitian and British West Indian Immigrant Workers in Cuba, 1912-1939". *Journal of Social History* III/31, 1998: 599-623.

Menéndez y Pelayo, Marcelino. *Historia de la poesía hispanoamericana*. Tomo I. Madrid: Librería General de Victoriano Suárez, 1911.

Mercedes Contreras, Ayacx. "¿Por qué los domínico-haitianos están colocados en la base de la estratificación socio-económica de los ciudadanos dominicanos? Mecanismos de exclusión socio-étnica en una sociedad mulata." *Estudios Sociales* 37/138 (2004): 10-60.

Michaelsen, Scott, and David E. Johnson, eds. *Border Theory: The Limits of Cultural Politics*. Minneapolis: U of Minnesotta P, 1997.

Milly y Los Vecinos. "Volvió Juanita". *¡Esta noche!*. Reyes, 2000.

Miñana, Rogelio. *La verosimilitud en el Siglo de oro: Cervantes y la novela corta*. Newark, DE: Juan de la Cuesta, 2002.

Moreiras, Alberto. "The Aura of Testimonio." *The Real Thing: Testimonial Discourse and Latin America*. Georg M. Gugelberger, ed. Durham: Duke UP, 1996. 192-222.

Moreno, Pilar. "Vincho: llegan 50 mil repatriados por drogas". *El Nacional*. 29 oct. 2009. <www.elnacional.com/do/nacional/2009/10/29/30336/vincho-llegan-50-mil-repatriados-por-drogas>.

Moya, E. Antonio de. "Power Games and Totalitarian Masculinity in the Dominican Republic." *Interrogating Caribbean Masculinities : Theoretical and Empirical Analyses*. Rhoda Reddock, ed. Kingston, Jamaica: U of the West Indies P, 2004. 68-102.

Moya Pons, Frank. "Dominican National Identity: A Historical Perspective." *Punto 7 Review* 3/1 : 14.

_____ *La otra historia dominicana*. Santo Domingo: Librería La Trinitaria, 2008.

_____ *Manual de historia dominicana*. Santo Domingo: Caribbean Publishers, 1992.

Nicholson, Mervyn. *Male Envy: The Logic of Malice in Literature and Culture*. Lanham: Lexington Books, 1999.

Nora, Pierre. "Between Memory and History: Les Lieux De Mémoire." *Representations* 26. Special Issue (1989): 7-24.

Núñez, Miguel Á. "Para impartir docencia en escuelas hispanas EU. Revelan dominicanyorks hacen tentadoras ofertas maestros". *El Sol* (1989).

Núñez, Manuel. *El ocaso de la nación dominicana*. 2da ed. Santo Domingo: Letra Gráfica, 2001.

_____ *La Lengua española: compañera de la nación dominicana*. Santo Domingo: Letra Gráfica, 2005.

_____ *Peña Batlle en la Era de Trujillo*. Santo Domingo: Letra Gráfica, 2007.

Núñez, Ramón Emilio y Nassef Perdomo Cordero. "Los fallos del fallo: análisis de la sentencia de la Suprema Corte de Justicia sobre la constitucionalidad de la ley de migración". *Cielonaranja*. <http://www.cielonaranja.com/fallosuprema.pdf>. 16 dic. 2005.

Orozco, Manuel. *Tasting Identity Trends in Migrant Demand for Home Country Goods*, Diaspora Network Alliance, U.S. Agency for Internacional Development. 20 nov. 2008. <www.thedialogue.org/PublicationFiles/DNA%20paper%20series%20-%20Tasting%20Identity-11-18-08-Summary-FINAL.pdf>.

Otero Garabís, Juan. *Nación y ritmo: descargas desde el Caribe*. San Juan: Callejón, 2000.

"Pasa de todo por la aduana chiquita". Servicio Jesuita a Refugiados y Migrantes. *Solidaridad Fronteriza*. <http://www.sjmdom.org.do/spip/spip.php?article255>. 14 dic. 2012.

Patín Maceo, Manuel Antonio. *Dominicanismos*. Ciudad Trujillo, R.D.: Montalvo, 1940.

Paz, Octavio. *El laberinto de la soledad*. 5ta ed. México: Fondo de Cultura Económica, 1968.

Peña Batlle, Manuel Arturo. *El sentido de una política (discurso pronunciado en Villa Elías Piña el 16 de noviembre del 1942, en la manifestación que allí tuvo efecto en testimonio de adhesión y gratitud al Generalísimo Trujillo, con motivo del plan oficial de dominicanización de la frontera)*. Ciudad Trujillo, R.D.: La Nación, 1943.

_____ *Historia de la cuestión fronteriza domínico-haitiana*. Santo Domingo: Sociedad Dominicana de Bibliófilos, 1988.

_____ *Política de Trujillo*. Ciudad Trujillo, R.D.: Impresora Dominicana, 1954.

Peña, Ángela. "Ese es un archivo que tiene de todo…" *Editora Hoy*. <http://www.hoy.com/do/areito/2007/9/3/123572/Historia-recienteEse-es-un-archivo-que-tiene-de-todo>. 15 junio 2010.

Pérez, Odalís G. *La ideología rota: el derrumbe del pensamiento pseudonacionalista dominicano*. Santo Domingo: Centro de Información Afroamericano, 2002.

Philotecte, René. *Massacre River*. Lynda Coverdale, trad. Nueva York: New Directions, 2005.

Pietri, Pedro. *Puerto Rican Obituary*. Nueva York: Monthly Review, 1974.

Policía Nacional Dominicana. "Departamento de registro, control y seguimiento para deportados." *Policía Nacional Dominicana*. <www.policianacional.gob.do>. 3 nov. 2009.

"Presentan resolución de censura contra Williams". *7 días*. 16 oct. 2009. <7dias.com.do>. 19 dic. 2012.

Prestol Castillo, Freddy. *El Masacre se pasa a pie*. Santo Domingo: Taller, 1998.

_____ *Paisajes y meditaciones de una frontera*. Ciudad Trujillo, R.D.: Cosmopolita, 1943.

Price-Mars, Jean. *La República de Haití y la República Dominicana: diversos aspectos de un problema histórico, geográfico y etnológico*. Martín Aldao, José Luis Muñoz Azpiri, trads. Santo Domingo: Sociedad Dominicana de Bibliófilos, 1995.

Puri, Shalini. *The Caribbean Postcolonial: Social Equality, Post-Nationalism, and Cultural Hybridity*. Nueva York: Palgrave Macmillan, 2004.

Radar Nacional. *El Nacional de Ahora*. 26 feb 1981: 9.

Ramos, Julio. *Diverging Modernities: Culture and Politics in Nineteenth-Century Latin America*. John D. Blanco, trad. Durham: Duke UP, 2001.

Ratha, Dilip, and William Shaw. *South-South Migration and Remittances*. World Bank, 2007.

"Rayano". *Diccionario de la Lengua Española*. Real Academia Española. 22da ed. Madrid: Espasa Calpe, 2008.

Read, Gabriela. "Cuando la nostalgia se vuelve mercado." 5 nov. 2009.

República Dominicana. *Tribunal Constitucional de la República Dominicana*. Sentencia TC/0168/13. <http://tribunalconstitucional.gob.do/node/1764. Santo Domingo, 2013.

Rita Indiana y Los Misterios. "La hora de volvé". *El juidero*. Sony, 2010.

Rivera Jr, George, and Jules J. Wanderer. "Curanderismo and Childhood Illnesses." *The Social Science Journals* 23/3 (1986): 361-72.

Rodó, José Enrique. *Ariel*. Belén Castro, ed. Madrid: Cátedra, 2000.

Rodríguez Juliá, Edgardo. *La noche oscura del niño Avilés*. 2da. ed. Río Piedras: Universidad de Puerto Rico, 1991.

Rodríguez, Joselin. "Este país es de prostitutas y peloteros". *Hoy.* 27 nov 2007. <www.hoy.com.do/alegria/2007/11/27/114151/Marianela-Sanchez-Este-pais-es-de-prostituas-y-peloteros>. 20 feb. 2010.

Rodríguez, Néstor E. "Dominicanish". <http://schnuckelchen.blogspot.com/2007_07_01_archive.html>. 16 dic. 2012.

_____ "El rasero de la raza en la ensayística dominicana." *Revista Iberoamericana* 70/207 (abril-junio, 2007): 473-90.

_____ *Escrituras de desencuentro en la República Dominicana.* México, DF: Siglo veintiuno, 2005.

_____ "Etnicidad, geografía y contigencia en *Dominicanish* de Josefina Báez." *El Caribe y sus diásporas: cartografía de saberes y prácticas culturales.* Anja Bandau y Marta Zapata Galindo., eds. Madrid: Verbum, 2010.

_____ *La isla y su envés: representaciones de lo nacional en el ensayo dominicano contemporáneo.* San Juan: Instituto de Cultura Puertorriqueña, 2003.

Rosaldo, Renato. *Culture & Truth: The Remaking of Social Analysis.* Boston: Beacon Press, 1993. Impreso.

Rueda, Manuel. *La criatura terrestre, 1945-1960 [Poemas].* Santo Domingo: Caribe, 1963.

Sagás, Ernesto. *Race and Politics in the Dominican Republic.* Gainsville: UP of Florida, 2000.

Sagás, Ernesto, Sintia Molina, eds. *Dominican Migration: Transnational Perspectives.* Gainsville: UP of Florida, 2004.

Said, Edward W. *Beginnings: Intention and Method.* Baltimore: Johns Hopkins UP, 1978.

Saldívar, José David. *Border Matters : Remapping American Cultural Studies.* Berkeley: U of California P, 1997.

San Miguel, Pedro L. *La isla imaginada: historia, identidad y utopía en La Española*. San Juan: Isla Negra, 1997.

Sánchez Ferlosio, Rafael. *El Jarama*. María Luisa Burguera, ed. Madrid: Espasa Calpe, 2006.

Sánchez, María Esperanza. "Una población sin patria en la República Dominicana". *BBC*. 7 junio 2010. <http://bbc.co.uk/mundo/america_latina/2010/06/100604_1710_haitianos_republica_dominicana_lav.shtml>. 19 dic. 2012.

Sang Ben, Adriana Mu Kien. *De dónde vengo: ensayos de una autobiografía existencial*. Santo Domingo: Norma, 2007.

Searfoss, Stephen W. "Untapping the Potential of Education-Driven Return Migration in the Dominican Republic", 2001.

Miracle on 34th Street. George Seaton, dir. William Perlberg, prod. Maureen O'Hara, Natalie Wood y John Payne, actores. 20th Century Fox, 1947.

Sellers, Julie A. *Merengue and Dominican Identity: Music as National Unifier*. Jefferson, NC: McFarland & Co., 2004.

Shemak, April. "Re-Membering Hispaniola: Edwige Danticat's *Cosecha de huesos*." *Modern Fiction Studies* 48/1 (2002): 83-112.

Silié, Rubén, Carlos Segura, y Carlos Dore Cabral. *La nueva inmigración haitiana*. Santo Domingo: FLACSO, 2002.

Sklodowska, Elzbieta. "Spanish American Testimonial Novel: Some Afterthoughts." *The Real Thing: Testimonial Discourse and Latin America*. Georg M. Gugelberger, ed. Durham: Duke UP, 1996.

Sommer, Doris. *One Master for another: Populism as Patriarchal Rhetoric in Dominican Novels*. Lanham: UP of America, 1983.

Stanley, Avelino. *Tiempo muerto*. San Juan: U of Puerto Rico P, 2000.

Strongman, Roberto. "Reading through the Bloody Borderlands of Hispaniola: Fictionalizing the 1937 Massacre of Haitian Sugarcane Workers in the Dominican Republic." *The Journal of Haitian Studies* 12/2 (2006): 22-46.

Suárez, Lucía M. *The Tears of Hispaniola: Haitian and Dominican Diaspora Memory.* Gainsville: UP of Florida, 2006.

Szulc, Tad. *Dominican Diary.* Nueva York: Delacorte Press, 1965.

Tandt, Catherine Den. "'El Masacre se pasa a pie': Haitian and Dominican Border Talk." *Marginal Migrations: The Circulation of Cultures within the Caribbean.* Shalini Puri, ed. Oxford: Macmillan Caribbean, 2003. 165-189.

Taveras Hernández, Juan. (Artículo sin título). *El Nacional.* 5 oct. 1997.

Tejada Holguín, Ramón. Correo electrónico al autor. 27 ago. 2008.

The Annie E. Casey Foundation, KIDS COUNT Data Center. <http://datacenter.kidscount.org>. 16 dic. 2012.

The Isley Brothers. *For the Love of You (Part 1 & 2).* T-Neck Records, 1975.

The New York Times. "The Lesson of Washington Heights." 3 de marzo de 2010.

Tolentino Dipp, Hugo. *Raza e historia en Santo Domingo.* Santo Domingo: Editora de la Universidad Autónoma de Santo Domingo, 1974.

Tolkien, J. R. R. (John Ronald Reuel). *The Lord of the Rings, 50th Anniversay, One Volume Edition.* Boston: Mariner Books, 2005. Impreso.

Torres-Saillant, Silvio. *An Intellectual History of the Caribbean.* Basingstoke: Palgrave Macmillan, 2006.

_____ "La condición rayana: la promesa ciudadana en el lugar del quicio". <http://www.secffaa.mil.do/seminario%20Frontera/silvio%20Torres%20saillant/La%20condicion%20Rayana2.doc>.

_____ *El retorno de las yolas: ensayos sobre diáspora, democracia y dominicanidad.* Santo Domingo: Editora Manatí, 1999.

Trujillo: El poder del Jefe I. René Fortunato, dir. Palau Films, 1991.

Trujillo: El poder del Jefe II. René Fortunato, dir. Palau Films, 1994.

Trujillo: El poder del Jefe III. René Fortunato, dir. Palau Films, 1996.

Turits, Richard Lee. "A World Destroyed, A Nation Imposed: The 1937 Haitian Massacre in the Dominican Republic." *Hispanic American Historical Review* 82/3 (2002): 589-635.

_____ *Foundations of Despotism: Peasants, the Trujillo Regime, and Modernity in Dominican History.* Stanford: Stanford UP, 2003.

Valerio-Holguín, Fernando. "Cultural Identity and Ethnic Cleansing in the Dominican Republic". *Primitivism and Identity in Latin America: Essays on Art, Literature, and Culture.* José Eduardo González y Erik Camayd-Freixas, eds. Tucson: U of Arizona P, 2000. 75-88.

_____ "La fiesta trágica de la identidad dominicana: *El Masacre se pasa a pie* de Freddy Prestol Castillo". *Confluencia* 18/1 (2002): 44-61.

Vallejo, Catharina. *Las madres de la patria y las bellas mentiras: imágenes de la mujer en el discurso literario nacional de la República Dominicana, 1844-1899.* Miami: Universal, 1999.

Vargas Llosa, Mario. *La fiesta del chivo.* Madrid: Alfaguara, 2000.

Vega, Bernardo. *Unos desafectos y otros en desgracia: sufrimientos bajo la dictadura de Trujillo.* Santo Domingo: Fundación Cultural Dominicana, 1986.

_____ *Trujillo y Haití. Vol. 1 (1930-1937)*. Santo Domingo: Fundación Cultural Dominicana, 1988.

Veloz Maggiolo, Marcio. "Tipología del tema haitiano en la literatura dominicana." *Sobre cultura dominicana...y otras culturas*. Santo Domingo: Alfa y Omega, 1977. 93-121.

Vergés, Pedro. *Solo cenizas hallarás (Bolero)*. Valencia: Prometeo, 1980.

Victoriano-Martínez, Ramón Antonio. "'Tienes que conocer tu historia...': Una entrevista con Josefina Báez". *Karpa* 3/2 (Summer Issue, 2010) Journal of Theatricalities and Visual Cultures, College of Arts and Letters. California State University-Los Angeles. <http://calstatela.edu/misc/karpa/karpa3.2/site%20Folder/josefina.html>.

Virilio, Paul. "The Overexposed City." *Rethinking Architecture: A Reader in Cultural Theory*. Neil Leach, ed. Londres: Routledge, 1997. 381-390. Impreso.

Wallace, David Foster. *Infinite Jest: A Novel*. Boston: Little, 1996.

Welles, Sumner. *Naboth's Vineyard: The Dominican Republic, 1844-1924*. Nueva York: Payson & Clarke, 1928. Impreso.

West, Cornel. *Democracy Matters: Winning the Fight Against Imperialism*. Nueva York: The Penguin Press, 2004. Impreso.

Williams, Eric Eustace. *From Columbus to Castro: The History of the Caribbean, 1492-1969*. Londres: Deutsch, 1970. Impreso.

Wucker, Michele. *Why the Cocks Fight: Dominicans, Haitians, and the Struggle for Hispaniola*. Nueva York: Hill and Wang, 1999. Impreso.

Yevtushenko, Yevgueny A. *Fukú: Obra del Notable Poeta Soviético Inspirada En Su Viaje a Santo Domingo*. Santo Domingo: Fundación Cultural Dominicana, 1988.

Young, Jock. *The Exclusive Society: Social Exclusion, Crimen and Difference in Late Modernity*. Londres: Sage Publications, 1999. Impreso.